汝为君子儒

子夏思想研究

叶达 著

中国文史出版社

图书在版编目（CIP）数据

汝为君子儒：子夏思想研究 / 叶达著 . -- 北京：中国文史出版社，
2023.11

ISBN 978-7-5205-4309-5

Ⅰ.①汝… Ⅱ.①叶… Ⅲ.①子夏（前 507 年 – 前 400 年）– 哲
学思想 – 研究 Ⅳ.① B222.35

中国国家版本馆 CIP 数据核字 (2023) 第 181156

责任编辑：方云虎

出版发行：中国文史出版社
社　　址：北京市海淀区西八里庄路 69 号院　　邮编：100142
电　　话：010-81136606　81136602　81136603（发行部）
传　　真：010-81136655
印　　装：廊坊市海涛印刷有限公司
经　　销：全国新华书店
开　　本：16 开
印　　张：24
字　　数：280 千字
版　　次：2024 年 1 月北京第 1 版
印　　次：2024 年 1 月第 1 次印刷
定　　价：78.00 元

本书承蒙
浙江大学董氏文史哲研究奖励基金
资助出版

凡　例

一、引用前辈著作，无论是引证，抑或反驳，理应加以敬称，以示尊敬。然为求行文简约，不得不舍敬称而不用。

二、因本书涉及古典文献学和文字学，又征引大量古籍，为符合现代规范，全书统一为简体字。

三、征引书目，理应标列作者、书目、出版地、出版年份、出版次数、页码等信息，但因在文中反复征引，为求行文简洁，在前文中已标注作者、书目、出版地、出版年份、出版次数、页码等信息，再次引用时不再标注出版地、出版年份、出版次数等重复内容。

四、一些经典古籍如《论语》《孟子》《礼记》《周易》等著作按照学术惯例采用夹注方式，如《论语·学而》《孟子·公孙丑篇》《庄子·天下》等。

五、凡生僻著作，则加以时代，如［东汉］卫宏《汉旧仪》、［唐］林宝《元和姓纂》、［元］敖继公《仪礼集说》等著作，其常见者，则不加时代，如《史记》《汉书》《后汉书》等著作。

目　录

绪　论

　　孔门弟子中,子夏名著于"文学"科,被誉为"汉代经学之祖",影响深远,关于他的历史文献资料保留较为完备。清代学者陈玉澍认为子夏是汉代学术的鼻祖,汉代经学的传授、繁荣与子夏有直接相关,确有史实可依。从先秦至隋唐期间的文献资料来看,汉代《毛诗》《谷梁传》《公羊传》的传授谱系与文本定型都与子夏有关,因而汉代经学的发生、发展与繁荣,子夏功不可没。

　　本书从子夏的籍贯家世、生平事迹、传经脉络等方面论述子夏学说的基本面貌及其现代价值,全文分为七章。绪论陈述子夏研究现状与意义、出土文献推动七十子研究的学术背景、本研究的创新与不足之处等内容。第一章论述子夏家世、籍贯、生卒、孔门授学期间事迹等内容。子夏少孔子四十四岁,生于公元前507年鲁定公三年,其祖或出于卜官,故子夏或多或少知晓卜筮之事,这对进一步辨析《子夏易传》一书真伪、子夏易学传授源流有积极意义。子夏或为卫人或为温国人,未有定论:郑玄持温国人一说,《孔子家语》持卫人一说,唐代学者司马贞认为温国本属卫国故赞成卫人说。第二章考证子夏传授六经的学脉谱系:关于子夏传《诗》,先儒有两种说法,一为子夏—高行子—薛仓子—帛妙子—大毛公—小毛公,二为子夏—曾申—李克—孟仲子—根牟子—孙卿子—大毛公；关于子夏传《丧服》《乐》在唐以前为学者共识，然传于何时何地何人已不可考。第三章论述子夏的时代境遇，《荀子》记载子夏拒绝入仕一事揭示了春秋时期礼乐文化的衰落和功利之学的兴盛。子夏经历了从春秋末年到战国初期的社会局势转变，他目睹社会的剧烈变化，在这样的时代入仕，既充满诱惑又充满危险，士人的命运在历史大潮流中已不能自主。第四章探讨子夏之后的政治格局与儒学发展，这对我们系统了解子夏其人其学具有积极作用。子夏之后，儒学迎来了时代巨变，以思孟学派为代表的儒家从心性之学收摄儒学，使得儒家出现内向转型。第五章以子夏与传统儒学核心观念为研究重心，重点探讨了中、心、性、形等范畴的内涵与意义，本章旨在展现传统儒学的核心面貌，以帮助读者了解子夏与七十子乃至传统儒学。第六章以子夏与子张之争为切入口，论述传统儒家君子理念的历史价值与现代意义。儒家教育是圣贤教育，成圣成贤是儒学的终极目标，子夏说"博学而笃志，切问而近思，仁在其中矣"，要求学者在博学切问中体会仁道，这对当代教育具有积极启示作用。第七章论述子夏思想的历史遗产，探究其传经理念对传统社会的师道传承、家风治理与文化创新的积极影响。作为先秦儒家代表人物，子夏传经的贡献不仅在于保存了儒家文献，更在于这种精神推动了中国社会人文精神的发展。

　　研究儒学，绕不开七十子。研究七十子，绕不开子夏。子夏是七十子中具有代表性且传世文献保存较多的经学大师。本书以子夏籍贯、生平、传经等内容为研究对象，试图为读者提供子夏其人其学的整体面貌。笔者基础薄弱、才疏学浅，希望通过论述子夏其人其学，为读者理解儒学，乃至研究经学，提供一丝契机、一点帮助，故不揣浅陋求教于方家。

第一节　选题依据

一、七十子研究之难

七十子是孔门弟子，据《史记》，七十子或有七十二人或有七十七人。这两种说法，一者见于《孔子世家》，"孔子以诗书礼乐教，弟子盖三千焉，身通六艺者七十有二人"①，一者见于《仲尼弟子列传》，"孔子曰：受业身通者七十有七人。皆异能之士也"②。

在汉代，七十二人是正统的说法。后汉之时，孝明帝、孝章帝、孝安帝、孝灵帝都曾祭祀过孔子七十二弟子，这些史料记载如下：

> 《显宗孝明帝纪》："明帝永平十五年三月幸孔子宅，祠仲尼及七十二弟子。"③
>
> 《肃宗孝章帝纪》："元和二年三月祠孔子于阙里，及七十二弟子，赐褒成侯及诸孔男女帛。"④
>
> 《孝安帝纪》："建光三年三月祀孔子及七十二弟子于阙里，自鲁相、令、丞、尉及孔氏亲属、妇女、诸生悉会，赐褒成侯以下帛各有差。"⑤

---

① 《史记》卷四十七《孔子世家》，北京：中华书局，1959年，第1938页。
② 《史记》卷六十七《仲尼弟子列传》，北京：中华书局，1959年，第2185页。
③ 《后汉书》卷二，《显宗孝明帝纪》第二，北京：中华书局，1965年，第118页。
④ 《后汉书》卷三，《肃宗孝章帝纪》第二，北京：中华书局，1965年，第150页。
⑤ 《后汉书》卷五，《孝安帝纪》第五，北京：中华书局，1965年，第238页。

《蔡邕列传》："光和元年，遂置鸿都门学，画孔子及七十二弟子像。"①

《儒林列传》："元和二年春，帝东巡狩，还过鲁，幸阙里，以太牢祠孔子及七十二弟子。"②

唐代学者颜师古也认为七十子，指孔子弟子七十二人，他说："七十子是孔子弟子也，实七十二人，指其成数言也。"③在这七十二人之中，见于经传，生平可考者，寥寥无几，大多仅有姓名而已。关于他们的事迹，散见于各种史书、子书中，真伪夹杂，不易考证。由于去古已远，考证七十子是一件极难之事，资料零散，有些仅是只言片语，真伪莫辨，难成体例系统之书。大抵在汉代之时，考证七十子已是难事。太史公撰写《仲尼弟子列传》，只记述七十子大略，有些弟子生平事迹已经不得而知。连颜回这样的大儒，太史公也只是记载了零星琐事，导致唐代学者批评太史公缺乏史家的眼光，仅记录那些没有史料价值的东西。其实，太史公也是困于资料的匮乏，并非是有意疏忽。盖自孔子殁后，七十子分散移居，后世材料渐失。《史记·儒林列传》中提到："自孔子卒后，七十子之徒散游诸侯，大者为师傅卿相，小者友教士大夫，或隐而不见。故子路居卫，子张居陈，澹台子羽居楚，子夏居西河，子贡终于齐。如田子方、段干木、吴起、禽滑厘之属，皆受业于子夏之伦，为王者师。"④七十子游居各

① 《后汉书》卷五十六下，《蔡邕列传》第五十下，北京：中华书局，1965年，第1998页。
② 《后汉书》卷七十九上，《儒林列传》第六十九上，北京：中华书局，1965年，第2562页。
③ 《汉书》卷三十六，《楚元王传》第六，北京：中华书局，1962年，第1968页。
④ 《史记》卷一百二十一《儒林列传》，北京：中华书局，1959年，第3116页。

地、身处乱世，搜集资料已非常艰辛，还有些孔门弟子隐而不见、改行易业，展现七十子全貌真是极为困难。

七十子之中，即使名见于经传者，仍然存在许多争议。三国学者谯周《古史考》说，林放、阳虎、澹台灭明都是孔子弟子。澹台灭明是孔子弟子无可怀疑，《史记·仲尼弟子列传》和《孔子家语·七十二弟子解》都有记载。唯独林放、阳虎二人，都未曾出现在《仲尼弟子列传》和《七十二弟子解》中，存在争议。但谯周的说法，并非没有依据，据《墨子》记载：

> 孔某与其门弟子闲坐，曰："夫舜见瞽叟孰然，此时天下圾乎！周公旦非其人也邪？何为舍其家室而托寓也？"孔某所行，心术所至也。其徒属弟子皆效孔某，子贡、季路辅孔悝乱乎卫，阳货乱乎齐，佛肸以中牟叛，漆雕刑残，莫大焉。夫为弟子后生，其师，必修其言，法其行，力不足、知弗及而后已。今孔某之行如此，儒士则可以疑矣。（《墨子间诂·非儒篇》）[1]

《墨子》记载孔子弟子子贡、子路曾协助孔悝在卫国作乱，阳货在齐作乱，佛肸率领中牟反叛，漆雕刑残。据孙诒让考证，谯周说阳货是孔子弟子，即本于此："《左传》定九年，阳货奔齐又奔晋，无乱齐之事，《论语》皇疏引《古史考》，谓阳货亦孔子弟子，盖即本此书而误也。"[2]但孙诒让认为阳货是孔子弟子站不住脚："如此言，卫之乱，子贡、季路为之耶？斯不待言而了

---

① 《墨子间诂》卷九，《非儒下》第三十九，上海：上海书店，1986年，第188—189页。

② 《墨子间诂》卷九，《非儒下》第三十九，上海：上海书店，1986年，第188—189页。

矣。阳虎欲见孔子，孔子不见，何弟子之有？佛肸以中牟叛，召孔子，则有之矣，为孔子弟子，未之闻也。且漆雕开形残，非行己之致，何伤于德哉。"① 孙诒让根据《论语》中《阳货欲见孔子》一章以及《左传》定公九年，推测阳货并非孔子弟子。除此之外，南宫敬叔也有争议。《仲尼弟子列传》记载"南宫括，字子容"，南朝学者裴骃说"其人是孟僖子之子仲孙阅也，盖居南宫因姓焉"②，但《汉书·古今人表》有南容、南宫敬书两人："南容，颜师古注：南容，南宫绦也，字子容。南宫敬叔，颜师古注：南宫适。"③ 南宫敬叔和南容是两人抑或一人，是否是孔子弟子，都需要仔细考辨。

七十子的研究工作涉及文献学、历史学、哲学，是一项浩大工程。年代久远，书籍散佚，需要考证的东西很多，北魏学者郦道元在《水经注》一书中曾感慨考证之不易："绵古芒昧，华戎代袭，郭邑空倾，川流戕改，殊名异目，世乃不同。"④ 郦道元所处的时代去古已远，《水经注》中记载的川流名称或变、现实河道或改，没有扎实的考证后续工作无法开展。同样，七十子的研究工作需要从先秦两汉以及出土文献中，搜集相关资料，从而进一步展开详细考证。但是，有些资料零星散乱，不足以支撑起论证过程揭示结果。连孙诒让这样博通经史、学富五车的大儒，尚且感到考证七十子之难，更何况后学："先秦遗闻，百不存一，儒家惟孔子生卒年月，明着于春秋经传，然尚不无差异。

---

① 《墨子间诂》附《墨子后语下》，上海：上海书店，1986 年，第 54—55 页。

② 《史记》卷六十七《仲尼弟子列传》，北京：中华书局，1959 年，第 2208—2209 页。

③ 《汉书》卷二十，《古今人表》第八，北京：中华书局，1962 年，第 925 页。

④ 《水经注校证》见《水经注原序》，北京：中华书局，2007 年。

七十子之年，孔壁古文弟子籍所传者，亦不能备。外此，则孟、荀诸贤，皆不能质言其年寿。"① 但七十子的研究急需突破，这是时代的要求也是学者的责任，尤其是 20 世纪末出土文献的诞生为解决相关问题提供了大量可供参照的依据。

二、七十子研究迫在眉睫

七十子研究存在诸多问题。许多学者在论述先秦儒学时往往以孔—孟—荀为核心，忽略七十子，如胡适《中国哲学史大纲》、冯友兰《中国哲学史》等著作，他们论述完孔子之后，就直接跳到了孟荀学派。这样的做法，会给读者带来误解，仿佛七十子缺乏思想史价值。民国学者有怀疑的习惯，他们宁可疑而错，不可信而错。这种偏见，并不能推进学术研究，反而有害于学术公正。所以研究七十子，就是为七十子正名。

胡适在《中国哲学史大纲》第五篇《孔门弟子》中说：

> 孔子那样的精神魄力，富于历史的观念，又富于文学美术的观念，删《诗》《书》，订《礼》《乐》，真是一个气象阔大的人物。不料他的及门弟子那么多人里面，竟不曾有什么人真正能发挥光大他的哲学，极其所成就，不过在一个"孝"字一个"礼"字上，做了一些补绽的工夫。这也可算得孔子的大不幸了。孔子死后两三代里竟不曾出一个出类拔萃的人物，直到孟轲、荀卿，儒家方才有两派有价值的新哲学出现。②

---

① 《墨子间诂》附《墨子后语上》，上海：上海书店，1986 年，第 13 页。
② 胡适：《中国哲学史大纲》，北京：东方出版社，1996 年，第 126 页。

　　子夏的贡献不亚于孟子、荀子。《春秋》按汉人说法是子夏传给公羊高，公羊高传与其子公羊平，公羊平传与其子公羊地，公羊地传与其子公羊敢，公羊敢传与其子公羊寿。到了汉景帝时，公羊寿与其弟子胡毋子都著之于竹帛。汉代《春秋》经学兴盛，归功于子夏。再比如《毛诗》，三国学者陆机说："孔子删诗，授卜商，商为之序以授曾申，申授魏人李克，克授鲁人孟仲子，仲子授根牟子，牟子授赵人荀卿，荀卿授鲁国毛亨，亨作诂训传以授赵国毛苌，时人谓亨为大毛公，苌为小毛公。"《毛诗》的流传，与子夏也密不可分。仅此二事而言，子夏的地位，一点也不逊于孟子和荀子。而胡适却说，在孔子殁后两三代中，找不出出类拔萃的人，胡适认为子夏传经是汉代学者为了夸大学术势力、建构学脉正统而杜撰出来的。另外胡适还说：

> 　　我想儒家自孔子死后，那一班孔门弟子不能传孔子学说的大端，都去讲究那丧葬小节。请看《礼记·檀弓篇》所记孔门大弟子子游、曾子的种种故事，哪一桩不是争一个极小极琐碎的礼节？（如"曾子吊于负夏"及"曾子袭裘而吊""子游裼裘而吊"诸条。）再看一部《仪礼》那种繁琐的礼仪，真可令现在的人惊讶。①

胡适并未对孔门弟子争论之事展开详细论述。从"同情之理解"看，七十子视孔子为圣人，倘若能守住圣人之一端，已属不易。《礼记·檀弓篇》记载弟子争论礼节得失，笔者认为是为了守住圣人之一端，以得其全体。胡适认为七十子无一人有大成就，非公允之论。相比之下，古人所说更为贴切公允："孔子之道大而

---

① 胡适：《中国哲学史大纲》，北京：东方出版社，1996年，第130页。

能博，门弟子不能遍观而尽识也，故学焉而皆得其性之所近。"①孔子弟子不能遍观而尽识，只能选择最切己的方式进行祖述，这是传承孔子之学最有效方式。

胡适《中国哲学史大纲》本意不在考述孔门弟子，这也可以理解。主要是为了说明孔子殁后，孔门的发展趋势："我这一章所记，并不求完备，不过略示孔子死后他一门学派的趋势罢了。"②但胡适认为其他弟子并不能像孟子、荀子那样发展出一套新的哲学，大多只是在讲繁文缛节，这一观点则让人难以信服。许多学者撰写中国思想史，都遵循他的路子。譬如，侯外庐《中国思想通史》就有这样一段话：

> 孔子死后的儒家，除了战国末期的荀子（孙氏之儒）综合各家思想，代表了向上的发展并与法家结合以外，其余各派均已失去孔学的优良传统，或古言古服，固执着孔子所批判的形式文化而自谓真儒，实则仍继承邹、鲁搢绅先生的传统儒术形式说教，如荀子在日常生活中形容了十三个样子：一个流派包括奇形怪状的"然"字之儒者，"弟佗其冠，神襢其辞"的子张贱儒之流，"正其衣冠，齐其颜色"是子夏贱儒之流，"耆（嗜）饮食，不用力"的子游贱儒之流（荀子《非十二子篇》把他们列于一派）；另一个流派则抹煞实践与感觉，斤斤于容貌气，求远于鄙倍，战战兢兢于日三省吾身，陷入于神秘的唯心主义，由曾子传至子思、孟轲，成了"幽隐而无说，闭约而无解"的思想，遂开战国邹衍阴阳

---

① 《昌黎文集校注》卷四《送王秀才序》，上海：上海古籍出版社，1986年，第261页。

② 胡适：《中国哲学史大纲》，北京：东方出版社，1996年，第108页。

家无稽之谈的先河。凡此两个支流，都在思想上反映着社会的落后残余，而表现为孔学积极精神的萎缩。①

侯外庐认为自孔子殁后，只有荀子可以称得上是儒家代表，"其余各派均已失去孔学的优良传统"。但实际上，荀子本人也称赞孔子弟子子弓，经常把子弓和孔子并列。如《荀子·儒效篇》："（大儒）通则一天下，穷则独立贵名，天不能死，地不能理，桀跖之世不能污，非大儒莫之能立。仲尼子弓是也。"②把荀子当成是孔子的"优良传统"传承人，是没问题的，但七十子的价值与地位似乎被忽略了。

这些误读，是研究七十子甚至研究儒学需要廓清的障碍。澄清这些误读，可以避免先入之见，戴有色眼镜理解七十子。当代学者李零曾一针见血指出："向来的思想史研究，其实有很大的漏洞，就是近代以来，我们对孔门学案最早的一段，即所谓'七十子'，不太重视，认为《礼记》是汉代文献，《论语》以外，免谈孔子，老是用'孔—孟—荀'三段式讲早期儒家，把本来最重要的一段给忽略掉了。"③由此而言，研究七十子，为七十子正名，是一项值得推进且亟需推进的工作。

三、新的契机：出土文献的诞生

过去研究七十子，主要依靠传世文献，这是一项工程浩大的项目，不仅需要大量的时间与精力，还需要缜密的思维和文献阅

---

① 侯外庐：《中国思想通史》，北京：人民出版社，1957年，第191—192页
② 《荀子集解》卷四，《儒效》第八，上海：上海书店，1986年，第88页。
③ 李零：《郭店楚简校读记》，北京：中国人民大学出版社，2007年，第1页。

读技巧。比如翻阅传世文献，得遵循一定的次序。最好先看《史记·仲尼弟子列传》和《孔子家语·七十二弟子解》，给七十子列名单，以便查阅。像颜回、子路这样的弟子，大家都已耳熟能详，但若像申党、罕父黑这样名不见经传的弟子，就必须格外仔细，以免忽略过去。列出七十子名单，就是为了以便遇到不熟悉的孔门弟子，可以随时翻检查阅。另外，遇到名字相似的人物时，也需要做记录。说不定是早期文献流传时，传写中的讹误。再者，之所以参考《孔子家语·七十二弟子解》，因为在不同的文献中，孔子弟子姓名可能有不同的写法，《七十二弟子解》虽然争议很大但具备一定的参考价值。譬如未列入孔门弟子而向孔子求学过的颜涿聚，《说苑》作颜烛趋，《晏子春秋》作颜烛邹，《古今人表》作颜烛雏，他们到底是否就是同一个人，都需要仔细考证，谨慎处理，不能马虎。

但传世文献中有许多真伪莫辨的材料，是研究七十子绕不过去的问题。对此许多学者表现得非常审慎，胡适写《中国哲学史大纲》第五篇《孔子弟子》时即说：

> 这一章所用的材料，颇不用我平日的严格主义，故于大小戴《礼记》及《孝经》里采取最多（所用《孔子家语》一段，不过借作陪衬，并非信此书有史料价值）。这也有两种不得已的理由：第一，孔门弟子的著作已荡然无存，故不得不从《戴记》及《孝经》等书里面采取一些勉强可用的材料。第二，这几种书虽然不很可靠，但里面所记的材料，大概可以代表"孔门正传"一派学说的大旨。①

---

① 胡适：《中国哲学史大纲》，北京：东方出版社，1996年，第125页。

胡适的严谨思考符合其"大胆假设、小心求证"的治学理念。先秦两汉的书籍，许多记载了七十子的资料，真伪莫辨，用之前必须得仔细考证。譬如《庄子·大宗师》的这些资料：

> 子桑户、孟子反、子琴张三人相与语……孔子曰："彼游方之外者也，而丘，游方之内者也。外内不相及，而丘使女往吊之，丘则陋矣！彼方且与造物者为人，而游乎天地之一气。彼以生为附赘县疣，以死为决病溃痈。夫若然者，又恶知死生先后之所在！假于异物，托于同体；忘其肝胆，遗其耳目；反复终始，不知端倪；芒然仿徨乎尘垢之外，逍遥乎无为之业。彼又恶能愦愦然为世俗之礼，以观众人之耳目哉！"子贡曰："然则夫子何方之依？"孔子曰："丘，天之戮民也。虽然，吾与汝共之。"①

这一章内容大抵是假托的，庄子在假借子贡、孔子，以表达齐万物、一死生的看法，所以在引用的时候，恐怕不能作为描述子贡生平事迹的材料。不过，像《庄子·大宗师》这样的材料，倒是能分辨真伪，比较容易取舍。有些先秦两汉的传世文献，则需要仔细辨别。如上文提到的《墨子·非儒篇》，其中记载阳货是孔子弟子一事，还曾在齐国作乱，初看似乎发现了新的材料，但审思一遍，又觉有些离谱，孙诒让的考证给出了参考标准："《左传》定九年，阳货奔齐又奔晋，无乱齐之事，《论语》皇疏引古史考，谓阳货亦孔子弟子，盖即本此书而误也。"② 如此说来，阳货肯定不是孔门弟子，这些资料也就不能用了。

---

① 《庄子集释》卷三上，大宗师第六，北京：中华书局，1961年，第264—272页。

② 《墨子间诂》卷九，《非儒下》第三十九，上海：上海书店，1986年，第188—189页。

另外，传世文献中有一些更难辨别的材料，需要仔细翻阅前人的考证，才能引述。如宰我乱齐一事，《吕氏春秋》有记载："齐简公有臣曰诸御鞅，谏于简公曰：'陈成常与宰予，之二臣者甚相憎也，臣恐其相攻也。相攻唯固则危上矣。愿君之去一人也。'简公曰：'非而细人所能识也。'居无几何，陈成常果攻宰予于庭，即简公于庙。简公喟焉太息曰：'余不能用鞅之言，以至此患也。'"①《史记》也记载了这事，《李斯列传》："田常为简公臣，爵列无敌于国，私家之富与公家均，布惠施德，下得百姓，上得群臣，阴取齐国，杀宰予于庭，即弑简公于朝，遂有齐国。"②《仲尼弟子列传》："宰我为临菑大夫，与田常作乱，以夷其族，孔子耻之。"③唐代学者司马贞认为，此宰我非孔子弟子宰我，而是齐国卿士阚止："《左氏传》无宰我与田常作乱之文，然有阚止字子我，而因争宠，遂为陈恒所杀。恐字与宰予相涉，因误云然。"清代学者毕沅在注释《吕氏春秋》时，也说到"阚止字子我，诸子遂误比为宰予"。这样一来，历史上曾存在两个宰我就清晰了，孔子弟子宰我和阚止，在引述的时候也不容易弄混了。

凡此种种，都是引用传世文献时，容易出现的问题。有些材料，不需要考证就能辨认，而有些资料，需耗费较大精力去考证。近年来，随着出土文献的诞生，解决了一些传世文献的真伪问题，学者可以大胆运用这些过去受怀疑的文献，为甄辨七十子资料、厘清七十子面貌、定位七十子价值提供了新的契机。

---

① 《吕氏春秋》卷十七，《审分览》第五，上海：上海书店，1986年，第213页。
② 《史记》卷八十七《李斯列传》，北京：中华书局，1959年，第2559页。
③ 《史记》卷六十七《仲尼弟子列传》，北京：中华书局，1959年，第2194页。

在出土文献中，上博楚简和郭店楚简含有的七十子资料较为丰富。当代学者李零曾说这些出土文献可以帮助我们"重见七十子"，更可喜的是，这些简帛经由学者们考证，已集结出版，为我们深入研究带来了便利。《郭店楚墓竹简》于 1998 年由文物出版社出版，《上海博物馆藏战国楚竹书》于 2001 年由上海古籍出版社出版，这两套书经专家训诂，基本上已能通读。《上博楚简》中《齐师子家》《殷言》《仲弓》《内礼》记载了大量孔子弟子的资料，过去被视为伪书的《孔子家语》和《韩诗外传》等，在新的出土文献印证下，也有了史料参考价值。李零在《简帛古书与学术源流》中说道："传世文献中，有些也是孔家所传，如《孔丛子》和《孔子家语》。这些书对孔子的弟子和家学传授都有记录，过去怀疑很多，说是伪书，其实也是重要数据，比如，双古堆汉简和八角廊汉简就有与二书类似的内容，《说苑》《新序》和《韩诗外传》也有许多相关的内容。"[1] 这些出土文献，确实给当代学者带来了新的研究线索、新的思考视角。例如，李零根据《上博楚简》，推测孔子弟子言偃可能出于颜氏，因为在简书中言偃的言和颜渊的颜，写法一样："上博楚简中，言偃的言和颜回的颜，写法一样，言偃可能也出自颜氏。"[2] 另外，刘彬《子夏与〈归藏〉关系初探—兼及帛书〈易经〉卦序的来源》[3] 一文根据出土文献，考证《孔子家语》中记载子夏论易一文，正是失传的《归藏》卦序，得出子夏通晓《归藏》的结论。

---

[1] 李零：《简帛古书与学术源流》，北京：生活·读书·新知三联书店，2008 年第 2 版，第 319 页。

[2] 李零：《丧家狗：我读论语》，太原：山西人民出版社，2007 年，第 7 页。

[3] 刘彬：《子夏与〈归藏〉关系初探—兼及帛书〈易经〉卦序的来源》，《孔子研究》2007 年第 4 期。

这些文章，都是依据出土文献提出的新解，因此可以说，出土文献的诞生为研究七十子提供了时代契机。

第二节　研究现状、创新与不足

一、研究现状

近100年来，国内外有关子夏的学术研究可分为三个阶段：第一，传统学术研究阶段，这一类型主要是搜集、考证、考释有关子夏资料；第二，从20世纪初到20世纪70年代，建立在现代性的批判思维上，探索子夏学说的形成发展、历史地位与时代价值；第三，从20世纪70年代至今，出土简帛的诞生开启了多元化研究，进一步丰富了子夏学说基本形态与历史发展研究。

从20世纪初到20世纪70年代，国内涌现出以胡适、谢无量、钟泰为代表的哲学史研究与以钱穆为代表的考据研究。在谢无量《中国哲学史》①（1916）、胡适《中国哲学史大纲》②（1919）、钟泰《中国哲学史》③（1929）、冯友兰《中国哲学史》④（1934）、侯外庐《中国思想通史》⑤（1957—1960）、冯

---

① 谢无量：《中国哲学史》，上海：中华书局，1916年。笔者注：中华书局于1912年1月1日由陆费逵筹资创办于上海，1954年5月，中华书局总部迁址北京。
② 胡适：《中国哲学史大纲》，上海：商务印书馆，1919年。
③ 钟泰：《中国哲学史》，上海：商务印书馆，1929年。
④ 冯友兰：《中国哲学史》，上海：商务印书馆，1934年。
⑤ 侯外庐、赵纪彬等：《中国思想通史》，北京：人民出版社，1957—1960年。

友兰《中国哲学史新编》①（1962）、任继愈《中国哲学史》②
（1963）等哲学史或思想史著作中，以孔子—子思—孟子为先
秦儒学的核心，子夏及其思想的学术研究较为疏阔，有待进一步
丰富与深入。钱穆《先秦诸子系年》③（1935）一书中《子夏居
西河教授为魏文侯师考》《子夏居西河在东方河济之间不在西土
龙门汾州辨》等文章考证了子夏生平事迹，是国内考据学研究模
式的代表作。

从 20 世纪 70 年代至今，涌现出以子夏专题研究和资料整
理为主流的学术研究。如李启谦《孔门弟子研究》④（1987）、《孔
子弟子资料汇编》⑤（1991）二书整理了孔子弟子的文献资料。
李启谦《孔子弟子研究》是当代第一部系统研究七十子的专著，
因写于 80 年代出土文献尚不足征。高专诚在《孔子·孔子弟子》⑥
（1989）一书对孔子及其弟子进行了简要通论，提出子夏、仲弓、
荀子与"孙氏之儒"有关。在《孔子和他的弟子们》⑦（1993）
一书中，高专诚在第六章《七十而从心所欲不逾矩》第四节《子
夏的学术成就》简短地论述子夏的生平事迹、思想特色、传经
脉络等内容。李廷勇《孔门七十二贤》⑧（2000）一书分别对孔
门七十二贤徒进行了基本介绍，较为简洁地描述了子夏的家境、

① 冯友兰：《中国哲学史新编》，北京：人民出版社，1962 年。
② 任继愈编：《中国哲学史》，北京：人民出版社，1963。
③ 钱穆：《先秦诸子系年》，上海：商务印书馆，1935 年。
④ 李启谦：《孔门弟子研究》，济南：齐鲁书社，1987 年。
⑤ 李启谦、王式伦编：《孔子弟子资料汇编》，济南：山东友谊出版社，1991 年。
⑥ 高专诚：《孔子·孔子弟子》，太原：山西人民出版社，1989 年。
⑦ 高专诚：《孔子和他的弟子们》，北京：新华出版社，1993 年
⑧ 李廷勇：《孔门七十二贤》，西安：三秦出版社，2000 年。

成就、入仕情况等方面。高专诚《卜子夏与三晋儒学》^①（2001）一书论述了子夏生平事迹、思想特色及受其影响的三晋儒学。侯丕烈编著《史话春秋：卜子夏在孝义》^②（2006）一书描述了山西孝义的历史沿革，勾勒了子夏在孝义的活动事迹，介绍了子夏祠祀活动、相关传说与历史文献，并提出孝义地区传统皮影戏的起源与发展和子夏西河设教有一定关联。高培华《卜子夏考论》^③（2012）一书是目前为止研究子夏最为系统的学术专著，通过整理传世古籍、出土文献、地方志书和族谱家谍，考述了子夏西河教授事迹、《六经》传授事迹、对孔子教育思想的继承与发展、历史地位与影响等内容，全方位展现了子夏生平事迹与历史地位及其对山西地区的文化影响。该书考证翔实、观点新颖，如他在第二章《子夏西河教授考述》中，论述子夏"心战"不是在孔门求学期间，而是在学成之后到西河教授之前："就情理而言，若是子夏学未成而名未显，则不仕不足以引起疑问，他本人也还暂时没有傲视诸侯卿大夫的资本；若是其已经走上西河教授之路，设教授徒已经成为定居，就不会再去干谒诸侯寻求机遇，自己既已完全不存为臣之念，别人也已经理解而不会再有疑问了。"^④引用大量材料，证明了子夏"心战"发生在学成之后以及西河教授之前的这一段时间，见解独特、发人深省。吕相国《子夏易传导读》^⑤（2019）一书对《子夏易传》进行了章句解读。普及类读物如张弛、金士编纂的《孔

---

①　高专诚：《卜子夏与三晋儒学》，太原：山西人民出版社，2001年。

②　侯丕烈编著：《史话春秋：卜子夏在孝义》，太原：山西古籍出版社，2006年。

③　高培华：《卜子夏考论》，北京：社会科学文献出版社，2012年。

④　高培华：《卜子夏考论》，北京：社会科学文献出版社，2012年，第162—163页。

⑤　吕相国：《子夏易传导读》，北京：华龄出版社，2019年。

子七十二弟子图谱》[①]（1991）简明扼要地介绍了孔门七十二弟子的生平事迹。这一类型侧重专题研究，力图展现子夏的生平事迹与历史价值。中国孔子研究院编《孔门七十二贤像传》[②]（2010）一书不仅通过图片展现七十二贤徒样貌，并用中英双语介绍了基本事迹。

随着出土文献的诞生，从经学、历史学、文学、音乐学等学科视角对相关问题进行更为深入、多元的研究：

（一）通过出土文献重新厘定子夏史料。韩高年《战国中山遗址出土文献与子夏"诗教"》[③]一文通过考察20世纪70年代初在河北发现战国时期中山国长篇器铭及相关文献，论述了子夏弟子李克在中山国的政治实践，进一步肯定了子夏在西河教学的历史影响。张树国《"安大简"〈诗经〉为子夏西河〈诗钞〉》[④]一文提出安大简《诗经》的原型出自子夏在西河讲学，为魏文侯师，媚附魏斯始侯（公元前446年）制礼作乐而编选。刘彬《子夏与〈归藏〉关系初探——兼及帛书〈易经〉卦序的来源》[⑤]一文认为帛书《易经》的卦序属于《归藏》系统，来源与子夏有关。

（二）通过回溯学术史重新认识子夏的历史地位及其思想。赵四方《孔门传经弟子的形象重塑与清代经学转型——以子夏

---

① 张弛、金士编：《孔子七十二弟子图谱》，北京：中国和平出版社，1991年。

② 中国孔子研究院编：《孔门七十二贤像传》，北京：中国画报出版社，2010年。

③ 韩高年：《战国中山遗址出土文献与子夏"诗教"》，《山西大学学报（哲学社会科学版）》2021年第4期。

④ 张树国：《"安大简"〈诗经〉为子夏西河〈诗钞〉》，《中原文化研究》，2020年第5期。

⑤ 刘彬：《子夏与〈归藏〉关系初探——兼及帛书〈易经〉卦序的来源》，《孔子研究》，2007年第4期。

为中心》①一文认为随着清代学术转型，汉学学者将子夏视为"家法之祖"与"汉学之源"，重建了子夏与荀子的学术谱系，并为子夏的负面形象做出了不同解释。王齐洲《子夏"乐教"与〈大司乐〉的由来》②一文提出《大司乐》即古《乐经》，它很有可能是孔子晚年乐教的教材，子夏将其带入了魏国，魏国乐工窦公保管了这份文献并由其后人献给了汉文帝，同时《乐记》极有可能是子夏、窦公等人对《大司乐》的具体解说。王鹭《"绘事后素"中"后素"与"后于素"再辩》③一文通过考察中国古代绘画技法的演变、有关考古发现、孔子和子夏的对话语境，以及孔子的人生观和艺术思想等因素，提出了不同于朱子"后于素"说观点，即"绘事后素"之"素"，应释为"本色""素朴"，"后"不仅具有时间先后关系，还具有与一种逻辑意义上的形式与内容的关系。

（三）对子夏著作及其后学的重新认知。杨柳青《〈玉函山房辑佚书〉之〈子夏易传〉〈丁氏易传〉〈韩氏易传〉考辨》④一文认为《子夏易传》作者应为子夏。《子夏易传》传至汉代被丁宽、韩婴等人继承，二人有所增益后形成各自的定本。马腾《礼学传承与君权政治——子夏氏之儒对法思想史的影响》⑤一文认

---

① 赵四方：《孔门传经弟子的形象重塑与清代经学转型——以子夏为中心》，《江海学刊》，2022 年第 4 期。

② 王齐洲：《子夏"乐教"与〈大司乐〉的由来》，《暨南学报（哲学社会科学版）》，2022 年第 6 期。

③ 王鹭：《"绘事后素"中"后素"与"后于素"再辩》，《河北学刊》2021 年第 6 期。

④ 杨柳青：《〈玉函山房辑佚书〉之〈子夏易传〉〈丁氏易传〉〈韩氏易传〉考辨》，《中国典籍与文化》，2020 年第 1 期。

⑤ 马腾：《礼学传承与君权政治——子夏氏之儒对法思想史的影响》，《华东政法大学学报》，2016 年第 2 期。

为子夏氏之儒推崇先文后质，极重礼制，秉持孔门对传统规范体系的尊崇谨守，开启了后世儒家执经义占据制度话语权的经学谱系，其务利尚功，尊君贵势，蕴含启示战国法思想的实用理路，预示着儒家忠孝观与法家势术论与君权意识形态的融通。

（四）通过文学视域探索子夏的历史影响。陈桐生《七十子后学散文研究》[①] 一书以文学为视角研究七十子后学对中国古代文学的影响。在该书第六章《七十子后学代表作家考论》中，作者较为简略地论述了子夏的生平事迹与学术思想。

二、基本内容

本书的基本内容如下：

（一）揭示传统儒学发展图景。通过对子夏家世、籍贯、生卒以及在孔门授学期间事迹、传授六经谱系的考证，可以发现子夏与汉代经学发展紧密相关。子夏是先秦两汉经学发展过程中承前启后的经学大师。《公羊传》《谷梁传》《毛诗》《礼》《易》都因子夏传授而流传下来。子夏传经系统见证了汉代学术发展演变过程。

（二）昭示传统儒学道德伦理智慧。子夏学说蕴含丰富的伦理道德智慧，在研究过程中，挖掘能有效推动新时代精神文明建设的理论元素，进行合乎诠释原则的当代转化，为解决当代社会问题贡献中国智慧和中国方案。如子夏思想中蕴含家国情怀、生态理念、人文精神，是新时代中华民族树立文化自信、形成价值共识的关键来源。

---

① 陈桐生：《七十子后学散文研究》，广州：暨南大学出版社，2011年。

（三）推动中华优秀传统文化创造性转化与创新性发展。子夏对师道的尊崇揭示了儒家对教育的重视,对教育的重视促进了中国传统社会尊师重道的良好风气。目前我国正处在社会转型期,社会的高速发展暴露了许多教育问题,如知识和素质教育的矛盾等等。这就需要深入地理解儒家教育理念并对其进行现代解读,从中提炼经验、汲取智慧从而化解当代问题。

三、理论创新

（一）视域上。子夏研究已涌现丰硕成果,但以其思想为切入口,挖掘子夏学说的伦理道德智慧,在回应时代发展的新课题与当代社会的新挑战中,重新认识、深入探索先秦儒学的现代价值,仍有待进一步推进。

（二）方法上。研究方法具有跨学科交叉性、综合性,既注重在横向分析中对不同诠释进行细致的剖析与对比,又注重在纵向分析中厘清思想发展的内在理路,在思史互动中呈现历史与逻辑的统一。

四、实践意义

研究成果将拓展传统儒学研究视野,为同领域研究者开展类似研究提供参照,具备理论价值。同时,本成果能为中华优秀传统文化创新性转化与创造性发展提供学术参考与策略建议,具备社会实践意义。

第一章 子夏生世考

了解一位学者，不仅得读懂他的著作，还得深入理解其生平经历。孟子说"知人论世"，了解其所处的时代境遇、传承谱系、师友关系、生平事迹等，才能算得上了解别人。所以这一章，笔者考察了子夏的家世、籍贯、生卒年以及在孔门授学的事迹。这几个题目，可以让读者更为清晰地了解子夏人生轨迹，从而理解其思想主张。

第一节 子夏籍贯、家世、生卒年考

子夏的先祖是掌卜之官，历代谱牒著作都有这样的说法，如《元和姓纂》《通志·氏族略》《万姓统谱》等。他的籍贯，历代学者对此都有争议，有学者认为是温国人，有的说是魏国人。目前学界的定论，是以子夏出生时春秋末期而言，籍贯晋国；就其在西河教授而言，籍贯魏国。至于子夏的生卒年，争议就更多了。总之，这一节论述的这几个题目，都是研究子夏不能逃避的话题，笔者才疏学浅，姑且将所见所闻连缀成文，有疏漏之处，还望海涵。

一、子夏家世考

卜氏，其源出于王官，历代谱牒基本都持这一观点。唐代林宝《元和姓纂》记载："卜姓，周礼卜人，以官为姓。仲尼弟子商，字子夏，鲁人。"[①]宋代郑樵《通志·氏族略》记载："卜氏，周礼卜人也。鲁有卜楚邱，晋有卜偃，楚有卜徒父，皆以卜命之，其后遂以为氏。如仲尼之徒卜商之徒是也。"[②]明代凌迪知《万姓统谱》云："卜氏，周礼卜人氏，以官为氏。卜商，字子夏，卫人，孔子弟子。"[③]从这些学者的观点来看，子夏之祖出于卜人是一种较为流行的说法。后代的谱志记载卜氏先祖时，也都追溯到子夏这一世，如《广东梅县卜氏家谱》："尝考周礼太卜之官，以官为氏，望出河南卫辉府。迨春秋时，子夏公讳商，以文学著圣门之科，名垂十哲，诗礼隆魏主之师，爵列三公，教设西河，贤声蜚播，河南温县田是以西河为郡。"再如河南《河南温县卜氏家谱》《修武县卜氏家谱》《安阳卜氏大宗谱》，山西《河津卜子夏族志》、江苏《丰县卜氏族谱》等各地谱志，都记载着卜氏源流出于卜官[④]。据此，我们可以推论子夏的家世可以追溯至周礼的卜官。那么，周代的卜官又是什么样的职位？与卜筮有什么样的关系？

据《周礼》记载，卜官负责卜筮之事。《春官·大卜》：

大卜掌《三兆》之法，一曰《玉兆》，二曰《瓦兆》，三

---

① ［唐］林宝：《元和姓纂》卷十，北京：中华书局，1994年，第1443页。
② ［宋］郑樵：《通志》卷二十八，《钦定四库全书荟要》第213册，第555页。
③ ［明］凌迪知：《万姓统谱》卷一百十二，影印文渊阁《四库全书》第957册，台湾商务印书馆，1986年，第572页。
④ 笔者限于数据所见，地方谱牒资料转引自高培华《卜子夏考论》，第56页。

曰《原兆》。其经兆之体，皆百有二十，其颂皆千有二百。掌《三易》之法，一曰《连山》，二曰《归藏》，三曰《周易》。其经卦皆八，其别皆六十有四。掌《三梦》之法，一曰《致梦》，二曰《觭梦》，三曰《咸陟》。其经运十，其别九十。以邦事作龟之八命，一曰征，二曰象，三曰与，四曰谋，五曰果，六曰至，七曰雨，八曰瘳。以八命者赞《三兆》《三易》《三梦》之占，以观国家之吉凶，以诏救政。①

卜人负责卜筮的三种官法：兆、易、梦，这三种方法，都借形象以预测吉凶祸福。三兆，以火灼烧龟甲，得不同的裂纹，推测吉凶；三易，以蓍草占卜，得不同的卦象，推测吉凶；三梦，郑玄云："夜有梦则书，视日旁之气，以占其吉凶。凡所占者十辉，每辉九变，此术今亡。"汉代"三梦"的占卜方法已经失传，但是可以看出卜人的工作是以预测吉凶祸福为主，与《易》关系紧密。每逢国家大事，需要进行占卜：当邦国有征伐，即"征"；灾异，即"象"；筹划大事，即"谋"；预测结果，即"果"；"卜人来至否也"，即"至"；是否下雨，即"雨"；疾病愈瘳，即"疾"。由此而言，卜官对《易》学非常熟悉。

在子夏之先，晋国有卜偃，任掌卜大夫。有学者认为，担任晋献公掌卜大夫的郭偃，和子夏有血缘关系。因为在《论语》中，子夏曾称子游为言游，极有可能是为了避讳先祖郭偃之名。并且《浏阳卜氏族谱》也记载卜氏始祖康公，第三世为卜偃，第九世为子夏。这种猜测很有趣，也很大胆。历代谱牒著作，如上

---

① 《周礼注疏》卷二十四《大卜》，中华书局影印《十三经注疏》嘉庆刊本，2009年，第1733页。

文引用的《元和姓纂》《通志·氏族略》《万姓统谱》都没有记载卜偃和子夏的血缘关系，只记录了卜偃之祖出于卜官，卜偃和子夏的血缘关系不得而知。按照孤证不立的原则，《浏阳卜氏族谱》只能作为参照依据，很难成为定论，其他历代各地卜氏谱志，也只有记载卜姓出于子夏，没有继续往上追溯。总体而言，子夏之祖出于卜官，是广泛流行的一个说法。

子夏之祖既然出于卜官，那么子夏或多或少知晓卜筮之事。在西周之初，子承父业是正义的，这就是世卿世禄制。例如，《公羊传》记载："隐公三年，秋武氏子来求赙。"武氏是周王的大臣，死于隐公三年，未满一年之丧，其子履其位，所以称"武氏子"，讥讽武氏子不守礼节。周代的官制以世袭为主，子辈继承父辈的职务。后来到了战国，列国为了扩大地盘势力，招聘贤才，打破了世袭制，贤才之士得以进入仕途。如墨子的弟子由墨子举荐到卫国入仕，"子墨子游高石子于卫"①。类似情况还有很多，战国诸侯为了壮大势力，不得不聘用人才，而诸子之门学有专攻，适应当时社会发展，所以士人得以步入仕途。按照这样的逻辑，子夏在卜筮方面有家学渊源，似乎合情合理。更为重要的是，在传世文献中，也有文字记载子夏精于《易》学：

> 子夏问于孔子曰："商闻易之生人及万物，鸟兽昆虫，各有奇偶，气分不同，而凡人莫知其情，唯达德者能原其本焉。天一，地二，人三，三三如九，九九八十一，一主日，日数十，故人十月而生；八九七十二，偶以承奇，奇主辰，辰为月，月主马，故马十二月而生；七九六十三，三

---

① 《墨子间诂》卷十一，《耕柱》第四十六，上海：上海书店，1986年，第260页。

主斗，斗主狗，故狗三月而生；六九五十四，四主时，时主豕，故豕四月而生；五九四十五，五为音，音主猨，故猨五月而生；四九三十六，六为律，律主鹿，故鹿六月而生；三九二十七，七主星，星主虎，故虎七月而生；二九一十八，八主风，风为虫，故虫八月而生；其余各从其类矣。鸟鱼生阴而属于阳，故皆卵生。鱼游于水，鸟游于云，故立冬则燕雀入海化为蛤。蚕食而不饮，蝉饮而不食，蜉蝣不饮不食，万物之所以不同。介鳞夏食而冬蛰，龁吞者八窍而卵生，咀嚼者九窍而胎生，四足者无羽翼，戴角者无上齿，无角无前齿者膏，无角无后齿者脂，昼生者类父，夜生者似母，是以至阴主牝，至阳主牡，敢问其然乎？"孔子曰："然，吾昔闻老聃亦如汝之言。"①

《孔子家语》的文本真实性有待考察，但这则资料为我们提供了一条非常重要且独特的线索。这段文字讲的是天地万物相生之理。清代学者孔广森认为，这段文字对应的是卦序是：乾、离、艮、坎、兑、坤、震、巽。②当代学者刘彬认为，这段文字对应的卦序是乾、坤、艮、兑、坎、离、震、巽。这个卦序，恰好是失传的《归藏》卦序。这就意味着，子夏通晓卜筮之学。③这也就说明子夏通晓易学，而他的这种能力与他的家世应该有很大关系。

---

① 《孔子家语》卷六，《执辔》第二十五，影印文渊阁《四库全书》第 695 册，台湾商务印书馆，1986 年，第 60 页。

② ［清］孔广森：《大戴礼记补注》卷十三，《易本命》第八十一，北京：中华书局，2013 年，第 248—249 页。

③ 刘彬：《子夏与〈归藏〉关系初探—兼及帛书〈易经〉卦序的来源》，《孔子研究》，2007 年第 4 期。

二、子夏籍贯考

子夏少孔子四十四岁，是孔门登堂入室的高足弟子。关于子夏的出生地，先儒有多种说法。郑玄说是温国人，《孔子家语》说是卫人，唐代学者司马贞认为，温国本属卫国，所以可以称为卫人。这些资料均可见于《史记》："集解：《家语》云卫人。郑玄曰温国卜商。索隐：按，《家语》云卫人，郑玄云温国人，不同者，温国今河内温县，元属卫故。"[1] 这些说法，近代以来，已有不少学者进行了考证，如陈玉澍《卜子年谱》、钱穆《先秦诸子系年》、高培华《卜子夏考论》，在他们的基础上试对子夏籍贯说作一番整理和归纳。

清代学者陈玉澍认为子夏的籍贯在魏国。他认为《经典释文·叙录》和《太平寰宇记》中称子夏是卫人，这种说法不可靠，因为这两种说法本自《孔子家语》，而《孔子家语》是一本伪书，用它作为引证的材料不可信。陈玉澍认为应当根据《史记》，《史记》记载子夏为魏人。他说，今本《史记》没有记载子夏的籍贯，不是太史公的疏忽，而是因为《史记》在流传过程中，文字有脱落。《礼记·檀弓》正义引《仲尼弟子列传》说"子夏魏人也，在西河之上"，由此可见唐本《史记》有"魏人"二字。另外宋代学者高似孙在《史略》中说道："江南《史记》为唐旧本，有字多者，有字少者，与今本同异凡四千三百五十条。"因而孔颖达所见唐本《史记》，大抵有"魏人"二字。

高培华《卜子夏考论》一书考证了前人的不同说法，详尽地论述了子夏籍贯温邑的历史沿革，指出温邑在社会历史发展中的

---

[1]　《史记》卷六十七《仲尼弟子列传》，北京：中华书局，1959年，第2202页。

变迁。高培华认为郑玄所说的温国，最早始于周武王分土封爵，赏赐功臣子弟之时，周武王把这块地赏赐给司寇苏忿生，于是有了温邑。温邑，处在黄河北岸，从中穿过济水，所以温邑又可以称之为河济之间；又因处在荥泽而北的黄河古道西面，所以齐鲁人称呼温邑，又叫作大河之西。《汉书·儒林传》说孔子殁后，七十子分散在各地，或为卿相师傅，或隐而不见，唯独子夏在西河教授，指的就是这块地方[①]。公元前635年，温国发生大变局。周室内乱，晋文公出师帮助周襄王，到达温邑后，"右师围温，左师逆王"，攻占温邑，驱逐狄人，杀了王子带，评定叛乱。为了表示感谢，周襄王赐予晋文公温邑，"与之阳樊、温、攒茅之田"，温邑至此归于晋国。温邑在此之后的统治者，各有变化："先后为狐溱、阳处父、却至，公元前574年却至被灭以后，直到子夏14岁之年，温邑一直是赵氏封邑。约在子夏学成归来，已是魏氏治下臣民。"[②] 综合历代学者的观点，子夏籍贯可以概括为：就温邑早期历史而言，属于苏忿生统治下的古温国；以子夏出生时春秋末期而言，属于晋国；就其在西河教授而言，则属于魏国。因此，子夏的籍贯从未属于卫国，《孔子家语》《经典释文·叙录》和《太平寰宇记》以及唐代学者司马贞说子夏属于卫国，这种观点是错误的。

---

① 《儒林传》："仲尼既没，七十子之徒散游诸侯，大者为卿相师傅，小者友教士大夫，或隐而不见。故子张居陈，澹台子羽居楚，子夏居西河，子贡终于齐。如田子方、段干木、吴起、禽滑釐之属，皆受业于子夏之伦，为王者师。"见《汉书》卷八十八，《儒林传》第五十八，北京：中华书局，1962年，第3591页。

② 高培华：《卜子夏考论》，北京：社会科学文献出版社，2012年，第51页。

三、子夏生卒年考

孔子生于鲁襄公二十二年[①]，子夏少孔子四十四岁，则子夏生于鲁定公三年，即公元前507年。又《史记·六国年表》："魏文侯十八年，文侯受经子夏。"[②]魏文侯十八年，即鲁缪公三年，公元前407年，考其年数，彼时子夏已一百零一岁。又《魏世家》云："魏文侯二十五年：文侯受子夏经艺，客段干木，过其闾，未尝不轼也。秦尝欲伐魏，或曰：魏君贤人是礼，国人称仁，上下和合，未可图也。文侯由此得誉于诸侯。"[③]魏文侯二十五年，即鲁缪公十年，公元前400年，彼时子夏已一百零八岁，不可不谓高寿。清代学者陈玉澍考证子夏年寿至少有一百零八岁，唯卒年不可考："魏文侯二十五年，卜子百有八岁……然子夏卒于何年，究不可考矣。"[④]他考证的依据，就是《史记》中的《六国年表》和《魏世家》这两条资料。

但是，据钱穆考证，《六国年表》和《魏世家》多有疏误，魏文侯元年，应当在周定王二十三年，即公元前446年，时子夏六十三岁。《六国年表》及《魏世家》记载魏文侯十八年、二十五年"受经子夏""受子夏经艺"，不可认定必是十八年、二十五年之事。因为"史公于前一年书田子方事，因于下一年载子夏段干木，亦连类而及，非谓必于是年文侯始受经式闾也"[⑤]，他引用清代学者梁玉绳《史记志疑》的说法，"受经式闾之事，《世家》

---

① 孔子的生年，有两种说法，历代聚讼纷纭，莫衷一是。《公羊传》《谷梁传》记孔子生年为鲁襄公二十一年，《史记》记孔子生年为鲁襄公二十二年。

② 《史记》卷十五《六国年表第三》，北京：中华书局，1959年，第709页。

③ 《史记》卷四十四《魏世家》，北京：中华书局，1959年，第1840页。

④ ［清］陈玉澍《卜子年谱》，《丛书集成续编》第259册，第479页。

⑤ 钱穆：《先秦诸子系年》，北京：商务印书馆，2001年，第144页。

书于二十五年，《年表》在十八年，不同，盖元不可以年定"。另外，《乐记》中子夏称魏文侯为"君"，应当在魏文侯二十二年，这一年魏文侯从"大夫"僭称"侯"。所以，据钱穆考证，子夏年寿至少有八十四岁。

以上两种观点，是目前学界最为流行的说法。折衷而言，子夏高寿，必无可疑。无怪乎子夏传经，源流所渐，为汉儒之祖。子夏传《谷梁传》《公羊传》《丧服》《诗》，开启汉儒经学大观，风流所及，泽被后世。

第二节　子夏孔门授学考

这一节，笔者选择了《子夏从游陈蔡考》《子夏居丧考》和《子夏为莒父宰在入孔门后考辨》这三个题目进行论述。这三个问题，都是子夏在孔门授学期间发生的经历。考察这几个事迹，有助于理解子夏的孔门教育经历及其思想面貌。

一、从游陈蔡考

先从《论语·先进》中"从我于陈、蔡者"和"四科十哲"两章是否应该合并说起。《论语·先进》："从我于陈、蔡者，皆不及门也。""德行：颜渊、闵子骞、冉伯牛、仲弓。言语：宰我、子贡。政事：冉有、季路。文学：子游、子夏。"朱子将这两章合并为一章，又引程子"四科乃从夫子于陈、蔡者"。朱子的这种合并是否合理呢？

朱子的说法，本于汉儒郑玄的说法，唐代学者陆德明《经典

释文》说："郑云以合前章，皇别为一章。"①郑玄同样把这两章
合并为一章，而南朝梁皇侃又将其分别为两章。两章合为一章，
就相当于说孔子困于陈、蔡之时，四科十哲的说法就已经存在。
但是，孔子困于陈、蔡时值鲁哀公二年，时孔子五十九岁，子夏
十五岁，当时颜渊、闵子骞、冉伯牛、仲弓、宰我、子贡、冉有、
季路、子游、子夏追随孔子，都未能进入仕途。按照朱子的说法，
子夏十五岁就以文学冠于孔门，但这似乎不合常理。笔者认为四
科之分，因为门人弟子在记录时，各目弟子所长，所以有德行、
言语、政事、文学四科，不能认为是孔子困于陈、蔡时所说。

　　所以历代的学者，都认为这两章独立成章，不能合并。南
朝皇侃《论语义疏》、宋朝邢昺《论语注疏》主张分别为二章。
清代学者也多主张分为二章。尤侗艮《艮斋杂说》主张孔子困
于陈、蔡，正当患难之时，而分列四科，于情于理都不通，有
偏党之嫌："陈、蔡从者，岂止十人？患难之时，何必分列四科
乎？斯知郑说未敢从也。"②刘宝楠在《论语正义》一书中也认
为四科十哲之称是孔子平时的说法，而非困于陈、蔡之时："孔
子曰：受业身通者七十有七人，皆异能之士也。德行：颜渊、闵
子骞、冉伯牛、仲弓。言语：宰我、子贡。政事：冉有、季路。
文学：子游、子夏。是此四科，为夫子平时所论，不必在从陈、
蔡时。"③

① ［唐］陆德明：《经典释文》卷二十四《论语音义》，北京：中华书局，1983
　　年，第350页。
② ［清］刘宝楠撰，高流水点校：《论语正义》卷十四，《先进篇》第十一、二章，
　　北京：中华书局，1990年，第440页。
③ ［清］刘宝楠：《论语正义》卷十四，《先进篇》第十一，上海：上海书店，
　　1986年，第238页。

笔者兹就第一种观点谈谈自己的看法。后人之所以反对朱子，因为朱子认为孔子困于陈、蔡在哀公二年，当时子夏才十五岁，一个毛头小子怎么能以文学冠于孔门呢？如果我们考察《史记》，或许问题就能解开。《孔子世家》记载鲁哀公三年孔子在陈，鲁哀公四年，孔子自陈国到达蔡国。另外《左传·哀公六年》记载"吴伐陈……乃救陈，师于城父"，通过这两则资料，我们大致可以窥测孔子师徒困于陈、蔡是在鲁哀公六年，是年孔子六十三岁，而子夏十九岁。如果以此来推测子夏跟随孔子困于陈、蔡之际，发生在子夏十九岁那年，或许能说得通。高培华《卜子夏考论》一书也主张这种观点，他认为子夏是在哀公六年跟随孔子而困于陈、蔡，他说："子夏早在哀公二年已拜孔子为师，到困于陈、蔡之际入孔门已有数年，才干已相当突出，不然就不可能得到孔子如此倚重和信任。如此看来，现今卜氏后裔所传谱志资料中关于子夏少年投师的记载，以及卜子故里关于子夏十五六岁时前往卫国帝丘拜师的传说，应属可信之论。"① 笔者认为这种观点是令人信服的。

二、子夏居丧考

陈玉澍《卜子年谱》考证，鲁哀公十二年至鲁哀公十四年初，子夏有服亲之丧。子夏居丧，事可见于《论衡》《礼记》二书。《檀弓》：

> 子夏丧其子而丧其明。曾子吊之曰："吾闻之也：朋友

---

① 高培华：《卜子夏考论》，北京：社会科学文献出版社，2012年，第74页。

丧明则哭之。"曾子哭，子夏亦哭，曰："天乎！予之无罪也。"曾子怒曰："商，女何无罪也？吾与女事夫子于洙泗之间，退而老于西河之上，使西河之民疑女于夫子，尔罪一也；丧尔亲，使民未有闻焉，尔罪二也；丧尔子，丧尔明，尔罪三也。而曰女何无罪与！"子夏投其杖而拜曰："吾过矣！吾过矣！吾离群而索居，亦已久矣。"①

高培华认为子夏"丧亲"，指的是子夏的父亲，他给出的理由是先秦时期丧母称作母死、母卒、母丧，丧父才称作丧亲："古代社会，男女不平等十分严重，父母双亲去世的表述也有明确区别……丧母称作母死、母卒、母丧，如《礼记·檀弓》记子上之母死，穆公之死卒。"②

笔者认为子夏"丧亲"究竟是指"丧父""丧母"是比较难考证的。首先，"亲"不必专指父亲，《孟子·滕文公上》："盖上世尝有不葬其亲者，其亲死，则举而委之沟壑。"这里的"亲"指的就是父母。孟子反驳墨者夷之"爱无差等，施由亲始"，人生于父母，所以爱本自双亲，这里的"亲"也是指父母。另外古代学者有主张"亲丧"指父母，如杜佑《通典·礼五十六》："周制奔丧之礼。始闻亲丧，以哭答使者，尽哀。问故，又哭尽哀。注：亲，父母也。"所以"亲"不必专指父亲。其次，父丧也有称作父死。《国语》："叔向见司马侯之子，抚而泣之曰：自其父死也，吾蔑于之比而事君也。"《孔子家语》："孔子在卫，颜侍侧，闻哭声甚哀……孔子使问之，果父死家贫，卖子以耕。"所

① 《礼记正义》卷七《檀弓上》，中华书局影印嘉庆刊本，2009年，第2777—2778页。

② 高培华：《卜子夏考论》，北京：社会科学文献出版社，2012年，第136页。

以子夏"丧亲"可能指父亲之丧也可能是母亲之丧，限于资料今已不得而知。

三、子夏为莒父宰在入孔门后考辨

《论语·子路》记载了子夏为莒父宰一事："子夏为莒父宰，问政。子曰：无欲速，欲速则不达，见小利则大事不成。"子夏将任职莒父，向孔子请教为政之道，孔子告诉子夏勿急、勿贪图眼前小利。孔子之所以说这番话，因为子夏性情疏阔，做事急于求成，容易半途而废。《论语》曾记载这样一件有趣的事情，子贡曾问孔子子张和子夏孰贤？孔子说，师也过，商也不及。皇侃云："子夏性疏阔，行事好不及而止也。"子夏为莒父宰一事，独见于《论语》，其他传世文献中并无记载。陈玉澍《卜子年谱》考证子夏为莒父宰，在鲁哀公十一年冬至鲁哀公十二年春。也有学者认为"可能是其投师孔门之前"①。笔者就后一种观点，结合先秦礼法，谈谈子夏任莒父宰应在入孔门之后。

先秦时期，师门之内等级森严。同一师门的弟子，有亲授的，有由高足传授的，亲授的高足才能与老师直面。《论语·学而》："子禽问于子贡曰：'父子至于是邦也，必闻其政，求之欤？抑与之欤？'子贡曰：'夫子之求之也，其诸异乎人之求之欤？'"陈子禽和子贡同样都是孔子的弟子，陈子禽没有直接问孔子，却问子贡，看起来只是随意的询问，其实这就是古代的礼法。古代有"教不躐等"之礼，新进弟子到老师那里授学，只能恭听不能面难，所谓"幼者听而弗问"（《礼记·学记》）。

---

① 高专诚：《孔子·孔子弟子》，太原：山西人民出版社，1989年，第307页。

《论语·里仁》云："子曰：'参乎！吾道一以贯之。'曾子曰：'唯。'子出，门人问：'何谓也？'曾子曰：'夫子之道，忠恕而已矣。'"门人没有直接问孔子，而是向曾子请教，这是古代教育的礼节秩序。古典教育秩序森严，如汉代师法等级森严，大儒郑玄曾受学于马融而不得亲见，"融门徒四百余人，升堂进者五十余生。融素娇贵，玄在门下，三年不得见，乃是高业弟子传授于玄"[1]。郑玄不能亲授于马融，而经由他的高足弟子传授，师徒之间如同君臣一般，有上下之分。[2]

这种秩序表明了古人尊师重道。再举一例，古代的学者集子上，往往用"撰"字表明创作。这是一种谦逊的做法。汉代学者何休为《公羊传》做注，将自己的"注"称作"学"，为的是感恩先师，自己所学都来自先师。这其实是一种传统的治学风气，《吕氏春秋》说："君子之学也，说义必称师以论道，听从必尽力以光明，听从不尽力，命之曰背，说义不称师，命之曰叛。背叛之人，贤主弗纳之于朝，君子不予交友。"[3]"师承"是一种义务也是一种荣耀。如果学生不能恪守师法，如何能委以重任？战国以来，弟子入仕很多时候由师者推荐，先秦诸子普遍尊崇师道的情况就能比较好解释。荀子认为天、地、君、亲、师五者，是人伦之大者，不可不尊。天生之，地养之，君安之，亲胎之，

---

[1]　《后汉书》卷三十五，《张曾郑列传》第二十五，北京：中华书局，1965 年，第 1207 页。

[2]　古典教育注重秩序，不仅在知识的传授上遵循"教不躐等"的规定，而且注重在人生大事上承担义务："弟子为师服者，弟子有君臣父子朋友之道也。故生则尊敬而亲之，死则哀痛之，恩深义重故为之隆服，入则经，出则否也。"（［汉］班固撰集，［清］陈立疏证，吴则虞点校：《白虎通疏证·卷十一　丧服·论弟子为师》，北京：中华书局，1994 年，第 525 页。）

[3]　《吕氏春秋》卷四，《孟夏纪》第四，上海：上海书店，1986 年，第 39 页。

师成之。没有天，人无所从来；没有地，人无有所养；没有君，
纷乱不定；没有双亲，血肉身躯；没有师，不知礼义。师者，是
维护社会秩序、教化民风民俗有力推动者，更是学生入仕的领路
人。《战国策》中有一则故事发人深省，冯忌因为言不称师而被
服子责备。《赵策三》：

> 冯忌请见赵王，行人见之。冯忌接手免首，欲言而不
> 敢。王问其故，对曰："客有见入于服子者，已而请其罪。
> 服子曰：'公之客独有三罪：望我而笑，是狎也；谈语而不
> 称师，是倍也；交浅而言深，是乱也。'客曰：'不然。夫
> 望人而笑，是和也；言而不称师，是庸说也；交浅而言深，
> 是忠也。昔者尧见舜于草茅之中，席陇亩而荫庇桑，阴移而
> 授天下传。伊尹负鼎俎而干汤，姓名未著而受三公。使夫
> 交浅者不可以深谈，则天下不传，而三公不得也。'"赵王
> 曰："甚善。"冯忌曰："今外臣交浅而欲深谈，可乎？"王
> 曰："请奉教。"于是冯忌乃谈。①

冯忌能言善辩，服子说他"谈语而不称师"，他竟狡辩说这是
"庸说"，不必言师。这则资料能看出当时的风气，恪守师法是
弟子最重要的义务。不过也能反衬出，在战乱的年代，有些士人
已经完全背离了先师，所以《吕氏春秋》才说"说义必称师以论
道，听从必尽力以光明"。

在先秦，读书人想要进入仕途，可以通过游说，也可以通过
举荐，从先秦文献资料记载来看，入仕多数是举荐制。例如，墨

---

① 郭人民著，孙顺霖补正：《战国策校注系年补正》，郑州：中州古籍出版社，
2020 年，第 620 页。

子的弟子进入仕途，多是通过墨子举荐。《墨子·耕柱篇》："子墨子游荆耕柱子于楚。"清代学者毕沅注："游，谓游扬其名而使之仕。耕柱子是墨子弟子（荆字衍），墨子举荐耕柱子到楚国入仕。"《耕柱篇》："子墨子游高石子于卫，高石子三朝必尽言，而言无行者，去而之齐，见子墨子，曰：卫君以夫子之故，致禄甚厚，设我于卿。"高石子是墨子弟子，他通过墨子的举荐到卫国入仕，但是卫君不听从自己的谏言，于是离开卫国到齐国见墨子。又《贵义篇》："子墨子仕人于卫。"《公孟篇》："有游于子墨子之间者，身体强良，思虑徇通，欲使随而学，子墨子曰：姑学乎，我将仕子。"这个新进弟子聪明智慧，为了勉励他学习，墨子应允他可以借此步入仕途。类似的例子还有很多，总之先秦读书人想要进入仕途，除了学有所成外，还得经由师父的举荐。在这样的背景下，古代师徒关系类似于父子关系。师者希望弟子学有所成，能继承自己的学说，而弟子也希望能把师门发扬光大。这其中固然涉及利益，更多的是道义。在这样的风气下，弟子为师门奔走驱驰也是常见之事，《庄子》记载："老聃之役，有庚桑楚者，偏得老聃之道。成玄英疏：古人事师共其驱使，不惮艰危，故称为役也。"[1]《淮南子·泰族训》记载："墨子服役者百八十人，皆可使赴火蹈刃，死不旋踵，化之所致也。"[2]

在古代社会，尊师重道是社会共识，不分何门何派。《庄子·天运篇》"孔子见老聃，归。三日不谈。弟子问曰：夫子见老聃，亦将何规哉？成玄英疏：不的姓名，直云弟子，当是升堂

①　《庄子集释》，《庚桑楚》第二十三，上海：上海书店，1986年，第335页。
②　《淮南子》卷二十《泰族训》，上海：上海书店，1986年，第357页。

之类。"① 又《庄子·寓言》"曾子再仕，而心再化，曰：'吾及亲仕，三釜而心乐，后仕三千钟而不洎，吾心悲。'弟子问于仲尼曰：'若参者，可谓无所县其罪乎？'成玄英疏：门人之中，无的姓讳，当是四科十哲之流也。"② 这样的例子还有很多，足以说明只有高足弟子才有资格与老师面谈。先秦时期，恪守师法往往被人尊敬。《荀子·儒效篇》："故人无师无法，而知则必为盗，勇则必为贼，云能则必为乱，察则必为怪，辩则必为诞。人有师有法，而知则速勇，则速威。云能则速成，察则速尽，辩则速论。故有师有法者，人之大宝也。无师无法者，人之大殃也。人无师法，则隆性矣。有师法，则隆积矣。"③ 儒家讲师法，要比墨家讲得更多，这可能与儒家传经有关。

在先秦时代崭露头脚者大部分都有师承。《论语·子路篇》记载子夏为莒父宰一事，有学者认为是在入孔门之前，本文认为，按前文所述子夏十五六岁投身孔门，在此之前年龄尚小，若此年纪担任莒父宰一事，实在难以解释得通。子夏为莒父宰，应该是得到了孔子的举荐。

① 《庄子集释》，《天运》第十四，上海：上海书店，1986年，第231页。
② 《庄子集释》，《寓言》第二十七，上海：上海书店，1986年，第410—411页。
③ 《荀子集解》卷四，《儒效篇》第八，上海：上海书店，1986年，第91页。

第二章　子夏传经考

清代学者陈玉澍说，子夏是汉代学术的鼻祖。这一论断，是基于儒家传经历史得出的。就《春秋》来言，《公羊传》《谷梁传》都经由子夏传授，最终在汉代大放异彩。《毛诗》之传也源自子夏，其它如《礼》《易》都因子夏传授而流传下来。本章的内容，旨在追溯子夏传授经典的来龙去脉，为读者提供一幅清晰的子夏传经谱系。

第一节　子夏《诗》《书》传授考

现代人通常将《诗》看作是一部古代文学艺术作品。确实，《诗》很美，称它是文学艺术一点也不过分。它写离别，"昔我往矣，杨柳依依；今我来思，雨雪霏霏"，真是千古绝唱，王夫之说："以乐景写哀，以哀景写乐，一倍增其哀乐。"[1] 它写情，"蒹葭苍苍，白露为霜。所谓伊人，在水一方"，从容婉约，含蓄隽永，王夫之说："景生情，情生景，哀乐之触，荣悴之迎，

---

[1]　［明］王夫之著，杨坚总修订：《姜斋诗话》，长沙：岳麓书社，2011年第2版，第809页。

互藏其宅。"① 写自然之景，"夜如何其？夜乡晨，庭燎有辉"，寥寥数字，穷尽自然之妙，王夫之说："庭燎有辉，乡晨之景莫妙于此。晨色渐明，赤光杂烟而暧黫，但以有辉二字写之。"② 但是，《诗》不仅仅只是一部文学作品集，以文学显名。《诗》者，所以正人性情也。张之洞《輶轩语》劝人治经，先从《毛诗》开始，因为《诗》能令人温柔敦厚，中正不偏。孔子教诲孔鲤，劝他学《诗》，告诫他"不学诗，无以言"（《论语·季氏》），朱子说"事理通达，而心气和平，故能言"③。《诗》是"经"，能够正人伦，齐风俗，它的经学价值与地位才是最重要的。那么，《诗》《书》是如何进行传授的呢？

一、传《诗》考

子夏传《诗》，先儒已有定论，大抵有两种传授之说。陆德明《经典释文》引徐整云："子夏授高行子，高行子授薛仓子，薛仓子授帛妙子，帛妙子授河间人大毛公，毛公为诗故训传于家，以授赵人小毛公。一云，子夏传曾申，申传魏人李克，克传鲁人孟仲子，孟仲子传根牟子，根牟子传赵人孙卿子，孙卿子传鲁人大毛公。"④ 在这两个版本中，子夏都是传《诗》之祖，因此子夏传《诗》，先儒的说法是比较令人信服的。徐整是三国时人，与他

① ［明］王夫之著，杨坚总修订：《姜斋诗话》，长沙：岳麓书社，2011 年第 2 版，第 814 页。

② ［明］王夫之著，杨坚总修订：《姜斋诗话》，长沙：岳麓书社，2011 年第 2 版，第 810 页。

③ ［宋］朱熹撰：《四书章句集注》，北京：中华书局，1983 年，第 173—174 页。

④ 陆德明：《经典释文》，北京：中华书局，1983 年，第 10 页。

相近的陆机，也有关于《诗》传授之说。《毛诗草木虫鱼疏》说："孔子删诗，授卜商，商为之序以授曾申，申授魏人李克，克授鲁人孟仲子，仲子授根牟子，牟子授赵人荀卿，荀卿授鲁国毛亨，亨作诂训传以授赵国毛苌，时人谓亨为大毛公，苌为小毛公。"①清儒大多认同陆机说法，因为陆机身处三国，去古未远，又撰训诂，阐发毛诗，言有根柢，必不妄说。所以《四库全书总目提要》说："郑元《诗谱》曰：鲁人大毛公为训诂，传于其家。河间献王得而献之，以小毛公为博士。陆玑《毛诗草木虫鱼疏》云：孔子删诗，授卜商，商为之序以授曾申，申授魏人李克，克授鲁人孟仲子，仲子授根牟子，牟子授赵人荀卿，荀卿授鲁国毛亨，亨作诂训传以授赵国毛苌，时人谓亨为大毛公，苌为小毛公……郑氏后汉人，陆氏三国吴人，并传授毛诗，渊源有自所言，必不诬也。"②另外，如汪中③、胡元仪④也都认为孔子删诗传子夏，其后荀子得授，传于汉人。总之，子夏传《诗》先儒已有定论，兹不赘言。

二、《毛诗序》作者考

孔子殁后，经教离析，学说分家，《春秋》《诗》有各家之传。《汉书·艺文志》云："昔仲尼没而微言绝，七十子丧而大义乖。故《春秋》分为五，《诗》分为四，《易》有数家之传。"⑤就

---

① ［清］皮锡瑞撰，吴仰湘编：《郑志疏证·卷三　毛诗志》，北京：中华书局，2015年，第236页。

② 《四库全书总目提要》卷十五，《诗类》一，北京：中华书局，1965年，第12页。

③ 参见《荀子集解》附汪中《荀卿子通论》，上海：上海书店，1986年。

④ 《荀子集解》附《郇卿别传考异二十二事》，上海：上海书店，1986年，第35—36页。

⑤ 《汉书》卷三十，《艺文志》第十，，北京：中华书局，1962年，第1708页。

《诗》而言，在汉代，立为学官则有毛氏、齐、鲁、韩四家。但是，流传下来的只有毛氏一家，其余三家陆续亡佚，《隋书·经籍志》说："《齐诗》，魏代已亡；《鲁诗》亡于西晋；《韩诗》虽存，无传之者。"[①] 如今能看到的《诗经正义》，其中有毛氏《序》、郑玄《诗谱》、孔颖达《正义》、陆德明《音义》。

在《关雎》之前，有这么一段文字："关雎，后妃之德也……是关雎之义也。"这部分文字是《诗大序》。每篇诗开始，如《葛覃》之首："《葛覃》，后妃之本也。后妃在父母家，则志在于女功之事，躬俭节用，服瀚濯之衣，尊敬师傅，则可以归。安父母，化天下以妇道也。"这段文字是《诗小序》。在宋代之前，《诗大序》子夏撰，《诗小序》子夏、毛公合撰，这是通论。汉儒郑康成《诗谱》云："大序子夏作，小序子夏毛公合作。"[②] 唐人编纂《隋书·经籍志》用的也是汉儒的说法，"序，子夏所创，毛公及敬仲又加润益。"[③] 张守节也说："孔子作《易卦序》，子夏作《诗序》。"[④] 到了宋代，异说兴起。有说《毛诗》不传自子夏，有说《诗小序》是诗人各自写成的，有说《诗大序》是孔子自己写成的。[⑤] 众说纷纭，莫衷一是。大抵宋代的风气使然，所以有许多种不同的说法。而宋儒的风气，是舍传求经，"独抱遗

---

① 《隋书》卷三十二，《经籍一》，北京：中华书局，1973 年，第 918 页。

② 《经义考》卷九十九，《诗》二，《钦定四库荟要》第 239 册，长春：吉林出版集团，2005 年，第 288 页。

③ 《隋书》卷三十二《经籍志》，北京：中华书局，1973 年，第 918 页。

④ 见《史记集解序》。

⑤ 这三种说法，第一种由宋代王柏提出；第二种由王安石提出，"《诗序》，诗人所自制"；第三种由程子提出，"《诗大序》其文似《系辞》，其义非子夏所能言也。"见《经义考》，《钦定四库荟要》第 239 册，长春：吉林出版集团，2005 年，第 290—291 页。

经究终始"。他们大都不满意《传》，要独辟蹊径，所以不遵从汉儒的说法。

《诗序》的作者问题，确实是一段千古公案。先儒们尚无定论，后之学者自然不敢妄议。但是汉代儒学有师法，郑康成《诗谱》上说"大序子夏作，小序子夏毛公合作"必有所本，笔者遵从这一说法。所以宋之前的学者，也都遵从郑康成之说。唐司马贞说："子夏文学着于四科，序《诗》，传《易》。又孔子以《春秋》属商。又传《礼》，著在《礼志》。"① 张守节也说："孔子作《易卦序》，子夏作《诗序》。"② 李贤等学者注释《后汉书》，也提到子夏作《诗大序》③。孔颖达为郑康成《笺》作正义，亦提及子夏作《诗序》，《毛诗正义序》云："先君宣父厘正遗文，缉其精华，褫其烦重，上从周始，下暨鲁僖，四百年间，六诗备矣。卜商阐其业，雅颂与金石同和。"④ 他们大抵都认为《诗大序》《小序》传自子夏，即使毛公、卫宏有润色，也必不背师说。以上是子夏传《诗》的谱系和各家对其的观点。

三、传《书》考

在传世文献中，并没有资料记载子夏传授《尚书》，传于何时、何地、何人。像《诗》的传授那样，有明确的师承谱系，

---

① 《史记》卷六十七《仲尼弟子列传》，北京：中华书局，1959 年，第 2203 页。
② 见《史记集解序》。
③ 《后汉书》卷五十七，《杜栾刘李谢列传》第四十七，北京：中华书局，1965 年，第 1853—1854 页。
④ ［清］阮元校刻：影印清嘉庆刊本《十三经注疏毛诗正义·序》，北京：中华书局，2009 年，第 553 页。

可能很难考证出来。但是，子夏学《书》于孔子，这点毋庸置疑。刘勰《文心雕龙·宗经篇》："故子夏叹《书》：昭昭若日月之明，离离如星辰之行。"①《尚书大传》："子夏读书已毕。夫子问曰：'尔亦可言于书矣？'子夏对曰：'书之于事也，昭昭乎若日月之光明，燎燎乎如星辰之错行，上有尧舜之道，下有三王之义。商所受于夫子，志之于心弗敢忘也。虽退而岩居河济之间，深山之中，作壤室，编蓬户，尚弹琴其中，以歌先生之风，则亦可发愤忼慨忘己贫贱。有人亦乐之，无人亦乐之，而忽不知忧患与死也。'夫子造然变色曰：'嘻。子殆可与言《书》矣，虽然，见其表，未见其里也。'"②《尚书大传》虽是伪书，资料也未可尽信，但是这则材料，未必不能作为旁证，和刘勰所说的相互参考。因而，子夏传《书》的谱系虽然无法考证，但是子夏学《书》确是很明晰的。

第二节　子夏《礼》《乐》传授考

　　这一节旨在论述子夏传授《礼》《乐》事迹。子夏传《丧服传》，已是前人定论，而子夏传《乐》，相关资料零星琐碎，较难考证。虽然不能考证出确切而完整的传经谱系，但大致上能为我们了解子夏传授《礼》《乐》的事迹提供了一些参照。

---

① 刘勰：《文心雕龙》，《宗经》第三，上海：上海古籍出版社，1989 年，第 65 页。
② 王闿运：《尚书大传补注》卷第六《说略下》，《续修四库全书》第 55 册，第832 页。

一、传《礼》考

唐代学者司马贞说："子夏文学著于四科，序《诗》，传《易》。又孔子以《春秋》属商。又传《礼》，著在《礼志》。"① 子夏传《礼》，传的既不是《周礼》，也不是《礼记》，而是《仪礼》中的一篇《丧服》。为了便于读者理解《丧服》和《周礼》《仪礼》《礼记》的关系，先略述三《礼》流传情况。

在先秦两汉，《周礼》一书，或称为《经礼》，或称为《仪礼》，或称为《礼经》，或称《正经》，或称《周官经》，名称不同，而所指其实不异，皆指《周礼》。孔颖达云："《周礼》见于经籍其名异者七处。《孝经说》云：'经礼三百。'一也。《礼器》云：'经礼三百。'二也。《中庸》云：'礼仪三百。'三也。《春秋说》云：'礼经三百。'四也。《礼说》云：'有正经三百。'五也。《周官外题》谓为'周礼。'六也。《汉书·艺文志》云：'周官经六篇。'七也。七者皆云三百，故知俱是周官。周官三百六十，举其大数，而云三百也。"② 关于《周礼》的作者，有的学者说是周公，有的说是刘歆，有的说是战国人，其说纷纭，没有定论。宋代学者郑樵总结："《周礼》一书，或谓文王治岐之制，或谓成周理财之书，或谓战国阴谋之书，或谓末世渎乱不验之书，纷纭之说，无所折衷。"③ 大体而言，在唐之前，学者多认同《周礼》的作者是周公。因为东汉大儒郑玄给《周

---

① 《史记》卷六十七《仲尼弟子列传》，北京：中华书局，1959 年，第 2203 页。

② 《礼记正义·序》，影印《十三经注疏》嘉庆刊本，北京：中华书局，2009 年，第 2653 页。

③ 《经义考》卷一百二十，《钦定四库荟要》第 239 册，长春：吉林出版集团，2005 年，第 513 页。

礼》做注时说："周公居摄而作六职，谓之周礼。"① 影响更大的
《隋书·经籍志》也说："汉时，有李氏得《周官》。《周官》，
盖周公所制官政之法。"② 到了宋代，也有学者认为刘歆撰《周
礼》，朱子说："胡氏父子以《周礼》为王莽令刘歆撰此。"③ 但
主流的学者认为《周礼》作于周公，这无可疑。苏辙说："世言
周公之所以治周者，莫详于《周礼》。然秦汉诸儒，以意损益之
者，众矣，非周公完书也。"④ 朱子说："《周礼》一书，广大精
微，周家法度在焉，后世皆以《周礼》非圣人书，其间细碎处虽
可疑，其大体直是，非圣人做不得。"⑤ 这些损益的说法，都承
认《周礼》非一人独作。

　　《仪礼》的流传要比《周礼》清晰一些。《仪礼》的称谓也
不少，或称作威仪，或称曲礼，或称动仪，或称古礼经。孔颖
达曰："《仪礼》之别有七处而有五名。一则《孝经春秋说》及
《中庸》并云：威仪三千。二则《礼器》云：曲礼三千。三则
《礼说》云：动仪三千。四则谓为仪礼。五则《汉书·艺文志》
谓仪礼为古礼经。凡此七处，五名并承三百之下，故知即《仪
礼》也。"⑥ 关于《仪礼》的作者，先秦两汉的学者多认为是周

---

① 《经义考》卷一百二十，《钦定四库荟要》第 239 册，长春：吉林出版集团，
　　2005 年，第 510 页。
② 《隋书》卷三十二，《经籍志》第二十七，北京：中华书局，1973 年，第 903 页。
③ 《经义考》卷一百二十，《钦定四库荟要》第 239 册，长春：吉林出版集团，
　　2005 年，第 517 页。
④ 《经义考》卷一百二十，《钦定四库荟要》第 239 册，长春：吉林出版集团，
　　2005 年，第 512 页。
⑤ 《经义考》卷一百二十，《钦定四库荟要》第 239 册，长春：吉林出版集团，
　　2005 年，第 516 页。
⑥ 《礼记正义》《序》，第 2656 页。

公，宋代学者敖继公说："先儒皆以为周公所作，愚亦意其或然也。何以言之？周自武王始有天下，然其时已老矣，必未暇为此事也。至周公相成王，乃始制礼作乐，以致太平。故以其时考之，则当是周公之书。又以其书考之，辞意简严，品节详备，非圣人莫能为，益有以见其果为周公之书也。然周公此书，乃为侯国而作也，而王朝之礼不与焉。"① 折衷一点的说法，则是作于周公，损益于后代儒者，元代学者何异孙云："《仪礼》一书，决非秦汉间笔，其制度必出于圣人，若断以为周公之作，则非所敢知。"② 这些说法，大都承认《仪礼》出自周公，只不过后来的学者又有增益或损减，总之在古人看来《仪礼》仍是具有权威性的儒家经典。如今能看到的《仪礼注疏》，由郑玄作注，贾公彦作疏，篇目编次参考的是刘向《别录》，以《士冠礼》为第一，《士昏礼》第二，《士相见礼》第三，《乡饮酒礼》第四，《乡射礼》第五，《燕礼》第六，《大射》第七，《聘礼》第八，《公食大夫礼》第九，《觐礼》第十，《丧服》第十一，《士丧礼》第十二，《既夕礼》第十三，《士虞礼》第十四，《特牲馈食礼》第十五，《少牢馈食礼》第十六，《有司彻》第十七。但是在汉代，这个篇目和当时流传的《大戴礼记》《小戴礼记》的目录是不同的。贾公彦说："刘向《别录》即此十七篇之次也。大小戴皆《冠礼》为第一，《昏礼》为第二，《士相见》为第三。自兹以下，篇次则异。大戴以《士丧》为第四，《既夕》为第五，《士虞》为第六，《特牲》为第七，《少牢》为第八，《有司彻》

① 李修生主编：《全元文·卷一一一九·敖继公·仪礼集说序》，南京：江苏古籍出版社，1998 年，第 193 页。
② 《经义考》卷一百二十，《钦定四库荟要》第 239 册，长春：吉林出版集团，2005 年，第 640 页。

为第九，《乡饮酒》第十，《乡射》第十一，《燕礼》第十二，《大射》第十三，《聘礼》第十四，《公食》第十五，《觐礼》第十六，《丧服》第十七。小戴于《乡饮》《乡射》《燕礼》《大射》四篇依《别录》次第。而以《士虞》为第八，《丧服》为第九，《特牲》为第十，《少牢》为第十一，《有司彻》为第十二，《士丧》为第十三，《既夕》为第十四，《聘礼》为第十五，《公食》为第十六，《觐礼》为第十七。《别录》尊卑吉凶次第伦序，故郑用之，二戴尊卑吉凶雜乱，故郑皆不从之。"①《仪礼》都是士礼，《冠礼》《士相见礼》等讲的都是士的礼仪，这是因为当初秦焚诗书，到了汉初高堂生传授《仪礼》，只有十七篇了。后来鲁恭王坏孔壁，得古礼五十六篇，河间献王亦得而献于上，其中有十七篇和高堂生所传的相同，剩下的三十九篇藏在秘府。这些孔壁中得到的古礼，都是用篆书写成的，又叫古文礼经。藏在秘府的三十九篇古礼，汉哀帝时期，刘歆上书建议立于学官，但是遭到诸博士反对，不得已而废。后来这三十九篇，在唐代之后逐渐亡佚了。但是在汉代学者的集子中，还是能够看到一些这三十九篇古礼的遗迹，《学礼》可见于贾谊《新书》，《天子巡狩礼》见于《周官》内宰注。

《礼记》是"记"，"记"者解"经"者也。《仪礼》有《士冠礼》，《礼记》中有《冠义》；有《士昏礼》，则有《昏义》；有《乡饮酒礼》，则有《乡饮酒义》；有《射礼》，则有《射义》。朱子说："《仪礼》是经，《礼记》是解《仪礼》。且如《仪礼》有《冠礼》，《礼记》便有《冠义》，《仪礼》有《昏礼》，《礼记》便

---

① 《仪礼注疏》卷一，《士冠礼》第一，影印《十三经注疏》嘉庆刊本，北京：中华书局，2009 年，第 2037 页。

有《昏义》，以至《燕》《射》之礼，莫不皆然。盖《仪礼》礼之根本，而《礼记》乃其枝叶。《礼记》本秦汉上下诸儒解释《仪礼》之书，又有他说附益于其间。"[1] 明代学者湛若水说："《仪礼》之为经也，《礼记》之为传也，不可易矣。"[2] 通常认为《礼记》是传，《仪礼》是经，因为《仪礼》讲的都是古礼，孔子在世时尚传授这些古礼，但是孔子去世后，七十子之徒害怕礼学遭到废弃，于是他们以及后学共同撰写了《礼记》。所以《礼记》是由许多不同的学者编纂而成的，孔颖达在《礼记正义序》中，写得很清楚："《礼记》之作，出自孔氏。但正《礼》残缺，无复能明，故范武子不识殽烝，赵鞅及鲁君谓《仪》为《礼》。至孔子没后，七十二之徒共撰所闻，以为此《记》。或录旧礼之义，或录变礼所由，或兼记体履，或杂序得失，故编而录之，以为《记》也。《中庸》是子思伋所作，《缁衣》公孙尼子所撰。郑康成云：'《月令》，吕不韦所修。'卢植云：'《王制》，谓汉文时博士所录。其馀众篇，皆如此例，但未能尽知所记之人也。'"[3] 如今通常能看到的《礼记正义》，由郑玄注，孔颖达疏，共有四十九篇。这四十九篇，由东汉马融定下，经过郑玄注解，遂大行于世。在西汉之初，河间献王在民间征得一百三十一篇，有七十子及其后学所记的礼学篇目。又经过刘向校雠，留下一百三十篇。同时，又增加了《明堂阴阳记》三十三篇，《孔子三朝记》

---

① 《经义考》卷一百二十，《钦定四库荟要》第 239 册，长春：吉林出版集团，2005 年，第 652 页。

② 《经义考》卷一百二十，《钦定四库荟要》第 239 册，长春：吉林出版集团，2005 年，第 641 页。

③ 《礼记正义·序》，影印《十三经注疏》嘉庆刊本，北京：中华书局，2009 年，第 2656 页。

七篇，《王史氏记》二十一篇，《乐记》一篇，合为二百四十篇。学者戴德将刘向校雠过的这二百四十篇，去其繁杂，并为八十五篇，即《大戴礼记》。《大戴礼记》在唐时就散佚了不少，只留下三十八篇，唐代学者司马贞说："《大戴礼记》合八十五篇，其四十七篇亡，存三十八篇。"[①] 现在能看到的《大戴礼记》有四十三篇，前三十八篇都已经亡佚了，因为经过后人的整理，所以比唐时又增加了五篇。《隋书·经籍志》记载这段历史较为详尽："汉初，河间献王又得仲尼弟子及后学者所记一百三十一篇献之，时亦无传之者。至刘向考校经籍，检得一百三十篇，向因第而叙之。而又得《明堂阴阳记》三十三篇、《孔子三朝记》七篇、《王史氏记》二十一篇、《乐记》二十三篇，凡五种，合二百十四篇。戴德删其烦重，合而记之，为八十五篇，谓之《大戴记》。而戴圣又删大戴之书，为四十六篇，谓之《小戴记》。汉末马融，遂传小戴之学。融又定《月令》一篇、《明堂位》一篇、《乐记》一篇，合四十九篇；而郑玄受业于融，又为之注。今《周官》六篇、古经十七篇、《小戴记》四十九篇，凡三种。唯《郑注》立于学官。"[②]

《丧服》是《仪礼》中的一篇，一共有七卷。如今能看到的清代学者阮元校刻十三经注疏本子，在《仪礼》中第二十八卷到第三十四卷。《仪礼》是一部非常难懂的经书，里头夹杂着经、传、记。譬如《士相见礼》中"士相见之礼……主人送于门外，再拜"这是经，"士见于大夫终辞其挚于……外臣"这是

---

① 《经义考》卷一百三十八，《钦定四库荟要》第240册，长春：吉林出版集团，2005年，第43页。

② 《隋书》卷三十二《经籍志》，北京：中华书局，1973年，第918页。

记；再如《士冠礼》中"士冠礼筮于庙门……宾出主人送于外门，再拜，归宾俎"是经，"若不醴则用醮用酒……古者生无爵死无谥"是记。或者说，在阮元校刻的十三经注疏本子中，《士冠礼》的第一卷、第二卷是经，第三卷是记。《仪礼》的有些篇目，经、记是分开的，在经文之后，会加一"记"字，以表明自此已下是记文。如《丧服》中"斩衰裳，苴绖、杖、绞带，冠绳缨，菅屦者"是经，"《传》曰：斩者何？不缉也"是传，"公子为其母，练冠、麻、麻衣、縓缘"是记。在阮刻本《仪礼注疏》卷三十三，有"记"一字，表明自此以下都是记文。这记文中，又有"传曰"二字，表明其中又有传文，用来解释记文。

关于《丧服》的作者，历来也有争议。但是，总体而言，汉、唐之间，学者都认为子夏为《丧服》作传，自宋以降，分歧渐多。唐代学者贾公彦说："传曰者，不知是谁人所作，人皆云孔子弟子卜商字子夏所为。案《公羊传》是公羊高所为，公羊高是子夏弟子，今案《公羊传》有云者何、何以、曷为、孰谓之等，今此《传》亦云者何、何以、孰谓、曷为等之问。师徒相习，语势相遵，以弟子却本前师，此传得为子夏所作，是以师师相传，盖不虚也。其传内更云传者，是子夏引他旧传以证己义。《仪礼》见在一十七篇，余不为传，独为《丧服》作传者，但《丧服》一篇总包天子已下五服差降，六术精粗，变除之数既繁，出入正殇交互，恐读者不能悉解其义，是以特为传解。"[①]贾公彦参考《公羊传》的体例，认为《丧服》是子夏所传。《隋书·经籍志》上说："其《丧服》一篇，子夏先传之，诸儒多为

---

① 《仪礼注疏》卷二十八，《丧服》第十一，影印《十三经注疏》嘉庆刊本，北京：中华书局，2009年，第2373页。

注解，今又别行。"① 再如唐代学者司马贞，也同样认为子夏为
《丧服》作传："子夏文学于四科，序《诗》，传《易》。又孔子
以《春秋》属商。又传《礼》，著在《礼志》。"②

宋代疑古风气盛行，《丧服》的权威性也遭到了质疑。宋代
学者敖继公在《仪礼集说》中，谈到《丧服》中的记文是七十子
后学所作，但传文又有解释记文，那么传文在记文之后，必无可
疑，所以子夏作《丧服》传文，是错误的："他篇之有记者多矣，
未有自传者也。有记而复有传者，惟有此篇耳。先儒以为子夏所
作，未必然也。今日以记明之。《汉艺文志》言礼经之记，颜师
古以为七十子后学者所记是也。而此传则不特释经文而已，亦有
释记文者焉，则是作传者又在于作记者之后明矣。今考传文，其
发明礼意者固多，而其违悖经义者亦不少，然则此传亦岂必皆知
礼者之所为乎？而先儒乃归之于子夏，过矣。"③ 清代学者毛奇
龄在《丧礼吾说》中说道，《丧服传》并非子夏所作，而是战国
之后的人伪造的。敖继公和毛奇龄的观点，在古代不能说是主流
观点，古代主流通常都认为《丧服传》是子夏所作，所以《四库
总目提要》说敖继公认为子夏未作《丧服传》是"疑《丧服传》
违悖经义，非子夏作。皆未免南宋末年务诋汉儒之余习"④。毛
奇龄的《丧礼吾说》被列入《存目》可见一斑："奇龄说经，好
立异议，而颠舛乖谬，则莫过于是书。大旨以子夏《丧服传》为

---

① 《隋书》志第二十七，经籍一，北京：中华书局，1973年，第925页。

② 《史记》卷六十七《仲尼弟子列传》，北京：中华书局，1959年，第2203页。

③ ［宋］敖继公：《仪礼集说》，影印文渊阁《四库全书》第105册，台湾商务
印书馆，1986年，第439页。

④ 《四库全书总目提要》卷二十，《礼类》二，北京：中华书局，1965年，第161页。

战国以后人伪作，故逐条攻击，务反其说。"① 不过，敖继公和毛奇龄为我们理解子夏《丧服》传授事迹提供了新鲜异说。

二、传《乐》考

《汉书·东方朔传》中，东方朔用诙谐幽默的方式，谏说汉武帝，他说汉武帝的功德，比三皇五帝还要高，汉武帝治理下的朝廷，文武百官都是贤才之士。东方朔又用孔子的弟子比喻当今朝廷的在位者，"子赣使外国，颜、闵为博士，子夏为太常"②，意思说如今出使外国的官长，和子赣（子贡）一样有贤才；如今的学官博士，和颜渊、闵子骞一样有德行；如今负责礼仪制度的官长，如同子夏一样有才能。东方朔说"子夏为太常"，因为太常这个官职，主要负责礼仪典章的施行，从中可以看出子夏精通礼乐，颜师古说："太常者，王之旌也，画日月焉。王者有大事，则建以行礼官主奉持之，故曰奉常。"③ 汉初，叔孙通为汉家制礼作乐，他的职位就是太常："高帝崩，孝惠即位，乃谓叔孙生曰：'先帝园陵寝庙，群臣莫辨。' 徙为太常，定宗庙仪法。及稍定汉诸仪法，皆叔孙生为太常所论著也。"④ 所以"子夏为太常"这句话，从中推测出子夏精通礼乐。

---

① 《四库全书总目提要》卷二十三，《礼类存目》一，北京：中华书局，1965年，第190页。

② 《汉书》卷六十五，《东方朔传》第三十五，北京：中华书局，1962年，第2860页。

③ 《通典》卷二十五，《职官》第七，杭州：浙江古籍出版社，2000年第2版，第147页。

④ 《史记》卷九十九，《刘敬叔孙通列传》第三十九，北京：中华书局，1959年，第2725页。

子夏传授《乐经》，不像传授《公羊传》《诗》有明确的师承记载，因为《乐经》毁于秦代，经书都没有了，自然无法传授。但是，传世文献中依然有零星的数据，记载了子夏论乐一事，比如《史记·乐书》《礼记·乐记》。这两篇文献文字上略有出入，但都有子夏为魏文侯论乐一篇。在这篇文献里，由魏文侯发问，子夏作答，陈述古乐与新乐之别、音与乐之别、溺音有害于德政这三件事。魏文侯是子夏的学生，是当时诸侯中最好学的国君。《史记·乐书》《礼记·乐记》记载了子夏和魏文侯的对话，至于魏文侯在听授子夏论乐之后，究竟有没有把它发扬光大，使它经世致用，因为文献不足征，已经无从考证。但是据《汉书》记载："至于六国，魏文侯最为好古，而谓子夏曰：寡人听古乐则欲寐，及闻郑卫，余不知倦焉。子夏辞而辨之，终不见纳，自此礼乐丧矣。"[1]魏文侯并没有听从子夏之说，也未将《乐》发扬光大。传授礼乐要比传授《春秋》难，礼乐在人伦日用之间，《春秋》则自成一书，人伦秩序崩溃礼乐就会丧亡，自成一书则可成为专门之学，所以《汉书》说魏文侯不用子夏之言，自此礼乐丧矣，这也容易理解。

第三节　子夏《易》《春秋》传授考

这一节，笔者论述《子夏易传》作者问题，以及子夏传授《春秋》谱系。这两个题目，已经有不少学者论述过，比如清末皮锡瑞《经学历史》和刘师培《经学教科书》等等。笔者论述这

---

① 《汉书》卷二十二，《礼乐志》第二，北京：中华书局，1962年，第1042页。

两个题目，虽然没有为学术增添新内容，但是在历史文献中爬梳整理，仍然获益匪浅。子夏传授《春秋》，传到汉代胡毋子都时才著之于竹帛上，于是有《春秋公羊传》。在这之间，《春秋》一直口口相传。口口相传，容易守师法。所以《公羊传》里，凡不是授自先师的文字，公羊氏都用"盖"字说明①。古人尊师重道，于此可见一斑。徐复观《两汉思想史》中说，三百年间《公羊春秋》只有五代传人，是在造假："戴宏所说的，由子夏下来的五代传承，只是出于因《公羊传》《左传》在东汉初的相互争胜，《公羊传》家为提高自己的地位，私自造出来的，以见其直接出于孔门的嫡系单传。"②笔者不赞同徐复观的观点，公羊氏传授《春秋》，因父子相传，三百年间传授五代，不足为奇。

一、《子夏易传》作者考辨

子夏传《易》的脉络，不像《诗》《春秋》那样有明确的传授谱系，传世文献中也没有记载过。像子夏这样的大儒，在文献中翻检不出更多的材料，真是可惜。《韩非子》记载孔子殁后，儒分为八："世之显学，儒墨也。儒之所至，孔丘也；墨之所至，墨翟也。自孔子之死，有子张之儒，有子思之儒，有颜氏之儒，有孟氏之儒，有漆雕氏之儒，有仲良氏之儒，有孙氏之儒，有乐

---

① "传：社者封也，其言灾何？亡国之社，盖掩之。掩其上而柴其下。疏：公羊子不授自于师故言盖也。"见《公羊传注疏》卷二十七，哀公四年，影印《十三经注疏》嘉庆刊本，北京：中华书局，2009年，第5101页。

② 徐复观：《两汉思想史》（卷二），上海：华东师范大学出版社，2001年，第199页。

正氏之儒。"①清代学者陈玉澍说子夏是汉学之祖，因为汉代的经学从源头上追溯，都经由子夏传授而来，但是韩非子并没有记载子夏这一派，令人疑惑。清代学者朱彝尊说："《韩非子》：'自孔子之死，有子张之儒，有子思之儒，有子思之儒，有孟氏之儒，有漆雕氏之儒，有仲良氏之儒，有公孙氏之儒，有乐正氏之儒。'而子夏之门人若高行子、曾申、公羊高、谷梁赤，传《诗》及《春秋》者反不与焉，不得其解也。"②韩非子"儒分为八"说导致后世说法无数，解开这一谜题非常困难。

《子夏易传》这本书，历代都有争议。这本书一直说不清，道不明，真中杂伪，伪中杂真，真伪莫辨。清人章学诚曾说，目录学著作可以辨章学术、考镜源流，笔者且就《汉书·艺文志》《隋书·经籍志》《经义考》《四库全书总目提要》这些史志著作，谈谈这本书引起争议的来龙去脉。《汉书·艺文志》是传世文献中，最早且最为完备的目录学著作，但是其中并没有记载《子夏易传》一书。到了南北朝，梁代学者阮孝绪撰写《七录》，却说有《子夏易》六卷。这样重要的著作，在汉代不曾闻名于世，到了梁代反而冒出来，这就令人怀疑是否有作伪之嫌。唐玄宗开元七年，曾下诏令儒生校正《子夏易传》，学者刘知几上书反对："汉志《易》有十三家，而无子夏作传者。至梁阮氏《七录》，始有子夏易六卷。或云韩婴作，或云丁宽作。然据《汉书》韩《易》十二篇，丁《易》八篇。求其符合，事殊瞭刺。必欲行用，深以为疑。"③由此可见，这本书在唐代就已经有争议

① 《韩非子集解》卷十九，《显学》第五十，上海：上海书店，1986年，第351页.
② 《经义考》卷五，《钦定四库荟要》第240册，长春：吉林出版集团，2005年，第461页。
③ 《四库总目提要》卷一，《易类一》，北京：中华书局，1965年，第1页。

了。倘若我们检查这本书的卷数，那么问题就更多了。初唐大儒陆德明在《经典释文》中，记载《子夏易传》三卷①。晚于《经典释文》而成的《隋书·经籍志》则说："《周易》二卷魏文侯师卜夏传，残阙。梁六卷。"②宋代学者陈骙《中兴书目》记载有十卷。历代记载的卷数各有不同，其中的内容肯定发生了变化。这就是《子夏易传》这本书争论的由来。

二、子夏传《公羊传》《谷梁传》考

相比起《易传》《诗》，子夏传授《春秋》，历代学者对此几乎没有争议。传世文献已经记录了《春秋》这部经在流传过程中，子夏及其弟子的传授关系。尤其在汉代，在那样一个经学昌盛的时代，不同的经典都有经师传授，经学的血脉得以一直流传下去。后代人可以借助汉代的资料，看到当时经学的师承关系，如《史记·儒林传》《汉书·儒林传》等文献。

在先秦典籍中，有许多数据记载了子夏与《春秋》的故事。《吕氏春秋·慎行篇》："子夏之晋，过卫，有读史记者曰：晋师三豕涉河。子夏曰：非也，是己亥也。夫'己'与'三'相近，'豕'与'亥'相似。至于晋而问之，则曰晋师己亥涉河也。"③子夏善于读各国的史书，能分辨出其中的错误，若非博闻强识、见识卓远，恐怕很难知道"三豕"的讹误。先秦法家韩非子在其书中，也记录了子夏的事迹。《外储说右上》："君所以治臣者有

---

①　《经典释文》《序录》，北京：中华书局，1983年，第6页。

②　《隋书》第四册，《经籍志》卷三十二，北京：中华书局，1973年，第912页。

③　《吕氏春秋》卷二十二，《慎行论》第二，上海：上海书店，1986年，第295页。

三。一、势不足以化则除之。师旷之对，晏子之说，皆合势之易
也而道行之难，是与兽逐走也，未知除患。患之可除，在子夏之
说《春秋》也。"① 韩非子认为子夏传授的《春秋》，可以帮助君
主治理朝政。又《外储说右上》："子夏曰：'春秋之记臣杀君，
子杀父者，以十数矣，皆非一日之积也，有渐而以至矣。'凡奸
者，行久而成积，积成而力多，力多而能杀，故明主蚤绝之。今
田常之为乱，有渐见矣，而君不诛。晏子不使其君禁侵陵之臣，
而使其主行惠，故简公受其祸。故子夏曰：'善持势者蚤绝奸之
萌。'"② 韩非子援引子夏说经之言，意在告诫君主要防微杜渐，
及早铲除叛变。《春秋》这部经，记录了当时各国的政事，上自
隐公元年，下讫哀公十五年，总共二百四十二年。董仲舒云：
"春秋之中，弑君三十六，亡国五十二，诸侯奔走不得保其社稷
者不可胜数。"③《春秋》这部经，讲的是名分，就是君君、臣
臣、父父、子子。任何杀父弑君的罪行，都被记录下来，用以警
诫后人。一国之君如果能通晓这部经，就能预知臣下的叛变；一
国之士如果能通晓这部经，就能防范于未然。这是先秦两汉士人
对《春秋》的基本定位。

　　《春秋》这部经，是孔子在鲁史的基础上删定制作而成的。
可以说是群经之首，汉儒都认为《春秋》是"经世之大法"。董
仲舒说："《礼》以节人，《乐》以发和，《书》以道事，《诗》

---

① 《韩非子集解》卷十三，《外储说右上》第三十四，上海：上海书店，1986 年，
　　第 231 页。
② 《韩非子集解》卷十三，《外储说右上》第三十四，上海：上海书店，1986 年，
　　第 234—235 页。
③ 《史记》卷一百三十，《太史公自序》第七十，北京：中华书局，1959 年，
　　第 3279 页。

以达意，《易》以道化，《春秋》以道义。拨乱反之正，莫近于《春秋》。"①《礼》让人言行举止得体；《乐》让人性情平正，发而中节；《书》让人察往知来；《诗》能兴观群怨；《易》讲天人之际，造化之机；《春秋》讲的是正义的秩序。这六部经书，都是治理天下的重要典籍，缺其一不可。其中《春秋》最讲"兼济天下"，所以是拨乱反正的利器。东汉学者应劭说："自卫反鲁，删诗、书，定礼、乐，制春秋之义，著素王之法。"②"素王之法"未必令后代学者信服，但孔子在《春秋》中寄寓了义法，是古人的基本观点。这些义法能令善者进，恶者退，所以是一部治世的法典。《春秋》在鲁哀公十四年左右完成，《史记》："哀公十四年，狩大野，获麟，仲尼视之，曰：麟也，吾道穷矣。乃因史记作春秋。"孔子制作《春秋》之前，曾让子夏往周室求史书，《公羊传注疏》徐彦引闵因《序》："昔孔子受端门之命，制春秋之义，使子夏等十四人求周史记，得百二十国宝书。九月经立。"书成之后，子夏等众弟子不能增损一字："孔子在位听讼，文辞有可与人共者，弗独有也。至于为春秋，笔则笔，削则削，子夏之徒不能赞一辞。"③子夏通晓各国史书，独不能对《春秋》褒贬一字，可见《春秋》义例严谨。

孔子传授《春秋》，不仅传授给了子夏，还有鲁子、司马子等人。《公羊传》中出现的鲁子、司马子等，都是与子夏同时传授《春秋》的孔门弟子。在子夏之后，《春秋》由公羊高传其子公羊平，公羊平传其子公羊地，公羊地传其子公羊敢，公羊敢传

---

① 《史记》卷一百三十，《太史公自序》第七十，北京：中华书局，1959年，第3297页。

② 《风俗通义校注》卷七《穷通》，北京：中华书局，1981年，第315页。

③ 《史记》卷四十七《孔子世家》，北京：中华书局，1959年，第1944页。

其子公羊寿："孔子至圣，却观无穷，知秦无道，将必燔书，故《春秋》之说口授子夏。度秦至汉，乃著竹帛，故《说题辞》云'传我书者，公羊高也'。戴宏《序》云：'子夏传与公羊高，高传与其子平，平传与其子地，地传与其子敢，敢传与其子寿。至汉景帝时，寿乃其弟子齐人胡毋子都著于竹帛，与董仲舒皆见于图谶。'是也。"①

除了传授给公羊高之外，子夏还将《春秋》传授给了弟子谷梁子。谷梁子，名淑，字元始，《谷梁传注疏》云："谷梁子名淑，字元始，鲁人，一名赤，受经于子夏，为经作传，故曰《谷梁传》。传孙卿，孙卿传鲁人申公，申公传博士江翁。"②另外还有一种说法，谷梁子名赤，这种说法本自东汉学者应劭，"谷梁氏，谷梁名赤，子夏门人"③。

① 《春秋公羊传注疏·何休序》，影印《十三经注疏》嘉庆刊本，北京：中华书局，2009年，第4759页。
② 《春秋谷梁传注疏·范宁序》，影印《十三经注疏》嘉庆刊本，北京：中华书局，2009年，第5123页。
③ 《风俗通义校注》附《佚文》，北京：中华书局，1981年，第550页。

第三章　子夏"不仕"与周代政治变迁

　　《荀子·大略篇》曾记载有人劝子夏入仕一事:"子夏贫,衣若县鹑。人曰:'子何不仕?'曰:'诸侯之骄我者,吾不为臣;大夫之骄我者,吾不复见。柳下惠与后门者同衣而不见疑,非一日之闻也。争利如蚤甲而丧其掌。'"[①]子夏拒绝入仕,看起来似乎是子夏个人的选择,但这背后,却是与春秋末战国初时代格局息息相关。为了让读者进一步理解子夏其人其学,笔者在这一章中,着力论述子夏拒绝入仕的时代背景。以这几个问题为核心:第一,子夏之前,士人如何步入仕途?或者说,在周代政治制度之下,读书人如何获得职位与秩禄?第二,孔门弟子如何步入仕途?第三,在周代礼崩乐坏之际,士人步入仕途遇到了哪些问题?在宗族势力垄断下,以及战国诸侯招引辩术之士的时代风气下,传统读书人该何去何从?这三个问题,是了解子夏拒绝入仕的关键之处。

---

　　①　《荀子集解》卷十九,《大略》第二十七,上海:上海书店,1986年,第337页。

第一节 周代爵禄制略述

《荀子·大略篇》记载："子夏贫，衣若县鹑。人曰：'子何不仕？'曰：'诸侯之骄我者，吾不为臣；大夫之骄我者，吾不复见。柳下惠与后门者同衣而不见疑，非一日之闻也。争利如蚤甲而丧其掌。'"这段文字不难理解，子夏贫穷困顿，衣服破败如秃尾鹑鸟，有人借此劝子夏入仕。但子夏不愿在乱世中为官，因为诸侯、大臣傲慢无礼，与其为他们充当盗臣，不如隐而不仕。子夏引先贤柳下惠事迹，柳下惠任至贱之官，而甘之如饴，其安贫乐道如此。因此何必为了蝇头小利，去做违背道义之事。子夏所处之世，正值周室衰微之际。乱世之中，诸侯们为了扩大自己的势力，穷兵黩武，鱼肉百姓。在这末世入仕，为诸侯追求利益，着实有违道义，所以子夏不愿入仕。唐代学者杨倞对此评论道："仕乱世骄君，纵得小利，终丧其身。"子夏拒绝入仕，是不降其志不辱其身的人格精神体现。

子夏所处之世，正如太史公在《史记·礼书》中描述的那样："周衰，礼废乐坏，大小相逾，管仲之家兼备三归。循法守正之士见侮于世，奢溢僭差者谓之显荣……仲尼没后，受业之徒沉湮而不举，或适齐楚，或入河海，岂不痛哉。"太史公描述的场景，正是孔子说的"天下无道，礼乐征伐自诸侯出"（《论语·季氏》）的时代。礼乐秩序崩溃，天子权威瓦解，士人一旦步入仕途，往往会降志辱身。《论语·先进》记载冉求为季氏聚敛："季氏富于周公，求也为之聚敛而附益之。子曰：'非吾徒也，小子鸣鼓而攻之可也。'"季氏是鲁国的权臣，冉求却为季氏横征暴敛，鱼肉百姓。所以孔子非常生气，小子鸣鼓而攻之可也！冉有长子夏十五岁，在孔门位列政事之首，入仕之后，也不得不违背初衷,但这绝非个人意志所能决定,是时代洪流裹挟着个人命运。周朝的瓦解,一方面与诸侯及他们的权臣势力壮大有关,一方面也与周天子自身有关。孔子说,"周监于二代,郁郁乎文哉吾从周"(《论语·八佾》)。孔子赞美周代的礼乐制度,文质彬彬,尽善尽美。但是,当秩序从内部开始崩溃,便会引发瓦解的大趋势。《春秋》记载了许多发人深省的事情,例如,"文公九年春毛伯来求金"[①],鲁文公八年,周襄王驾崩,按照当时的礼法,天子丧事不外求,《公羊传》说:"毛伯来求金,何以书?讥,何讥尔?王者无求,求金非礼也。"周天子驾崩,诸侯有财则送财,无则致哀,而周天子向诸侯求丧礼钱,不合礼法。当周天子都不遵循礼法时,如何令诸侯臣服?所以在这样的境遇下,子夏拒绝入仕,以免有损名节道义,这是仁人志士的自尊与自爱。在这样的乱世,任何有志之士,都渴望"致君尧舜上,再使风俗淳"(杜甫《奉赠韦左丞丈二十二韵》),然而又有"总为浮云能蔽日,长安不见使人愁"(李白《登金陵凤凰台》)之感。

周朝建立之初,周武王论功行赏,分封子弟及功臣。武王封吕尚于齐,是为齐国(《齐太公世家》:"于是武王已平商而王天下,封师尚于齐营丘。");封周公于鲁,是为鲁国(《鲁周公世家》:"封周公旦于少昊之虚曲阜,是为鲁公。");封召公于燕,是为燕国(《燕公世家》:"武王灭纣,封召公于北燕。");又封叔鲜于管,封叔度于蔡,以辅佐纣子武庚禄父,治理商朝遗民。这些受封的诸侯,按照不同的爵位,有不同的采地。通过采地,诸侯得以获得税收,从而颁发秩禄,治理诸侯国。《尚书

---

① 《春秋公羊传注疏》卷十三,见文公九年"毛伯来求金"条,影印《十三经注疏》嘉庆刊本,北京:中华书局,2009年,第4927页。

大传》："古者诸侯始受封，则有采地。百里诸侯，以三十里。七十里诸侯，以二十里。五十里诸侯，以十五里。其后子孙虽有罪黜，其采地不黜。"[1]周朝的分封制度，按照血缘亲疏，分封不同的疆土和爵位。如鲁国、齐国、郑国等大国，爵位为公。称呼这些诸侯国，如鲁国国君则为鲁真公、鲁武公、鲁懿公，余皆若此；齐国国君则为齐武公、齐厉公、齐文公，余皆若此；郑国国君则为郑桓公、郑武公、郑庄公，余皆若此。蔡国、燕国等国，爵位为侯。称呼这些诸侯国，如蔡国国君则蔡武侯、蔡夷侯、蔡厘侯，余皆若此；燕国国君则燕惠侯、燕厘侯、燕顷侯，余皆若此。曹国等小国，爵位为伯。称呼这些诸侯国，如曹国国君则曹夷伯、曹幽伯、曹戴伯，余皆若此。[2]这些受封不同爵位的人，都有官位，而这些官位则都世袭。汉代学者卫宏《汉旧仪》指出："周千八百诸侯，其长伯为君，次仲叔季为卿大夫，其支属为士庶子，皆世其官。"[3]这些官职，按照血缘亲疏进行划分。周宣王封其庶弟友于郑，是为郑桓公，周幽王曾让郑桓公担任周王朝司徒一职。《郑世家》："郑桓公友者，周厉王少子而宣王庶弟也。宣王立二十二年，友初封于郑。封三十三岁，百姓皆便爱之。幽王以为司徒。"[4]司徒一职官列卿位，负责统领诸侯国土以及人口之事。《周官·地官·大司徒》："大司徒之职，

---

① 《尚书大传》，影印文渊阁《四库全书》第68册，台湾商务印书馆，1986年，第421页。

② 这些受封的诸侯国，并没有完全遵循礼法秩序，如燕庄公于公元前690年僭称公。曹缪公于公元前759年僭称公。

③ 《汉旧仪》，《续修四库全书》第746册，第535页。

④ 《史记》卷四十二，《郑世家》第十二，北京：中华书局，1959年，第1757页。

掌建邦之土地之图与其人民之数，以佐王安扰邦国。"① 在郑桓公担任司徒之后，其子郑武公及郑武公之子郑庄公，继续担任周平王卿士②。这些世袭的官位，由其嫡长子继承。关于子承父业的礼法，《公羊传》上讲必须等到父丧葬满一年，其子才能履其位。这是上自天子，下至大夫，任何人都必须遵守的礼法。《春秋》："隐公三年，秋武氏子来求赙。"武氏是周王的大臣，死后未满一年，其子履其位，不合礼法，《正义》："武氏子父新死未命，而使为大夫，薄父子之恩，故称氏言子见未命，以讥之。"武氏子虽然不守礼法，但仍是周天子的大臣，大臣出使，理应加"天王"二字，如"桓公四年夏天王使宰渠伯纠来聘"，"桓公五年，天王使仍叔之子来聘"。因为鲁隐公三年，正值周平王死丧，按礼，"天子三年然后称王，缘民臣之心，不可一日无君，故踰年即位，缘孝子之心，即三年不忍当是，故三年乃称王命使大夫矣"。所以周天子死三年之内，大夫外交不称"天王"。"求赙"，《玉篇》："以财助丧也"③。但是周桓王却派大夫求丧礼钱，这不合礼法。天王之丧，诸侯有财则送财，无则致哀。派人求丧礼钱，有违礼义。总体而言，周朝分封制度，有爵则有官，有官则有禄。据孙诒让考证，大凡有爵位之人，必有秩禄，秩禄或以田，或以米粟："有爵则有禄，有事则有食……以经考之，赋禄或以田，或以米粟；奠食则一以米粟，无以田者。自卿以下至命士，皆有爵者也，故皆给禄不给食。禄之多寡有定，视命数

---

① 《周礼正义》卷十八《地官·大司徒》，影印《十三经注疏》嘉庆刊本，北京：中华书局，2009年，第689页。

② 《春秋左传正义》卷三，见隐公三年"郑武公、庄公为平王卿士"条，影印《十三经注疏》嘉庆刊本，北京：中华书局，2009年，第3740页。

③ ［梁］顾野王撰，吕浩校点：《玉篇》，北京：中华书局，2019年，第905页。

以为差，《小宰》云：'听禄位以礼命'，《内史》云：'王制禄以赞为之'，《校人》云：'等驭夫之禄也'。不命之士及庶人、庶人在官者，皆无爵而有事者也，故皆给食不给禄，《檀弓》云'仕而未有禄者'是也。"① 在这之中，士的情况比较复杂。有"命士""不命之士"，"命士"有爵而"不命之士"无爵，有爵则有禄，无爵则只能获得一些"食"即米粟。清代学者焦循在《孟子正义》中的说法可以视为进一步的补充："大夫以上有采地者，其禄取于采地。无则以公田所入之税禄之。士无采地，其禄一受于公，故《周礼》有司禄主班禄。《礼运》云：大夫有采以处其子孙。《国语》云：大夫食邑，士食田。韦注云：受公田也。此足证诸侯之士无地矣。"② 士族没有采地，他们的秩禄来自于诸侯或周天子，因为他们没有采地，也就没有田地可以收税赋。

关于周代爵禄制的内容，不同的爵位获得怎样不同的秩禄，传世文献中记载较为详细的是《王制》和《孟子·周室班爵禄章》。这两篇文献，历来争议很大。因为《王制》成书于汉代，经由众经师纂录而成，夹杂真伪；孟子所处年代去古为近，论述应有出处，但又较《王制》疏略，仅寥寥三百余字。关于他们的争论，详见《经义考》，笔者兹不赘述。今姑从清代学者焦循持有的观点，以孟子所论述的周朝爵禄制为核心，简要地介绍周代爵制，以为论述子夏拒绝入仕与周代政治变迁做准备。

北宫锜问曰："周室班爵禄也，如之何？"

---

① 《周礼正义》卷六，影印《十三经注疏》嘉庆刊本，北京：中华书局，2009年，第220页。

② 《孟子正义》卷十《万章章句下》，上海：上海书店，1986年，第405页。

孟子曰："其详不可得闻也。诸侯恶其害己也而皆去其籍，然而轲也尝闻其略也：天子一位，公一位，侯一位，伯一位，子男同一位，凡五等也。君一位，卿一位，大夫一位，上士一位，中士一位，下士一位，凡六等。天子之制，地方千里，公侯皆方百里，伯七十里，子男五十里，凡四等。不能五十里，不达于天子，附于诸侯曰附庸。天子之卿受地视侯，大夫受地视伯，元士受地视子男。大国地方百里，君十卿禄，卿禄四大夫，大夫倍上士，上士倍中士，中士倍下士，下士与庶人在官者同禄，禄足以代其耕也。次国地方七十里，君十卿禄，卿禄三大夫，大夫倍上士，上士倍中士，中士倍下士，下士与庶人在官者同禄，禄足以代其耕也。小国地方五十里，君十卿禄，卿禄二大夫，大夫倍上士，上士倍中士，中士倍下士，下士与庶人在官者同禄，禄足以代其耕也。耕者之所获，一夫百亩，百亩之粪，上农夫食九人，上次食八人，中食七人，中次食六人，下食五人。庶人在官者，其禄以是为差。"[①]

孟子弟子北宫锜向孟子询问周代爵禄制的问题，但孟子也只闻其大略而已。周代的爵制，按照尊卑不同，分为五等：天子一等，公一等，侯一等，伯一等，子男一等。天子以下，位亦有五等：诸侯一等，卿一等，大夫一等，上士一等，中士一等，下士一等。清代学者沈彤在《周官田禄考》中，按照《周礼》记载的官位，统计了不同职位的爵位总数。天子有公三千八百二十八

---

① 《孟子注疏》卷十《万章章句下》，影印《十三经注疏》嘉庆刊本，北京：中华书局，2009 年，第 5963—5966 页。

人，侯二千五百二十二人，伯二千九十二人，子四百零八人，男二百二十三人。这些不同的爵位，有不同的职位。天子的疆域纵横千里，公侯纵横百里，伯纵横七十里，子男纵横五十里。凡封疆不足五十里者，依附于大国，不能像大国一样朝觐天子。周代的封疆制度，历代学者对此都存异议。因为《周官·地官·司徒》记载："诸公方五百里，诸侯四百里，伯三百里，子二百里，男方百里。"这与孟子所说的完全不同，所以后世争议很多。按照孟子说法，天子之卿的采地与诸侯同等，天子之大夫采地与伯同等，天子之元士采地与子男同等。不同职位，有不同的秩禄。诸侯的秩禄是卿的十倍，卿的秩禄是大夫的四倍，大夫的秩禄是上士的两倍，上士的秩禄是中士的两倍，中士的秩禄是下士的两倍，下士秩禄与庶人在官者同。这些秩禄来自采地，或由诸侯用米粟颁发，称之"食"。另外，七十里诸侯国，即以"伯"位建国者如曹国，诸侯的秩禄是卿的十倍，卿的秩禄是大夫的三倍，大夫的秩禄是上士的两倍，上士的秩禄是中士的两倍，中士的秩禄是下士的两倍，下士的秩禄与庶人在官者同。据清代学者崔灏考证，庶人在官者也有四等，分别是府、史、胥、徒。为府者的秩禄与上农夫每岁所种米粟相当，可以供九人所食；史、胥、徒的秩禄分别与中、中次、下农夫每岁所种米粟相当，可以供七人、六人、五人所食："盖庶人在官，有府、史、胥、徒四等，其禄以农之五等为差，则为府者当视上农，而史暨胥徒，以次视中下矣。"①

《礼记·礼运》记载："天子有田以处其子孙，诸侯有国者

① 《孟子正义》卷十《万章章句下》，上海：上海书店，1986年，第407页。

以处其子孙，大夫有采地以处其子孙。"①凡受封有爵者，皆有官位，有官位则有秩禄。上自天子，下至大夫，他们的子孙后代以世袭的方式，继承先辈的采地。唐代学者孔颖达："（天子）子孙若有功德者封为诸侯，无功德者直食邑于几内。诸侯子孙，封为大夫……大夫为卑，不合割其采地以处其子孙，但大夫以采地之禄，养其子孙。"②孟子为北宫锜讲解的周室爵禄制度，可以看出周代上自天子，下至大夫士，凡是有正爵者，都有秩禄。但其中士这一阶层，最具变数。《王制》："大乐正论造士之秀者以告于王，而升诸司马，曰进食。司马辨论官材，论进士之贤者以告于王，而定其论。论定然后官之，任官然后爵之，位定然后禄之。"③士这一阶层，是庶民进入政治的唯一途径。所以这一阶层的变化，是理解周代政治关键之处。

第二节　孔门弟子入仕途径与要求

周朝是一个文质彬彬的国家，周制要求不同身份的人必须遵循不同的礼法。这些礼法，不仅仅是道德说教，它们更关乎天地秩序，百代流变而不易，乃永恒不变之道："圣王制礼取法于天地，故尊卑之礼明则人伦之序正，人伦之序正则乾坤得其位而阴

---

① 《礼记正义》卷二十一，《礼运》第九，影印《十三经注疏》嘉庆刊本，北京：中华书局，2009年，第3070—3071页。

② 《礼记正义》卷二十一，《礼运》第九，影印《十三经注疏》嘉庆刊本，北京：中华书局，2009年，第3071页。

③ 《礼记正义》卷十三，《王制》，影印《十三经注疏》嘉庆刊本，北京：中华书局，2009年，第2905页。

阳顺其节，人主与万民具蒙福佑。尊卑者，所以正天地之位，不可乱也。"①这一说法虽然来自汉代学者师丹，但周王朝礼乐制度的神圣性在周朝社会确实如此。虽然周代的礼法制度森严威仪，不同身份的人遵循不同的礼法，丝毫不能僭越，但是周代也有选举制，庶民之秀才者可以通过选拔进入仕途，如《王制》中所言："司马辨论官材，论进士之贤者以告于王，而定其论。论定然后官之，任官然后爵之，位定然后禄之。"②这样不同阶层之间，可以流动变换，不至于被权贵垄断。当庶人进入仕途之后，也就摆脱了劳役之苦，可以成就更大的功业。《吕氏春秋》的这则资料常被用来当作先秦时期跨越阶层的典型代表："宁越，中牟之鄙人也，苦耕稼之劳，谓其友曰：何为而可以免此苦也？其友曰：莫如学。学三十岁，则可以达矣。宁越曰：请以十五岁，人将休，吾将不敢休；人将卧，吾将不敢卧。十五岁而周威王师之。"③宁越的事迹已不可考，但是从中可以看出，先秦时代普通人若想摆脱劳作之苦，读书入仕是最高效的手段。

但是要想进入仕途，读书人必须学礼。只有成为知礼之士，才能有所作为。春秋之时，诸侯盟会、朝聘祭祀、宴会饮酒，都需要礼官。汉代贾谊曾说："道德仁义，非礼不成；教训正俗，非礼不备；分争辨讼，非礼不决；君臣、上下、父子、兄弟，非礼不定；宦学事师，非礼不亲；班朝治军、莅官行法，非礼威严

---

① 《汉书》卷八十六，《何武王嘉师丹传》第五十六，北京：中华书局，1962年，第3505页。

② 《礼记正义》卷十三，《王制》，影印《十三经注疏》嘉庆刊本，北京：中华书局，2009年，第2905页。

③ 《吕氏春秋》卷二十四，《不苟论》第四，上海：上海书店，1986年，第314页。

不行；祷祠祭祀、供给鬼神，非礼不诚不庄。"①这也适用于周朝制度。大至行军打仗，小至诤论讼狱，不知礼法，便不能治理一方。孔子弟子在孔门受教，学的都是礼。南宫敬叔是孔子弟子，其父孟厘子在临终之际，告诫自己的两个儿子孟懿子和敬叔，必须到孔子那里学礼。《史记·仲尼弟子列传》记载得较为详细："今孔丘年少好礼，其达者欤？吾即没，若必师之。及厘子卒，懿子与南宫敬叔往学礼焉。"②孟厘子是鲁国的司空，鲁昭公七年三月，孟厘子跟随鲁昭公往楚国观赏章华台，途经郑国，郑简公以礼相待，到了楚国，楚共王待之以上宾，但是孟厘子却不熟稔君主交往之礼，不能以礼相答楚君，有失国体，这一事被《左传·昭公七年》记载，说明影响极大："三月，公如楚，郑伯劳之于师之梁，孟僖子为介，不能相仪。及楚，不能答郊劳。"③孟懿子不知邦国外交之礼，使得鲁昭公与郑简公、楚共王交接时，有失国君风范。从中亦可看出，当时士大夫若不知礼则几无用武之地，邦国之间的交往，礼学之士发挥了很大功用，否则关系难以维持。

　　子贡是孔门高足之一，名著于言语科，他曾经协助孔子保卫鲁国。当时，田常作乱于齐国，欲攻打鲁国以安抚国内，孔子听闻鲁国有难，于是令弟子游说诸侯，以保卫父母之邦。当时子张、子路、公孙龙子请行，孔子不许，唯独子贡请行，孔子认可："田常欲作乱于齐，惮高、国、鲍、晏，故移其兵欲以伐

①　［汉］贾谊：《新书》，影印文渊阁《四库全书》第695册，台湾商务印书馆，1986年，第425页。
②　《史记》卷四十七《孔子世家》，北京：中华书局，1959年，第1908—1909页。
③　《春秋左传正义》卷四十四，昭公七年，中华书局，影印嘉庆刊本《十三经注疏》，2009年，第4448页。

鲁。孔子闻之，谓门弟子曰：夫鲁，坟墓所处，父母之国，国危如此，二三子何为莫出？子路请出，孔子止之。子张、子石请行，孔子弗许。子贡请行，孔子许之。"① 子贡先是出使齐国，让齐国攻打吴国，又到吴国让吴王夫差迎战齐国。到越国，让越王勾践协助吴国讨伐齐国。至晋国，让晋君静候齐吴之战，坐收渔翁之利。其后吴国战胜齐国，又与晋国交战，吴国胜，越国又击败吴国。子贡一出，存鲁而破齐，所以汉代人赞叹子贡的才能，"有颜冉之资，臧武之智，子贡之辩，卞庄子之勇，兼此四者，世之所鲜"②。圣门十哲，都是知礼之士，子贡不仅辩才无碍，更以知礼闻名于世。鲁定公十五年，邾隐公朝觐鲁国，邾隐公献玉时有骄色，其容仰，定公受玉有卑色，其容俯。子贡认为鲁定公和邾隐公都不合礼节，《左传·定公十五年》："春，邾隐公来朝，子贡观焉。邾子执玉高，其容仰，公受玉卑，其容俯，子贡曰：'以礼观之，二君者皆有死亡焉。夫礼，死生存亡之体也，将左右周旋，进退俯仰，于是乎取之，朝祀丧戎，于是乎观之。今正月相朝，而皆不度，心已亡矣。嘉事不体，何以能久？高仰骄也，卑俯替也，骄近乱，替近疾，君为主其先亡乎。'"③是年鲁定公薨，又鲁哀公七年，鲁国伐邾，劫掠邾国。这场战争的起因就是邾隐公的傲慢，礼仪上的怠慢导致国家的纷争，所以子贡说礼是死生之地、存亡之道，不可不谨慎。又哀公十六年，孔子卒，鲁哀公为孔子作诔文："旻无不吊，不慭遗一老，俾屏

① 《史记》卷六十七《仲尼弟子列传》，北京：中华书局，1959年，第2197—2198页。
② 《汉书》卷八十，《宣元六王传》第八十，北京：中华书局，1962年，第3315页。
③ 《春秋左传正义》卷五十六，定公十五年，《十三经注疏》影印嘉庆刊本，北京：中华书局，第4673页。

余一人以在位，茕茕余在疚。呜呼哀哉！尼父，毋自律。"①诔文内容大概是鲁哀公感叹自孔子殁后，鲁国将无以为治。哀公的诔文凄恻悲凉，但子贡读之以为不合礼法者有二：第一，哀公生前不能重用孔子，死而诔之，不合礼节；第二，只有天子才能用"一人"自称，诸侯不能僭称。

周朝的礼乐文化，涉及面极广。无论是男女婚嫁、祭祀丧葬，还是诸侯盟约，只有以礼为之，才能合乎中道。孔子说："非礼无以节事天地之神明也，非礼无以辨君臣上下长幼之位也，非礼无以别男女父子兄弟之亲、昏姻、疏数之交也。"②大至行军打仗，小至朋友之交，不合乎礼仪，便得不到社会认可。譬如打仗，一国有丧事，进攻者不能乘人之危，这就是礼法。鲁庄公二十八年，卫懿公正在守其父卫惠公之丧，齐桓公却出兵攻打卫国，《春秋公羊传》记载："二十八年春，王三月甲寅，齐人伐卫，卫人及齐人战，卫人败绩。"③公羊氏说，《春秋》讥刺战争，凡是不正义的一方，在叙述时，都有条例。明明是"齐人伐卫"，却又说"卫人及齐人战"。这是因为《春秋》为了突显卫国在守丧时受到侵犯，以此贬刺齐国。这是行军打仗的礼法，朋友之交也得遵守礼义。隐公四年，鲁隐公和宋殇公在觐见周天子之后，路上相遇，《春秋》记载了一件看似没有任何史料价值的事情。《公羊传》："隐公四年，夏，公及宋公遇于

---

① 《史记》卷四十七《孔子世家》，北京：中华书局，1959年，第1945页。

② 《大戴礼记补注》卷一，《哀公问于孔子》第四十一，北京：中华书局，2013年，第27—28页。

③ 《春秋公羊传注疏》卷九，庄公二十八年，《十三经注疏》影印嘉庆刊本，北京：中华书局，2009年，第4865页。

清。"① 两位国君在路上相遇，看起来并不重要。然而，这却关乎周制秦礼法。《公羊传》认为两位国君相遇，不是平白无故遇见，而是"一君出，一君要之也"。两国之君在路上相遇，经过了礼义上的邀请，并非私下而见面。《春秋》对此着重记载，正如何休说："当春秋时，出入无度，祸乱奸宄多在不虞，无故卒然相要，小人将以生心，故重而书之，所以防祸原也。言及者，起公要之，明非常遇也。"② 总之，周代的礼乐制度，规范人事的方方面面，礼义是上至国家大事下至婚姻丧葬的标准。

第三节　论爵禄制之下学礼之士的命运

周朝的爵禄制，即以世袭的方式继承爵位和秩禄，《汉旧仪》："周千八百诸侯，其长伯为君，次仲叔季为卿大夫，其支属为士庶子，皆世其官。"③ 这种制度，在周朝建立之初，曾帮助周王朝巩固疆土，但它的弊病也随之而来。《春秋繁露·王道篇》指出了这一政体的问题："周衰，天子微弱，诸侯力政，士专邑，不有行度制法文之礼。诸侯背叛，莫修贡聘，奉献天子。臣弑其君，子弑其父，孽杀其宗，不能统理，更相伐锉以广地。

---

① 《春秋公羊传注疏》卷二，隐公四年，《十三经注疏》影印嘉庆刊本，北京：中华书局，2009 年，第 4787 页。

② 《春秋公羊传注疏》卷二，隐公四年，《十三经注疏》影印嘉庆刊本，北京：中华书局，2009 年，第 4787 页。

③ ［汉］卫宏：《汉旧仪》，《续修四库全书》第 746 册，第 535 页。

以强相胁，不能制属。强奄弱，众暴寡，富使贫，并兼无已。"[1]
诸侯的势力不断扩大，周天子的势力不断衰减，诸侯与周室之
间，再也不如他们的先辈那样，有手足之情。譬如吴国和鲁国，
吴国的先祖是太伯，太伯是周太王长子，周文王的伯父，鲁公伯
禽的曾祖伯父，他们同出于周太王。卫国之祖康叔，康舒是周武
王的弟弟，《史记·康叔世家》："卫康叔名封，周武王同母少弟
也。"[2] 所以卫国和鲁国是兄弟之邦，孔子说："鲁卫之政，兄弟
也。"因为鲁国、卫国同出于周文王。血缘是最天然的纽带，但
是时间一远，血缘就淡了。所以后世诸侯相互征伐，残杀同姓，
战争不断。鲁哀公七年，吴王夫差到鲁国，希望鲁国能以百牢的
规格接待自己，当时鲁国的大臣子服伯景在位，因为惧怕吴国以
此为口实攻打鲁国，便应允吴王的要求。之后，鲁国季氏派子贡
说服吴国太宰嚭，百牢有违礼制，两国得以避免冲突。正如孟
子所言："君子之泽，五世而斩；小人之泽，五世而斩。"亲情
会随着世代的增加而愈加疏远。汉时匈奴人中行说曾道破中原同
姓政治的问题："一国之政犹一体也，父兄死则妻其妻，恶种姓
之失也。故匈奴虽乱，必立宗种。今中国虽阳不取其父兄之妻，
亲属益疏则相杀，至则易姓，皆从此类也。"[3] 中国的婚嫁之俗
讲究异姓而婚，旧语称同姓而婚则其生不蕃。迎娶外姓，确实令
血缘关系越加淡薄了。再加上世代变迁，久而久之，同姓之间如
同陌路之人。周代的政治之变，正如匈奴人中行说所言，起因于

---

[1] ［汉］董仲舒：《春秋繁露义证》卷第四，《王道》第四，北京：中华书局，
1992年，第107页。

[2] 《史记》卷三十七，《卫康叔世家》第七，北京：中华书局，1959年，第1589页。

[3] 《汉书》卷九十四上，《匈奴传》第六十四上，北京：中华书局，1962年，
第3760页。

亲情疏远，乃至于手足相残同室操戈。《礼记·大传》："四世而缌，服之穷也；五世而袒免，杀同姓也；六世亲属竭矣。"[①] 四世之内，尚且有服丧之劳，五世则无服丧，六世则没有服丧的义务，自然亲情也就竭尽了。

周王朝的危机，还在于爵禄制带来的隐患。《墨子·尚贤篇》严厉斥责世袭制度："今王公大人，有一衣裳不能制也，必藉良工，有一牛羊不能杀也，必藉良宰。故当若之二物者，王公大人，未知以尚贤使能为政也。逮至其国家之乱，社稷之危，则不知使能以治之。亲戚则使之，无故富贵，面目佼好，则使之。"[②] 墨子抨击当时的在位者，骄奢淫逸、朋党比奸，不能任用贤才，反而重用亲属，结成亲党，蚕食公室。更有甚者，当时贵族以爵位收买士族，但却不提供俸禄："今王公大人，亦欲效人，以尚贤使能为政，高予之爵，而禄不从也。夫高爵而无禄，民不信也，曰：此非中实爱我也，假藉而用我也。"[③] 从中可以看出，由周王朝奠定的爵位制度在战国时代已经遭遇到了重重危机。既然诸侯可以任意买卖爵位，那么，爵位象征的地位和身份也没多大用处了。周初的制度"有爵则有禄"，到了战国只剩下空头名号。这一切的缘由，跟诸侯、权臣的势力壮大息息相关。《春秋》记载了许多权臣强大，危及公室的事情，如"隐公三年，夏四月尹氏卒"。《公羊传》认为之所以称尹氏，不列名字，是为了讥刺尹氏，将职位传于其子，有倾覆公室的危险。何休解释道："礼，公卿大夫士皆选贤而用之。卿大夫任用职大，不当世，为

---

① 《礼记正义》卷三十四，《大传》第十六，《十三经注疏》影印嘉庆刊本，北京：中华书局，2009年，第3267页。

② 《墨子间诂》卷二，《尚贤中》第九，上海：上海书店，1986年，第33页。

③ 《墨子间诂》卷二，《尚贤中》第九，上海：上海书店，1986年，第31页。

其秉政久，恩德广大，小人居之，必夺君之权威。"①而在鲁昭公二十三年，尹氏立王子朝为周朝国储，引发王朝内乱。子丐也想立为国君，于是同子朝争夺王位。国人立长子猛为国君，是为周悼王。子丐联合晋人攻打子朝，自立为王，是为周敬王。这场王室之乱，由尹氏引发，所以何休说："贬言尹氏者，著世卿之权。尹氏贬，王子朝不贬者，年未满十岁，未知欲富贵，不当坐，明罪在尹氏。"②春秋之中，由于权臣势力强大，肆意废置君储之事很多。齐灵公二十八年，齐国权臣崔杼借助国内势力，迎立公子光，杀死已立为国储的公子牙，于是齐国大乱，晋国乘机攫取齐国领土。《齐太公世家》记载："晋闻齐乱，伐齐，至高唐。"③不久之后，崔杼又杀死公子光即齐庄公，立齐景公。这场齐国的内乱，由世卿崔杼而起，所以何休说："齐崔杼弑其君光，君子疾其末则正其本。"《春秋》讥世卿，为的是正君臣之分，明人伦之道。齐国内乱之后，崔杼的两个儿子一曰成，二曰强，与同父异母兄弟因为宗邑归属问题，又发生冲突，大臣庆封乘机剿灭崔杼家族，此后庆封又擅权齐国。《齐太公世家》："庆封为相国，专权。"④齐国的内乱，都是因为家臣势力过于强大，依附于其上的宗族如同盘根错节，导致国家动荡不安。这种风气到了战国越演越烈，韩非子有睹于韩国政治危机，在《八奸篇》中谈到："明主之为官职爵禄也，所以进贤材，劝有

---

① 《春秋公羊传注疏》卷二，隐公三年，《十三经注疏》影印嘉庆刊本，北京：中华书局，2009年，第4784页。
② 《春秋公羊传注疏》卷二十四，昭公二十四年，《十三经注疏》影印嘉庆刊本，北京：中华书局，2009年，第5057页。
③ 《史记》卷三十二，《齐太公世家》第二，北京：中华书局，1959年，第1500页。
④ 《史记》卷三十二，《齐太公世家》第二，北京：中华书局，1959年，第1502页。

功也。故曰：贤材者处厚禄，任大官；功大者有尊爵，受重赏。官贤者量其能，赋禄者称其功。是以贤者不诬能以事其主，有功者乐进其业，故事成功立。今则不然。不课贤，不课贤不肖，论有功劳，用诸侯之重，听左右之谒。父兄大臣，上请爵禄于上，而下卖之以收财利。及以树私党，故财利多者，买官以为贵。有左右之交者，请谒以成重。功劳之臣不论，官职之迁失谬，是以吏偷官而外交，弃事而财亲，是以贤者懈怠而不劝，有功者隳而简其业。此亡国之风也。"[1]当权臣把持朝政，往往肆意妄为，卖官鬻爵，人浮于事，冗官繁杂，民不聊生，国家陷入内乱之中。魏文侯是子夏的学生，他任用自己的弟弟魏成子为相，令魏国失去了崛起机会，成为时代的经验教训："孟尝君问于白圭曰：魏文侯名过于桓公，而功不及五伯，何也？白圭对曰：魏文侯师子夏，友田子方，敬段干木，此名之所以过于桓公也。卜相则曰：'成与黄庸可？'此功之所以不及王伯也。以私爱妨公举，在职者不堪其事，故功废，然而名号显荣者，三士翊之也，如相三士，则王功成，岂特霸哉！"[2]贤达如魏文侯也不免任用亲人，更何况不如魏文侯者！宋人洪迈曾对此评论，势力强大的诸侯招揽异邦贤士，如秦国聘用商鞅，商鞅魏人，吕不韦韩人，李斯楚人；楚悼王聘用吴起，吴起卫人，这种尚贤之风极大推动了秦国国力发展："七国虎争天下，莫不招致四方游士。然六国所用相，皆其宗族及国人，如齐之田忌、田婴，韩之公仲、公叔……独秦不然，其始与之谋国以开霸业者，魏人公孙鞅也。其

---

① 《韩非子集解》卷二，《八奸》第九，上海：中国书店，1986 年，第 39 页。

② 《新序》卷四《杂事》第四，影印文渊阁《四库全书》第 696 册，台湾商务印书馆，1986 年，第 212 页。

它若楼缓赵人，张仪、魏冉、范雎皆魏人，蔡泽燕人，吕不韦韩人，李斯楚人。皆委国而听之不疑，卒之所以兼天下者，诸人之力也。"[1]那些用宗室子弟为大臣的诸侯国，发展态势完全不如秦国。孟尝君一针见血，魏文侯功不如五霸，因为"在职者不堪其事"。在此之后，魏哀侯九年，楚相昭鱼为了削弱魏国，让谋士苏代劝诱魏哀侯以太子为相，是年魏国以太子为相。以宗族子弟为大臣，导致宗族垄断公室，国家陷入危机而不自知。

周王朝礼崩乐坏，一方面来自这些世卿，他们破坏周朝的礼法，如尹氏引发的周王室内乱，导致周天子权威衰减；另一方面，这些世卿权臣为了扩大势力，招募智术之士，令知礼之士无法进入仕途，即便进入仕途，也沦落为他们的工具。《论语·先进篇》："季氏富于周公，而求也为之聚敛而益附之。子曰：'非吾徒也，小子鸣鼓而攻之可也。'"季氏是鲁国的权臣，富可敌国，但是冉有却为这样的权臣谋取私利，横征暴敛，鱼肉百姓。《左传·哀公十一年》记载较为详细：

> 季孙欲以田赋，使冉有访诸仲尼，仲尼曰："丘不识也。"三发，卒曰："子为国老，待子而行，若之何子之不言也。"仲尼不对，而私于冉有曰："君子之行也，度于礼，施取其厚，事举其中，敛从其薄，如是则以丘亦足矣。若不度于礼，而贪冒无厌，则虽以田赋，将又不足。且子季孙若欲行而法，则周公之典在，若欲苟而行，又何访焉。"弗听。[2]

---

① 洪迈：《容斋随笔》卷二，上海：上海古籍出版社，1978年，第23页。
② 《春秋左传正义》卷五十八，哀公十一年，《十三经注疏》影印嘉庆刊本，北京：中华书局，2009年，第4707页。

这里先简短介绍一下鲁国税赋基本情况。鲁国税赋常法是一丘之内出马一匹，牛三头，但是季氏为了增加税收，打算再收一次田税，也就是一丘之内的民众，总共须出马二匹，牛六头。杜预注："丘赋之法，因其田赋，通出马一匹，牛三头。今欲别其田赋及家财，各为一赋，故言田赋。"鲁国原先的赋税，按照田产和家产计算，季氏为了扩大税收，将田产和家产分开，重新收两次税。为了安抚国内，他又派冉有询问仲尼，三次问，孔子都不答。后来孔子私底下告诫冉有，横征暴敛、贪婪无度，非礼法之道，做事要厚道，事举其中，敛从其薄。但是，这样也阻止不了季氏横征暴敛。《春秋》记载哀公十二年春"用田赋"，表明执行了这一政策。以冉有的贤才，仍然沦为权臣服务，何况中人以下，其智不及者哉！子贡曾称赞冉有："恭老恤孤，不忘宾旅，好学省物而不勤，是冉求之行也。孔子因而语之曰：好学则智，恤孤则惠，恭老则近礼，克笃恭以天下，其称之也，宜为国老。"[1]冉有在孔门位列四科政事之首，恭敬有礼，好学有智，是国之栋梁，一旦进入权臣之府，也只能沦为附庸。孔门之徒都是知礼之士，都有尊王道的政治理想，但是步入仕途之后，现实的政治让他们不得不改变初衷，冉有就是最好的事例。

春秋末至战国，诸侯欲称霸，家臣欲称王。在春秋之初，还保留着"兴灭国，继绝世"的遗风善政，到了战国，这种传统就消亡了。《汉书·律历志》记大禹封尧子朱于丹渊为诸侯，舜子商均封虞；商汤亦分封夏之后嗣；周武王建立周朝之后，封纣子武庚、禄父；成王时，武庚与管叔、蔡叔作乱，勘定叛乱之后，

---

① 《大戴礼记补注》卷六，《卫将军文子》第六十，北京：中华书局，2013年，第121页。

成王又封殷后嗣微子于宋。春秋之中，还有兴灭国、继绝世事例不少见，如大国帮助小国重建国都等等都有史可查。鲁闵公二年，狄人攻打卫国，卫国灭亡。齐桓公帮助卫国，在楚丘这个地方筑城，卫国得以保存血脉。齐桓公扶持弱国，有王道之风，所以公羊氏解释"城楚丘"一条时，说《春秋》嘉许齐桓公："诸侯有灭亡者，桓公不能救，则桓公耻之。"①但这种政治传统，到了战国就不多见了。诸侯为了扩大势力，兼并弱国，攫取土地。士人倘若不能给诸侯带来利益，则可能终生不遇。孟子曾拜谒梁惠王，梁惠王开口就谈利益。《孟子·梁惠王上》："孟子见梁惠王，王曰：'叟不远千里而来，亦将有以利吾国乎？'孟子对曰：'王何必曰利？亦有仁义而矣已。'"讽刺的是，梁惠王的祖父魏文侯文质彬彬，礼贤下士，并且传习经学，与其形成鲜明对比。孟子的遭遇，可以说是战国政治的缩影，当时诸侯追求强国之道，只有那些怀有富强之术的士人才受待见。《史记·孟子荀卿列传》记载了战国末期诸侯重用的士人，都擅长合纵连横："当是之时，秦用商君，富国强兵，楚、魏用吴起，战胜弱敌，齐威王、宣王用孙子、田忌之徒，而诸侯东面朝齐。天下方务于合从连横，以攻伐为贤，而孟轲乃述唐虞三代之德，是以所如者不合。"②商鞅曾三次进见秦孝公，第一次说以帝道，孝公不听，第二次说以王道，孝公又不听，最后以强国之道，孝公大悦。孝公不喜帝王之道，理由很清晰："贤君者，各及其身显

①　《春秋公羊传注疏》卷十，僖公元年，《十三经注疏》影印嘉庆刊本，北京：中华书局，2009年，第4877页。
②　《史记》卷七十三，《孟子荀卿列传》第十四，北京：中华书局，1959年，第2343页。

名天下，安能邑邑待数十百年以成帝王乎？"①这是当时风气使然，各国都在追求富国强兵，谁能在越短的时间内强大，谁就能吞并弱国，称霸中原。秦孝公任用商鞅之后，商鞅立即推行新法。这些法令今可见于《商君书》，其中最重要的一项："宗室非有军功论，不得为属籍。"②这项法令使得秦国的宗室，不得再依靠世袭的方式获得爵位与秩禄。这样一来，那些不劳而获的贵族就再也无法尸位素餐。这项法令避免了宗室势力独大，危害公室，像上文提到的周王朝卿士尹氏，因为擅权导致王室大乱，在商鞅的法令之下这种危害就削减了。另外，庶民可以建立功业以取封侯，"有功者显荣，无功者虽富无所芬华"③，这项法令极大激发了庶民的积极性。商鞅的法令施行之后，在短短几年之内秦国迅速强大，"居五年，秦人富强，天子致胙于孝公，诸侯毕贺"④。可以说，商鞅是战国士人的经典代表。

第四节　礼乐文化的衰落：传统士子的时代悲歌

上文提到世卿擅权与诸侯重用智术之士，这两方面都是知礼之士遭遇时代困境的因素。世卿擅权，排挤异姓，贤能之士不能得以重用；任用智士，追求霸道，导致宗周室、尊王道的士子的现实追求与人生理想割裂。在这样的时代，任何机遇都只留给那些精通纵横之术，擅长富强之道的智士。追求仁义的君子，"致

---

① 《史记》卷六十八，《商君列传》第八，北京：中华书局，1959年，第2228页。
② 《史记》卷六十八，《商君列传》第八，北京：中华书局，1959年，第2230页。
③ 《史记》卷六十八，《商君列传》第八，北京：中华书局，1959年，第2230页。
④ 《史记》卷六十八，《商君列传》第八，北京：中华书局，1959年，第2232页。

君尧舜上，再使风俗淳"只能是空想。所以孟子游历诸国，遍干诸侯，仍得不到重用。春秋末至战国的风气，弱肉强食，胜者为王，礼崩乐坏，世危道衰。《大戴礼记·哀公问于孔子篇》是一篇反映春秋时代状况的经典文献，试摘录其中一部分：

> 哀公问于孔子曰："大礼何如？君子之言礼，何其尊也？"孔子曰："丘也小人，何足以知礼？"君曰："否！吾子言之也！"孔子曰："丘闻之也，民之所由生，礼为大。非礼无以节事天地之神明也，非礼无以辨君臣上下长幼之位也，非礼无以别男女父子兄弟之亲、昏姻、疏数之交也，君子以此之为尊敬然。然后以其所能教百姓，不废其会节。有成事，然后治其雕镂文章黼黻以嗣。其顺之，然后言其丧算，备其鼎俎，设其豕腊，修其宗庙，岁时以敬祭祀，以序宗族，则安其居处，丑其衣服，卑其宫室，车不雕几，器不刻镂，食不贰味，以与民同利，昔之君子之行礼者如此。"哀公曰："今之君子，胡莫之行也？"孔子曰："今之君子，好色无厌，淫德不倦，荒怠傲慢，固民是尽，忤其众以伐有道，求得当欲，不以其所。古之用民者由前，今之用民者由后。今之君子，莫为礼也！"①

这则资料将时代症候暴露无遗。哀公问孔子如今的君子，为什么不能像过去的君子那样彬彬有礼？孔子说如今的君子骄奢淫逸，荒怠傲慢，唯利是图，不守礼法。连君子都堕落了，礼乐文化也就崩溃了。孔子曾感慨："觚不觚，觚哉觚哉！"酒杯也不像它

---

① 《大戴礼记补注》卷一，《哀公问于孔子》第四十一，北京：中华书局，2013年，第27—28页。

应当有的样子，孔子感叹名位不正。在与鲁哀公的对话中，孔子所说的君子，就是在位者，周代的爵禄制，有爵位则有秩禄，子继父业，世守其位，君子本是周王朝礼乐文化的守卫者，但是连守卫者也堕落，整个社会秩序可想而知。这篇记录哀公和孔子之间的资料，道出了当时时代的弊病，礼乐秩序的崩溃是由内而外。再来看《新书》的记载：

> 礼，天子之乐，宫县；诸侯之乐，轩县；大夫直县；士有琴瑟。叔孙于奚者，卫之大夫也。曲县者，卫君之乐体也。繁缨者，君之驾饰也。齐人攻卫，叔孙于奚率师逆之，大败齐师，卫于是赏以温。叔孙于奚辞温，而请曲县繁缨以朝，卫君许之。孔子闻之曰："惜乎！不如多与之邑。夫乐者，所以载国；国者，所以载君。彼乐亡而礼从之，礼亡而政从之，政亡而国从之，国亡而君从之。惜乎！不如多予之邑。"①

卫国大夫叔孙于奚胜齐有功，请求以诸侯礼乐赏赐自己，卫君应允。孔子觉得这不合礼制，因为当礼乐是国家秩序的象征，破坏国家秩序是亡国之兆。在孔子看来，礼是秩序是仪则，是国家治理的基础，礼乐秩序一旦破坏，势必天下大乱。所以孔子说：

> 君子之道譬犹防与？夫礼之塞，乱之所从生也；犹防之塞，水之所从来也。故以旧防为无用而坏之者，必有水败；以旧礼为无所用而去之者，必有乱患。故昏姻之礼废，则夫妇之道苦，而淫辟之罪多矣；乡饮酒之礼废，则长幼之序失，

---

① 《新书》，影印文渊阁《四库全书》第695册，台湾商务印书馆，1986年，第401页。

> 而争斗之狱繁矣。聘射之礼废，则诸侯之行恶，而盈溢之败
> 起矣。丧祭之礼废，则臣子之恩薄，而倍死忘生之礼众矣。[①]

从这些材料能看到，原本秩序井然的周朝，因为这些大夫的贪婪，正逐渐走向没落。《诗经》中有许多讥刺这些不守礼节的权臣，如《伐檀》《节南山》，都是在讽刺那些尸位素餐、不守礼义的卿士们。正是在这样的政治之下，知礼之士学无所用。

所以我们就很容易理解《荀子·大略篇》记载子夏的这则资料："子夏贫，衣若县鹑。人曰：'子何不仕？'曰：'诸侯之骄我者，吾不为臣；大夫之骄我者，吾不复见。柳下惠与后门者同衣而不见疑，非一日之闻也。争利如蚤甲而丧其掌。'"[②]子夏不愿入仕，因为在这样的环境之下，入仕就是降志辱身，势必苟合枉己。子夏最出色的弟子魏文侯，追随子夏，研习经术，是继齐桓公之后最有威望的诸侯，却也重用宗室，以宗室魏成子为相，令魏国失去崛起机会。尤其是权臣追逐利益，知礼之士进入仕途往往沦为盗臣，孔门十哲之一冉有为季氏暴敛百姓就是现实教训。在礼崩乐坏的时代，这样的情况比比皆是。所以子夏拒绝入仕，看似是个人选择，但背后隐射的是先秦时代之变。

---

① 《大戴礼记补注》卷一，《哀公问于孔子》第四十一，北京：中华书局，2013年，第27—28页。

② 《荀子集解》卷十九《大略》，上海：上海书店，1986年，第337页。

第四章　子夏之后的政治格局与儒学转型

子夏殁后，东周政治出现了巨变。东周于公元前367年一分为二，天下无统，兼并战争愈演愈烈。周朝礼乐文明的衰落，使得儒家急切探寻新治道模式，礼学发生了巨大转向，从具体之礼向"无体之礼"转型，思孟学派从心性之学收摄礼学便是典型代表。子夏殁后至秦朝崛起的200多年时间里，社会格局发生了何种变化？儒学发生了何种演变？这对进一步理解子夏其人其学和先秦儒家学派分化具有极为重要的帮助。缘此，本章以子夏殁后东周出现的禅让事件、礼学内向化转型、秦朝崛起为核心，进一步呈现先秦时代社会格局变迁，进而展现儒学的发展演变基本面貌。

第一节　战国禅让思潮与儒学发展 [①]

子夏殁后，东周政治迎来了时代巨变，出现了一次禅让高潮。出土文献《唐虞之道》正是这一事件的反映：将禅让制和传子制作为两种对立的政权传递模式，并极力推崇禅让制，认为只

[①]　本文已发表于《原道》2020年第1期，原题目为《〈唐虞之道〉禅让问题再思考》。

有禅让才能化民成俗。这一思想的背后，与其认识到东周王室危机不无关联，但儒家学派出于"为尊者讳"，对周室的认识表达得较为隐晦。周室作为天下之大宗，其所爆发的庶孽之乱严重破坏了宗法制度核心——嫡长子继承制，最终令东周于公元前367年一分为二，天下无统。伴随着周室宗法秩序的严重破坏，其亲亲和尊尊精神亦受到损害。简文在反思传子制的问题时，并不盲目地鼓吹禅让制，而是将更多的思考带进了理论建设。在君亲政治分离的时代大背景下，简文从形而上学的高度重新审视亲亲和尊尊精神，将亲亲精神视为道德之基、人伦之本；赋予尊尊精神以生成性和开放性，将君臣关系从血缘关系中解脱出来，以更普遍性的道德关系作为两者之间的联结。

自郭店楚简出土以来，学者们围绕着《唐虞之道》对先秦禅让问题展开了详细的研究。在这些研究中，最具代表性的观点由李存山、梁涛等人提出，他们认为《唐虞之道》是先秦禅让思潮的代表之作，自公元前318年燕王哙让国事件失败后，禅让思潮转入低谷，《唐虞之道》便创作于此一事件之前[①]。本文认为，《唐虞之道》所论述的是尧舜之禅让，所谓"禅而不传"即禅让天子之位，在重视燕王哙让国事件的同时，不应忽略《唐虞之道》推崇禅让制的背后，隐含着对周王室政治秩序的反思。简文作者对禅让制推崇备至，认为"不禅而能化民者，自生民未之有也"，甚至将"禅"和"传"作为相互对立的两种政权传递模

---

① 以李存山、梁涛为代表的学者认为《唐虞之道》写于燕王哙让国事件之前，这一事件失败后禅让思潮转入低谷。参见李存山：《读楚简〈忠信之道〉及其他》，《中国哲学》第二十辑，沈阳：辽宁教育出版社，1999年；梁涛：《战国时期的禅让思潮与大同小康说——兼论〈礼运〉的作者和年代》，《纪念孔子诞辰2555年国际学术讨论会论文集》2005年。

式，无疑对传子制持有批判态度。由于简文所处年代正值周室衰微之际，东周王室爆发的庶孽之乱，严重破坏了周朝的宗法制度的基础——嫡长子继承制，其恶劣影响波及众诸侯国，亦引起当时众多学者的反思。儒家学派历来对周朝的文明秩序予以极力肯定与推崇，孔子云"周监於二代，郁郁乎文哉，吾从周"（《论语·八佾》），孟子云"师文王，大国五年，小国七年，必为政于天下矣"（《孟子·离娄上》），周室爆发的政治问题，无疑引发儒者的深刻反思，孟子所谓"五百年必有王者兴……由周而来，七百有馀岁矣。以其数则过矣，以其时考之则可矣"（《公孙丑下》）便包含了对天下秩序重建的思考。周朝的政治模式以传子制为核心，所谓"立子以贵不以长，立嫡以长不以贤"，嫡庶制度是周王朝政治秩序的基石，王国维曾指出周代的政治制度以嫡庶制度为基础，宗法、丧服、分封制度皆是由此而衍生[①]。因此，本文以东周王室爆发的庶孽之乱为线索，思考儒家典籍《唐虞之道》推崇禅让制背后的隐喻。

一、"乱生嫡庶"：东周王室"传子"危机

周朝以宗法制立国，其核心制度——嫡长子继承制为血缘政治提供了保障，但自平王东迁后，庶孽之乱爆发极其频繁，文献可征的就有春秋四次、战国两次，其影响之大，上至诸侯下至百姓，无不为之震动。郭店楚简诞生于公元前 4 世纪中叶至前 3 世纪初，这段时期内东周王权日薄西山，积重难返，终

---

① 王国维：《观堂集林》卷十一《殷周制度论》，《王国维全集》第八册，杭州：浙江教育出版社，2009 年，第 445 页。

于公元前 367 年，周室一分为二，陷入天下无统之局势。

这场令"天下无统"的王室内乱起因于庶子公子根争夺王储之位。先是周考王元年（公元前 440 年）于王畿之内册封其弟，是为西周桓公，史称西周国；桓公卒，子周威王继位；威王卒，王子朝以王储身份继位，公子根恃宠作乱，致使"九月不得葬"，赵国遂与韩国将周一分为二，自此周分裂为东周、西周两个小国。在子思所处的时代，已有人对周室处理危机的能力持怀疑态度："吾念宗周将灭，泣涕不可禁也。"[①] 但东周西周分裂未引起后代学者重视，如《资治通鉴》《通鉴纲目》不载此事，清代学者崔述则一针见血指出："两周之分，战国时一大关目也。不分则周为有王，分则周为无王；不分则周为正统，分则天下为无统。"[②]

庶孽之乱破坏了宗法秩序，权臣得以进一步削弱周王室。其实早在春秋时代，庶孽之乱的爆发已经令东周王室摇摇欲坠。周惠王二年（公元前 675 年），周惠王因贪婪大臣土地，"夺其大臣园以为囿"，导致王子颓之乱爆发。王子颓是周惠王的叔父，是周庄王庶子，由嬖妾王姚所生，因庄王宠幸王姚，故王子颓亦得以有恃无恐。惠王即位后贪婪无厌，觊觎蒍国之圃、边伯之宫，攫取以为己有，王子颓借助五大夫势力作乱，《左传·庄公十九年》记载："及惠王即位，取蒍国之圃以为囿，边伯之宫近于王宫，王取之……故蒍国、边伯、石速、詹父、子禽祝跪作乱，因苏氏。秋，五大夫奉子颓以伐王，不克，出奔温。"五大夫作为周室卿士，公然挑战周王朝秩序，至此之后卿权势力

---

① 傅亚庶：《孔丛子校释》，北京：中华书局，2011 年，第 178 页。

② 崔述：《崔东壁遗书》，上海：上海古籍出版社，1983 年，第 366 页。

的扩张加快了速度。其后王子带之乱，爆发于周襄王四年（公元前 678 年）和周襄王十三年（公元前 664 年），起因于周惠王晚年欲废除太子郑，另立王子带，引发王储内斗。在这场战乱中，周室大夫颓叔、桃子进攻王畿，《左传·僖公二十四年》记载："秋，颓叔、桃子奉大叔，以狄师伐周，大败周师，获周公忌父、原伯、毛伯、富辰。"最终致使"王朝卿士和其他高级贵族的势力愈益强大"①。周景王之时（公元前 545—前 520 年在位），庶长子王子朝与王子猛、王子丐争位，王室告危，而周室卿士刘氏、单氏借机崛起，"刘子、单子以王猛居于皇"，挟持王子猛把持王政。儒家已经认识到乱自上作的危害，《春秋》借"王室乱"（《公羊传·昭公二十二年》）一语讽刺周室内乱，"刺周室之微，邪庶并篡，无一诸侯之助，匹夫之救，如一家之乱也，故变京师言王室。"（何休语）迈入战国时代，周王室已经步履维艰，至战国晚期，周室在被卿士、诸侯蚕食殆尽后，最后仅有"邑三十六，口三万"（《史记·周本纪》）。

庶孽之乱导致周王室元气大伤，而借助诸侯势力来平息叛乱，则又给周室增加负担的成本，同时也成为诸侯争夺政治资本的借口。王子颓之乱中，周室借助郑国、虢国势力平定叛乱，事后分赏不均致使王室信誉直线下降："郑伯之享王也，王以后之鞶鉴予之。虢公请器，王予之爵。郑伯由是始恶于王。"（《左传·庄公二十一年》）周惠王晚年又重蹈覆辙，废除太子郑，改立王子带，使得周襄王即位后，爆发了两次庶孽之乱，一次于周襄王四年（前 678 年），另一次于襄王十三年（前 664 年）。王子带之乱使得诸侯势力急剧扩张，其中齐桓公霸业扶摇直上，首

---

① 晁福林：《春秋战国的社会变迁》，北京：商务印书馆，2011 年，第 70 页。

止之会（公元前655年）和洮之会（公元前652年）成功成为王室依赖的军事势力，确立了霸主地位。至春秋晚期，王子朝之乱（公元前520年）爆发，这场内乱长达十八年，清代学者马骕认为"敬王之难，数岁不靖者，时无霸也"，当时诸侯国自顾不暇，亦可见周王室经由王子颓、王子带内乱后，几乎气息奄奄，缺乏自我修复能力。降至战国时代，周王室在列国诸侯兼并战争中，实力进一步衰减。贞定王诸子之乱中，周考王封其弟为西周桓公（公元前440年），将原本就不充裕的王畿土地分割出去，形成了"一室两位"的局面，为东周西周分裂埋下了导火索。至周显王二年（公元前367年），韩、赵二国借助公子根之乱，彻底分裂周室，立公子根为东周惠公。庶孽之乱令周王室彻底沦为诸侯争权夺势的筹码，无论是西周还是东周，对诸侯而言获取政治资本的秘诀就是巧妙地借助其中一方以达到某种政治目的。在群雄逐鹿的战国时代，这种控制不仅能增加诸侯自身实力，削弱竞争对手，有时甚至能达到共赢的局面，如周显王十二年，《战国策》记载韩魏易地一事，韩国、魏国通过交换土地，韩国得以包围赵国，魏国得以包围两周，双方都实现了共赢，但对于两周而言，这无疑是灭顶之灾。

伴随着周室危机，学者对周王朝的态度亦发生明显的改变。公元前535年，即鲁昭公七年，郑子产去晋国聘问，时值晋平公有疾，韩宣子询问子产如何祭祀以免国君之疾，子产回答"晋为盟主，其或者未之祀也乎"（《左传·昭公七年》），劝韩宣子祭鲧，而在《国语·晋语》中则作"今周室少卑，晋实继之，其或者未举夏郊也"。很明显《国语》与《左传》对周室的态度完全不同，《左传》云"晋为盟主"，是尊周的表现，其后鲁昭公九年又云"文之伯也，岂能改物？翼戴天子，而加之以共。自文以来，世有衰德，而暴灭宗周。以宣示其侈，诸侯之贰，不亦宜乎？且王辞直，子其图之！"《左传》谴责晋国与周天子争夺阎地的田地，《国语》则直书"今周室少卑，晋实继之"，据学者考证，《国语》成书于三晋史官之手①，晚于《左传》，那么便不难理解这种态度转变的原因了，《国语》作者目睹三晋势力壮大，因而开始怀疑周室的合法性地位。降至战国时代，面对周室衰微以及诸侯兼并战争愈演愈烈，儒家学派对周室的态度亦发生微妙的变化。《中庸》云"今天下车同轨，书同文，行同伦"，子思所处时代周制虽存但已无一统的能力，谈不上"车同轨，书同文，行同伦"，之所以如此是因为子思"为尊者讳"②。其后，孟子劝诸侯行王政，已经直面周室衰微的现实，要求诸侯效法文王，以仁义之道治理国家。孟子虽师承于子思，但在对周室的问题上却与子思完全不同，孟子劝诸侯行王政，受到后代学者的质疑，认为是"不尊周"③。作为儒家佚典之一，《唐虞之道》诞生于公元前四世纪中叶至前三世纪初，目睹周室庶孽之乱的爆发

---

① 谭家健：《关于〈国语〉的成书时代和作者问题》，河北师院学报，1985年第2期。
② 李光地：《四书释地》，影印文渊阁《四库全书》第210册，台湾商务印书馆，1986年，第475页。
③ 孟子以王道说齐宣王、梁惠王一事，遭到学者的质疑，被认为是"不尊周"，宋代学者以"时"和"君轻民重"回应："问：孟子学孔子，孔子尊周，乃孟子以王道说齐梁何也？曰：孔子尊周，然未尝不周流列国，其周流列国，亦未尝不以王道进，但孔子之时言王道，则尚可以尊周。孟子之时，言王道则但可以保民而王，时势不同故也，虽有圣贤不能违时。"（《思辨录辑要》卷二十九，影印文渊阁《四库全书》第724册，台湾商务印书馆，1986年，第273页。）"松尝问梭山云：有问松，孟子说诸侯以王道，是行王道以尊周室？行王道以得天位？当如何对。梭山云：得天位。松曰：却如何解后世疑孟子教诸侯篡夺之罪？梭山云：民为贵，社稷次之，君为轻。"（陆九渊：《陆九渊集》，北京：中华书局，1980年，第424页。）

导致天下陷入无统局势，简文作者渴望政治秩序的重建，而效法尧舜禅让则能避免流血冲突，也符合儒家的政治理念。

二、"禅，义之至也"："传"的反思与"禅"的推崇

在周朝建立之初，以血缘关系为基础的政治模式，为周王室带来了稳定的发展，如鲁、卫、晋、郑等姬姓诸侯国，为周室提供了强有力的军事屏障，有效地阻止了戎狄的入侵。诚如学者王国维所说，周王朝的建立是中国历史跨时代的转变，改变了自商朝以前天子作为"诸侯之长"的地位，自周朝开始天子作为"诸侯之君"，统领诸侯各国："自殷以前，天子诸侯君臣之分未定也。……盖诸侯之于天子，犹后世诸侯之于盟主，未有君臣之分也。周初亦然，于《牧誓》《大诰》，皆称诸侯曰'友邦君'，是君臣之分亦未全定也。逮克殷践奄，灭国数十，而新建之国皆其功臣、昆弟、甥舅，本周之臣子，而鲁、卫、晋、齐四国，又以王室至亲为东方大藩。夏殷以来古国，方之蔑矣！由是天子之尊，非复诸侯之长而为诸侯之君。"[1] 显然，这种政治模式带来的是无与伦比的凝聚力，通过血缘关系天子由诸侯护卫，国君受卿大夫保护，大宗被小宗所拱卫，整个周王朝自上而下获得层层维护，大大巩固了统治地位。正如《诗经·载芟》所赞诵："载芟载柞，其耕泽泽。千耦其耘，徂隰徂畛。侯主侯伯，侯亚侯旅，侯彊侯以。"宗主、长子以及众子弟相互协作，共同分担，其乐融融。此情此景如同周朝建立之初，各国诸侯不遗余力地维

---

[1]　王国维：《观堂集林》卷十一《殷周制度论》，《王国维全集》第八册，杭州：浙江教育出版社，2009年，第466—467页。

护周王室，于是才有了《大雅·文王》赞歌："文王孙子，本支百世，凡周之士，不显亦世。"但当血缘政治发生自上而下的破坏时，在此基础上建立的政治共同体就成了众矢之的。

东周爆发的每一次庶孽之乱，都使得宗法制度下的亲亲精神受到巨大的冲击，改变了诸侯国对周室的信任关系。在王子颓之乱中，我们还能看到郑厉公和虢公积极勤王，为周室立下汗马功劳，当然他们也获得了丰厚的政治回报，郑国获得了虎牢以东的土地，而虢国则获得了酒泉之地。其后，王之带之乱开始出现明显的不同，晋文公出兵目的在于获取雄厚的政治资产——树立霸主地位，狐偃所谓"求诸侯，莫如勤王。诸侯信之，且大义也。继文之业而信宣于诸侯。"（《左传·僖公二十五年》）很明显，在勤王的背后开始出现一套复杂的利益计算方式。而对于周天子而言，亲亲精神也敌不过自身利益的受损，周襄王十三年郑国扣押周朝大夫，襄王欲借机攻打郑国，富辰劝谏勿以小怨而舍弃郑周兄弟之情："郑在天子，兄弟也。郑武、庄有大勋力于平、桓；我周之东迁，晋、郑是依；子颓之乱，又郑之缘定。今以小忿弃之，是以小怨置大德也，无乃不可乎！"（《国语·周语》）但是襄王仍一意孤行，借助狄人势力攻打郑国，不念周、郑手足之情。于此之后，王室内乱越演越烈，王子朝之乱爆发后，公元前518年郑定公来到晋国，范献子问及周王室近况，郑伯回答"蕞不恤纬，而忧宗周之陨，为将及焉"（《左传·昭公二十四年》），本国事务尚且操心不及，何暇顾及周王室！正如《诗经》所讽刺"亦有兄弟，不可以据"（《柏舟》）"终远兄弟，谓他人父"（《葛藟》），手足亲情又何足恃！最终周王室爆发的庶孽之乱不仅导致"王室遂卑"[①]，而且产生的恶劣影响波及整个诸侯国，亲亲精神作为周朝建立的原则，亦随之消失殆尽，只剩下弱肉强食的丛林法则。

庶孽之乱不仅损害了亲亲精神，更造成尊尊秩序的紊乱。在周王室爆发的每一次庶孽之乱中，导火索来自周王自身对嫡长子制度的不服从。王子颓之乱中，由于周庄王宠爱嬖妾王姚，作为庶子的王子颓当然有恃无恐，当周惠王即位后，虢公和晋侯前来朝觐，惠王僭越礼法招待晋侯："十八年春，虢公、晋侯朝王，王飨醴，命之宥，皆赐玉五珏，马三匹。非礼也。王命诸侯，名位不同，礼亦异数，不以礼假人。"（《左传·庄公十八年》）按照《周礼》应该是"上公三飨三食三燕，侯伯三飨再食再燕"，但惠王以超规格款待晋侯，因为出于利益的考虑，"以彼有命晋侯之事故也"（孔颖达语）。其后，王之带之乱同样来自惠王宠爱庶子王子带，欲废除太子郑，最终在周襄王四年（前678年）和十三年（前664年）爆发了两次叛乱。无独有偶，王子朝内乱也是来自周景王的偏爱，由于太子寿早殁，景王立王子猛为太子，又爱王子朝，于是欲改立为王储。公元前520年，王子朝之乱爆发，王子猛、王子丐、王子朝各自率领王族与公卿大夫展开内斗，影响之恶劣，诸侯皆为之震动。降至战国，公子根亦仰仗周威王恩宠，与王子朝争夺王位，导致威王九月不能入葬，沦为天下笑谈。

我们知道，周朝建国之初便是以亲亲尊尊为其根基，有亲亲才有"宗子维城"之制，有尊尊才有"大宗维翰"之实，亲亲、

[①] ［春秋］左丘明撰，徐元诰集解，王树民、沈长云点校：《国语集解·周语下第三》，北京：中华书局，2002年，第102页。

尊尊乃是其礼乐文化之核心："其不可得变革者则有矣，亲亲也，尊尊也，长长也，男女有别，此其不可得与民变革者也。"（《礼记·大传》）这种精神体现在社会的方方面面，无论是祭祀丧葬、男女婚嫁，还是诸侯盟约，是整个社会运转的核心原则。当权力中心打破这些核心原则，就会导致整个社会的分裂。周天子贵为天下之大宗，理所应当以身示范，但庶孽之乱爆发导致周王室信誉扫地，诸侯亦随之废立嫡庶，从而致使整个宗法制度系统出现紊乱直至解体。正如宋代学者家铉翁所批评的，周代灭亡的根本出自周王室庶孽之乱：

> 周之所以乱，前后如出一辙。幽王宠褒女而废申后，逐太子申侯，以犬戎作乱周是以东迁。再传为庄王，周之衰也滋甚，而庄王复以嬖姚女，宠子颓而召乱。惠王播迁越三载乃复，而惠王之身复为惠后所惑，宠叔带几欲动摇元子，赖齐桓为之正之，而带卒挟狄师为乱于他日。比至景王，又以宠子朝故驯致大乱，前车之覆，后车之戒，幽王以是失国丧身，而子孙不戒，乱生嫡庶，至于再三而未已。[1]

由此可见，周之所以兴也在宗法制，其亡也在宗法制，不可不为之深叹也！

由于郭店楚简所处时代正值周室危机之时，结合周室庶孽之乱以及当时历史状态，更容易理解《唐虞之道》为何如此推崇禅让制。首先，《唐虞之道》明确表达了"禅"和"传"是两种截然不同的政治模式，"禅"比"传"具有无与伦比的优势：唐虞

---

① 家铉翁：《春秋详说》，影印文渊阁《四库全书》第158册，台湾商务印书馆，1986年，第141—142页。

之道，禅而不传。尧舜之王，利天下而弗利也。禅而不传，圣之盛也。(《唐虞之道》)所谓"禅"就是禅让制，"传"就是传子制，这是三代以来政权传递的两种基本模式，也是先秦时期学者的共同看法，如庄子"帝王殊禅，三代殊继"(《庄子·秋水》)。简文作者进一步认为："不禅而能化民者，自生民未之有也。"(《唐虞之道》)将禅让制推崇极致，认为只有禅让制才能化民成俗，禅让的典范就是尧舜之行："尧舜之行，爱亲尊贤。爱亲故孝，尊贤故禅。孝之方，爱天下之民。禅之传，世亡隐德……古者虞舜笃事瞽叟，乃戴其孝；忠事帝尧，乃戴其臣。爱亲尊贤，虞舜其人也。"(《唐虞之道》)禅让制拥有绝对的制度优势，意味着"世亡隐德"，是"义之至也"。这种制度经由六帝获得了充足的政治实践，所取得的效果便是"兴于古"。尧舜的禅让是后世的典范，树立了"爱亲"和"尊贤"两条原则，这里的"爱亲"不再局限于血缘关系，而是达之于天下的"爱天下之民"；尊贤也不同于世卿世禄制，而是选贤举能，故"民兴效而化乎道"。

　　简文作者对传子制所存在的问题不无思考①，"禅而不传义恒绝，夏始也"，自夏朝开启世袭制，禅让制的优势便不复存在。为此，《唐虞之道》呼吁"上德授贤"，只有这样才能"天下有君而世明"。许多学者在分析《唐虞之道》时，认为燕王哙让国事件是禅让思潮的代表事件，《唐虞之道》是禅让思潮的代表之作。但在关注燕王哙让国事件的同时，不应忽略周室的问题，因

---

① 对此问题已有学者表达过相同的看法，"其极端崇尚禅让，实际上也是对世袭制的否定。"见许景昭：《禅让、世袭与革命：战国诸子之古代帝王更替观——与出土文献综合比较述论》，《诸子学刊》，2009 年第 1 期。

为简文很明显包含了重建天下秩序的渴望，虽然《唐虞之道》没有表露对周室的否定，但极力推崇禅让制则不可避免地流露出对周室正统地位的否定倾向。

三、"亲尊并重"：宗法精神的重新审视

《唐虞之道》对禅让问题的思考，绝不是在盲目地鼓吹，或立场式的站队，而是将更多的思考带进了理论建设。面对宗法精神的衰微，简文作者从整体上对其进行了反思，并从形而上的高度重新认识人伦关系。由于《唐虞之道》《五行》等儒家典籍未必出于一人之手，但是作为同一时期的出土材料，分析其思想内容对理解同时代学者看待周室问题未必不无启示。

亲亲精神被视为人伦之本。在《成之闻之》中，简文作者将人伦关系定义为三种：君臣、父子、夫妇，这三种关系同源于上天：天降大常，以理人伦。制为君臣之义，著为父子之亲，分为夫妇之辨。(《成之闻之》)这三种关系，按照"位"进行划分，各有职能之不同，亦具有相互性，即《易传》所云："有夫妇然后有父子，有父子然后有君臣，有君臣然后有上下，有上下然后礼义有所措。"在这三种关系之中，父子关系具有最根本的地位，因为父子之间既存在血缘关系又存在道德关系，"□□父，有亲有尊……友君臣，无亲也"(《语丛一》)，而人类最基本的道德情感也是从父子关系衍生出来的："喜怒哀悲之气，性也。及其见于外，则物取之也。性自命出，命自天降。道始于情，情生于性。"(《性自命出》)人性中蕴含着自然情感和道德情感，喜怒哀悲代表了人性最基本的自然情感，其表现出来的爱和恶不仁最接近道德情感："爱类七，唯性爱为近仁。智类五，

唯义道为近忠。恶类三，唯恶不仁为近义。"（《性自命出》）这里"唯性爱为近仁"之"爱"其实就是亲爱，《语丛三》中所谓"丧，仁之端也"，在亲丧中表现出来的情感，就是亲爱之情，是最接近"仁"的道德情感。将这种情感推而广之，"爱亲则其方爱人"（《语丛三》），"亲而笃之，爱也。爱父，其继爱人，仁也"（《五行》），就诞生了道德行为。

父子之间的亲爱情感，可视为最基本的人类道德情感，由此奠定人类的道德行为，这就是为何仁为"四行"之首，"仁，义礼所由生也。四行之所和也，和则同，同则喜"（《五行》），相比起君臣关系，这是一种由血缘决定的纯粹情感："父无恶，君犹父也，其弗恶也，犹三军之旌也，正也。所以兴于父，君臣不相在也，则可已；不悦，可去也；不我义而加诸己，弗受也。"（《语丛三》）"父无恶"并非指在现实中父亲无恶可言，而是指父子之间亲爱之情的纯粹性，只有这种纯粹的亲爱之情才能诞生出示范性的伦理道德——孝，并进一步衍生出"义"德："父子不亲，君臣无义。是故先王之教民也，始于孝弟。"（《六德》）当然，简文作者对亲亲精神的关注并不只停留在父子层面，还进行了更细致的辨析："父子，至上下也。兄弟，至先后也。"（《语丛一》）亲亲伦理中父子之间有"亲"有"尊"，有"亲"则是亲爱之义，有"尊"则是下事上之义，如曾皙之事父；兄弟之间则有"敬"，"至先后"即是孟子"从兄"之义。

亲亲伦理不仅有所分别，更是有序的，有上下先后之分。简文作者认识到亲亲伦理的建立不能依靠自然情感，必须将其加以引导，才能成就亲亲伦理："圣也者，父德也。子也者，会最长材以事上，谓之义，上共下之义，以奉社稷，谓之孝，故人则为人也，谓之仁。仁者，子德也。"（《六德》）对父亲的要求是

"圣德"，所谓"圣德"就是"既生畜之，又从而教诲之"，这就意味着父子之间的亲亲伦理，不仅是纯粹的生理性或自然性的"生畜"关系，更是社会性的"教诲"关系。对儿子的要求是"仁德"，也不再是单纯的血缘关系，更需要"事上""以奉社稷"，即《大戴礼记·曾子本孝》所云"生则有义以辅之，死则哀以莅之，祭祀则莅之，以敬如此，而成于孝子也"。从道德实践而言，亲亲伦理必须具有无功利性，这就防止了任何目的性经验成分的掺杂，防止"自利"现象产生："为孝，此非孝也；为弟，此非弟也；不可为也，而不可不为也。为之，此非也；弗为，此非也。"(《语丛一》)"孝""悌"并非是外在的人伦目标，而是基于人性本身，"人之性非与？止乎其孝"。将这种源自人性本身的亲亲伦理推而广之，便能获得普世性的道德，"三者通，言行皆通。三者不通，非言行也。三者皆通，然后是也。三者，君子所生与之立，死与之敝也。"(《六德》)

简文作者在强调亲亲精神的同时，也注重尊尊精神，要求亲亲和尊尊并重。当然，郭店楚简所提倡的尊尊精神已经与周朝宗法制度下的尊尊精神出现了不同。在宗法制时代，尊尊精神代表着一种宗法秩序，是父系之间的垂直政治关系："将'尊尊'归结为特重父子关系，然后在这基础上确立起他们之间的宗法权利和宗法义务。"[1]最突出的代表就是嫡庶制度，王国维云："周人以尊尊之义经亲亲之义而立嫡庶之制，又以亲亲之义经尊尊之义而立庙制，此其所以为文也。"[2]郭店楚简中的尊尊精神，更多体现的是君臣伦理，表现为一种绝对的单向的父权，如"父无恶，

---

① 钱杭：《周代宗法制度史研究》，上海：学林出版社，1991年，第160页。
② 王国维：《观堂集林》，北京：中华书局，1959年，第468页。

君犹父也，其弗恶也，犹三军之胜也，正也"，这表明"他们特重宗法诸关系中的父子关系，并且，适应君主专制集权政治的需要，尤为强调这堆关系中的绝对单向的父权。"这是一种"用君臣之间绝对隶属的关系模式来设计宗法伦理的基本形态，而不是从宗法伦理原有的内在逻辑构成中抽象出它的基本形态。"[①]

　　当然，这种"绝对单向的父权"并非是静态的，仅仅强调自上而下的绝对秩序，而是具有动态性和辩证性，在上下关系中达到一种相对的平衡。由于处于君亲政治分离时代之下，简文作者认识到君臣之间不再是血缘依附关系，因此极其强调君臣双方的道德共建。一方面，君主必须认识到良好的政治建设离不开贤臣的辅助，对其选拔应遵从"大材艺者大官，小材艺者小官，因而施禄焉"（《六德》）的原则，这不仅是最高权力核心应当服从的，更是自上而下的政治准则："君子知而举之，谓之尊贤；知而事之，谓之尊贤者也。前，王公之尊贤者也；后，士之尊贤者也。"（《五行》）作为示范性的政治德性，这便是"义德"，是上位者应具备的道德品质，唯有如此才能生成良善的政治秩序。另一方面，作为下位者臣子应以"忠德"事上位者，不惮脏腑之劳，不惧危亡之命，"劳其脏腑之力弗敢惮也，危其死弗敢爱也"（《六德》）。君臣上下之间的关系通过一种更开放性的"义德"联结在一起，因此可以进行双向选择，"君臣不相戴也，则可已；不悦，可去也；不义而加诸己，弗受也。"（《语丛三》）这种关系与宗法制度下君亲政治完全不同，君亲政治的属性便是血缘关系，所以"君臣之义无所逃于天地之间"，而自君亲关系解除以来，双方便能以更开放的姿态进行选择，以朋友之道处理

---

① 钱杭：《周代宗法制度史研究》，上海：学林出版社，1991年，第171页。

两者关系，"友，君臣之道也"（《语丛三》），可见新兴的君臣关系具有更多、更大的选择性和开放性。

郭店楚简中《成之闻之》《语丛三》等诸篇目对亲亲尊尊精神的认识，整体而言与《唐虞之道》具有相似性。所以不难理解《唐虞之道》的作者将"禅"的核心定义为"禅也者，上德受贤之谓也"，"上德"就是"不独亲其亲，不独子其子"，其典范就是舜，"为瞽盲子也，甚孝""能养天下之老""能事天下之长"，这与《性自命出》《语丛一》等将亲亲视为人伦之本、道德之基的思想是一脉相承的。

四、结　语

郭店楚简的出土为研究先秦文化带来了丰富的新材料，学者们围绕着政治、历史和哲学等学科对其展开了深入的探究。《唐虞之道》作为儒家文献之一，其中涉及的禅让问题为研究先秦思想史打开了一扇新的大门，学者们以禅让思想为线索，分析先秦的史料，认为《唐虞之道》代表了先秦禅让思潮的发展高峰。在研究的过程中，学者们无不重视公元前318年发生的燕王哙让国事件，肯定了这一事件对禅让学说发展的重大影响，燕王哙让国失败后禅让学说遂湮没无闻。但我们在重视燕王哙让国事件的同时，不应该忽略这一点，即《唐虞之道》讲的是天子的禅让，这对周王室而言是一种政治秩序的挑战。《唐虞之道》没有对周朝政治的核心——嫡庶制度，给出评判以及建设，但是通过对其他简文的分析，可以看出郭店楚简对周朝政治的核心理念——亲亲和尊尊精神，进行了深入的思考。面对非君亲一体式的政治模式兴起，简文一方面强调亲亲精神的重要性，将其视为人伦之本，另一方面又赋予尊尊精神以开放性和生成性，将宗法时代注重父系的政治关系拓展为相互性的君臣关系，并且在亲亲和尊尊之间取得了一种平衡，"厚于仁，薄于义，亲而不尊。厚于义，薄于仁，尊而不亲"。通过对《唐虞之道》以及其他简文的分析，我们看到儒家学派对于周室的合法性地位存在不同的认识，这种看法因为"为尊者讳"表达得较为隐晦，而其对亲亲尊尊精神的思考则为我们理解周朝政治打开了新的视角。

第二节　战国时代礼学的内向转型
——从郭店楚简《语丛三》"宾客之用币"句说起

关于《语丛三》中"宾客之用币也，非征，纳货也，礼必兼"的研究，学界主要有"礼必兼""礼必及""礼必廉"这三种解释，"礼必兼"之"兼"亦可释为"尽"，即为竭诚尽礼之义，其包含了"无挚不成礼""礼必有义"的思想。简文之所以提出"礼必兼"，与先秦时代违背礼义用币的情况大量出现不无关联，其中主要有男女无别、僭越用币等几种情况。针对此一现象简文提出了"身以为主心"，通过内向化的转型，将礼学的约束性转变为主体的内在生成性，从而将礼学进行了全新的转化。

20世纪末在湖北省荆门市郭店村出土的楚墓竹简，给学术界带来了巨大震撼。学者李零指出，郭店楚简的诞生将改变思想史研究："它提醒了我，向来的思想史研究，其实有很大的漏洞，就是近代以来，我们对孔门学案最早的一段，即所谓'七十子'，不太重视，认为《礼记》是汉代文献，《论语》以外，免谈孔子，老是用'孔—孟—荀'三段式讲早期儒家，把本来最重要的一段给忽略掉了。"①《语丛三》是郭店楚简中的一篇，主要是语录丛钞式的短札。原文由大量的短句组成，内容围绕着儒家伦理道德展开。目前学术界对《五行》《性自命出》等篇目有较多的研究，而对《语丛三》则研究不够。大抵因为《五行》《性自命出》等篇目文字连贯，内容充实，而《语丛三》则都为短句，文意不连贯，研究难度大。但是作为郭店楚简儒家典籍的一部分，《语丛三》的地位自然是不容忽视的。台湾学者周凤五指出《语丛一、二、三》是传注类著作："《语丛一》《语丛二》《语丛三》应该就是出自子思学派、流传于楚国的先秦儒家的"传注"类典籍。"②经学研究需"以传求经"，《语丛一》《语丛二》《语丛三》为我们进一步研究儒家经学典籍提供了条件。

"宾客之用币也，非征，纳货也，礼必兼"是《语丛三》中的一句，它的大意是宾客进献挚礼需要合乎礼法。笔者在这篇文章中，围绕着"礼必兼"提出了全新的解释，笔者认为"礼必兼"之"兼"作"尽"解，要更贴近作者用意。"礼必尽"一方面强调"无礼不成挚"和"礼必有义"，另外则暗含着"扶世立教"的话外之音。本文分为三个部分，第一部分以"宾客之用币也，非征，纳货也，礼必兼"为核心，围绕原文解读其内涵，第二部分是解读这句话的言外之意，第三部分是结合郭店楚简儒家典籍的整体性，来论述"宾客之用币也，非征，纳货也，礼必兼"的用意所在。

---

① 李零：《郭店楚简校读记》，北京：中国人民大学出版社，2007年，第2页。
② 武汉大学：武汉大学中国文化研究院编《郭店楚简国际学术研讨会论文集》，武汉：湖北人民出版社，2000年，第17页。

一、关于"兼"的三种解释以及新释

"宾客之用币也，非征，纳货也，礼必兼"在郭店楚简《语丛三》中位属第55简和第60简，经过竹简整理者的编排，合成了一句。对于这一句的理解，学者们围绕着"礼"的方面，提出了自己的看法。

李零在《郭店楚简校读记》中写道："第五章是讲接待宾客，如用币、入货、进食，这是属于'友'道。其聚会体现的是'忠'。"[1]他的解释非常简短，切合文义，大致上说出了《语丛三》第五章的整体内容。从文字考证的角度，李零又提出了自己的不同见解，他认为"礼必兼"之"兼"当为"及"。他说：

> 5：1章："币"，释文从糸从币，但所从币，从照片上看似与一般"币"字不同，下半与"敝"字左下所从相同。"货"，原从具从为。"必及"，"必"原从才从匕；"及"，与《唐虞之道》简15、19的"及"字写法相近，原释"兼"，疑亦"及"字。[2]

但是，《唐虞之道》中简15、19中的"及"作：𠦎 和 𠦎，而在《语丛三》中，"礼必兼"之"兼"则作：𢼼 。两者之间，其构成笔画有明显差异。根据前人的整理材料，在古文《老子》碑中，"兼"作𥡝，而"及"作𠬢[3]，两者之不同，已经显而易

① 李零：《郭店楚简校读记》，北京：中国人民大学出版社，2009年，第203页。
② 李零：《郭店楚简校读记》，北京：中国人民大学出版社，2009年，第196页。
③ "兼"字见《古老子文字编》卷七，第205页。（徐在国、黄德宽编：《古老子文字编》，合肥：安徽大学出版社，2007年。）"及"字见《古老子文字编》第87页。

见。根据字形构造分析，《语丛三》中"兼"字不应读作"及"，而应读作"兼"。而李零之所以将"礼必兼"释为"礼必及"，大抵上是认为这里的"及"要更能表达这一章的内涵，第五章表达的是主宾相遇之礼，要竭忠而尽礼之义。

学者陈伟在《〈语丛〉一、三中有关"礼"的几条简文》一文中，认为"兼"是"并、同"之意，"礼必兼"之义是指宾客纳币合乎礼。他从第五章的整体角度解释道：

> 至于二简的连接大致可从三个方面来看。第一，货在古代指财物，与币的含义密切相关。如《说文》："货，财也。"《战国策秦策五》："令库具车，厩具马，府具币。"高诱注："币，货财也。"第二，正，似当读"征"，求取之意。与内（纳）的意思正好对应。第三，"宾客"应酬正属于讲求"礼"的场合。本条大意是：宾客的用币，不是为了求取或者交纳财物，而是礼要求必须"兼"。"兼"有并、同的意思。这里大概是指"宾客"和"用币"是一个连带关系，彼此密不可分。[①]

相比起李零的解释，陈伟的说法要更加具体。他指出了这句话的含义，宾客的用币，不是为了求取或者缴纳财物，而是礼自然就规定了要纳币。笔者认同陈伟的说法，正如《礼记·表记》记载孔子所说：

> 子曰：无辞不相接也，无礼不相见也，欲民之毋相亵也。《易》曰：初筮告，再三渎，渎则不告。

---

① 武汉大学：武汉大学中国文化研究院编《郭店楚简国际学术研讨会论文集》，武汉：湖北人民出版社，2000年，第147页。

无礼不相见，这"礼"指的就是挚币之礼，孔颖达《正义》对这段经文注释道：

> 礼，谓贽币也，贽币所以示己情。若无贽币之礼，不得相见，所以然者，欲民之无相亵渎也。

可见陈伟所说的宾客纳币合乎礼，这是切合大义的。将"兼"释为"并、同"，是从"兼"的本意来谈的，强调的是挚币和相接之礼的并等。

学者刘钊则从通假的角度，认为"兼"应该读为"廉洁"之"廉"：

> "兼"读为"廉洁"之"廉"。简文说宾客的用币不是征求的，而是自愿进纳的。礼必须廉洁。[①]

以上所引述的几位学者的文章，是目前学界研究郭店楚简《语丛三》中最具代表性的观点。学者李零、陈伟、刘钊从文字训诂的角度，分析了"宾客之用币也，非征，纳货也，礼必兼"的含义。

笔者认为，从文字的角度来看，"礼必兼"之"兼"读作"尽"，要更允当。我们先分析"宾客之用币也，非征，纳货也，礼必兼"这段话的整体内涵。币，原义是缯帛。根据《仪礼·聘礼》注："币，人所造成以自覆蔽，谓束帛也。"又《周官·媒氏》云："凡嫁子娶妻，入币，纯帛无过五两。郑氏注曰：纳币也，五两十端也。后来扩大为凡玉、马、皮、圭、璧、帛皆称币。"又《仪礼·士相见礼》云："凡执币者。《疏》曰：'玉、马、皮、圭、璧、帛皆称币。'"再到汉代，币就是指代金钱了。

---

① 刘钊：《郭店楚简校释》，福州：福建人民出版社，2005年，第219页。

《汉书·武帝纪》："有司以为币轻多奸。颜师古注：'钱也。'"《食货志》云："量资币。注：凡言币者，皆所以通货物易有无也。故金之与钱，皆名为币字。"可见币的含义从原先指代缯帛转变到了指代金钱。货，含义要比币大，货的原义是财，凡可贸迁有无的布帛金刀龟贝都可以称之为货。货的含义很早就被规定了，《洪范》有"八政"之说，其中"二曰货"，《汉书·食货志》云："货谓布帛可衣，及金刀龟贝所以分财布利通有无者也。"结合整句话来理解，"宾客之用币也，非征，纳货也，礼必兼"意即宾客拜访主人，必须有执挚之礼，并且挚礼要合乎礼法。笔者将"礼必兼"释作"礼必尽"，因为这种解释有训诂学的依据，"兼"有用作"尽"的用法；其次，笔者认为"礼必尽"的解释包含了以下两种含义：其一是无挚不成礼；其二是礼学中"礼必有义"之说。

第一，从训诂的角度来说，"兼"有用作"尽"的用法。根据清代学者阮元编纂的《经籍籑诂》一书，"兼"字有作"尽"的用法。如《荀子·解蔽》一例："圣人纵其欲兼其情而制焉者理矣。"[1]意思是圣人纵使纵欲尽情，而无过之之患者，乃是圣人心与天理相通之故。所以将"兼"解释为"尽"，有训诂学的依据。

第二，无挚不成礼。"宾客之用币也，非征，纳货也，礼必兼"强调的是纳币，即挚礼。根据《礼记·曲礼下》的记载，自天子以至于庶人，都有挚礼：

> 凡挚，天子鬯，诸侯圭，卿羔，大夫雁，士雉，庶人之挚匹。

---

[1] 阮元：《经籍籑诂》，续修四库全书第 199 册，第 288 页。

不同身份的人，有不同的挚礼，这叫"叙情配志"①。按照同音训诂，"挚"其实就是"志"，象征着身份与责任。《曲礼下》记载了天子、诸侯、卿大夫、士各有不同挚礼。天子以鬯为挚，诸侯以玉为挚，卿以羔为挚，大夫以雁为挚，士以雉为挚，庶人以匹为挚。天子以鬯为挚，鬯是香酒，寓意德之远闻；诸侯以玉为挚，象征温润光泽；卿以羔为挚，象征柔而有礼；大夫以雁为挚，寓意进退有时；士以雉为挚，象征耿介专一；庶人以匹为挚，匹即鹜，象征守己安分。

宋代学者刘敞在其《公是集》中提出执挚便是执志，他言简意赅地表述了挚礼的寓意：

> 自天子至于庶人皆有挚。挚者，致也，所以致其志也。天子之挚鬯，诸侯玉，卿羔，大夫雁，士雉。鬯也者，言德之远闻也；玉也者，言一度不易也；羔也者，言柔而有礼也；雁也者，言进退之时也；雉也者，言死其节也。故天子以远德为志，诸侯以一度为志，卿以有礼为志，大夫以进退为志，士以死节为志，明乎志之义而天下治矣。故执斯挚也者，执斯志者也。②

---

① "叙情配志"是汉代学者何休在为《公羊传》作注时提出的，"叙情"是指挚礼展现的情义，如士用雉礼，雉取其耿介；"配志"指合乎个人的身份和责任，如妇人用枣栗腶脩，寓意审慎自脩，宜室宜家。原文为："礼，妇人见舅姑，以枣栗为贽；见女姑，以腶脩为贽；见夫人，至尊，兼而用之。……枣栗取其早自谨敬，腶脩取其断断自脩正。执此者，若其辞云尔，所以叙情配志也。"（何休：《春秋公羊传注疏》卷八，庄公二十四年，影印《十三经注疏》嘉庆刊本，北京：中华书局，2009年，第4858页）

② 刘敞：《公是集》，影印文渊阁《四库全书》第1095册，台湾商务印书馆，1986年，第717—718页。

因此，从无挚不成礼的角度看《语丛三》中"宾客之用幣也，非征，纳货也，礼必兼"可以得知作者意在说明宾客进献挚礼，并非是强行征求的，而是一定要合乎身份，合乎礼法。

第三，礼必有义。所谓礼必有义，指的是礼乃天地之节文，人事之仪则，以此来解释"宾客之用幣也"的含义，就是要求主宾都要合乎礼法。如果按照"并、同"，或"廉洁"之"廉"来解释"礼必兼"，则"礼必有义"的内涵要轻了许多。上面的两种解释，仅仅是在阐释一种情形，强调"礼"和"纳幣"之间的关系，抑或形容"廉洁"的一种状态，而不是在强调礼义的重要。明代学者丘濬在《大学衍义补》中，指出古人礼义之所以连用，在于古人以礼为重，有礼则生，无礼则死，这就是礼必有义的含义：

> 礼必有义，礼而不合于义则为非礼之礼，故古人言礼必兼义言之，盖以人之为人，有礼则生，无礼则死，有礼则安，无礼则危，而其所以为人者其大端在礼之义而已。有此礼义，则外焉而信实以讲、和睦以修而与人也诚，内焉而肌肤有所会、筋骸有所束而在己也固，明焉而养生送死，幽焉而郊天享庙，此其大端绪也；上焉而通达天道，下焉而和顺人情，此其大窦穴也。是礼也人人由之而不人人知之，唯圣人则知此礼为人大端、为人大窦，虽欲已之而不可以已也，于不可已而已之则国必坏、家必丧、人必亡。①

因此，"礼必尽"不仅说明了"无挚不成礼"的礼仪传统，更强调了古人"礼必有义"的观念。《礼记》云"礼义也者，人之大端也"，礼义乃是国家治理之根本，由之则生，弗由则死。实乃

---

① 丘濬：《大学衍义补》卷三九，丛书集成三编第12册，第36—37页。

贯通天人之要道，不可不慎：

> 故礼义也者，人之大端也。所以讲信修睦而固人肌肤之
> 会、筋骸之束也，所以养生送死事鬼神之大端也，所以达天
> 道、顺人情之大窦也，故惟圣人为知礼之不可以已也，故坏
> 国、丧家、亡人必先去其礼。

总结而言，笔者认为"宾客之用币也，非征，纳货也，礼必
兼"中"兼"字作"尽"字解，第一阐明了"无挚不成礼"观
念，不同身份地位的人所执之礼各有不同，宜遵循不同地位之礼
法；第二，强调了"礼必有义"，礼义之重要，乃国之大事，死
生之地，不可不慎，正如孔子所说："非礼无以节事天地之神明
也，非礼无以辨君臣上下长幼之位也，非礼无以别男女父子兄弟
之亲、昏姻、疏数之交也。"[①]

二、从"用币"看先秦礼学的分化

上一节论述了"宾客之用币也，非征，纳货也，礼必兼"的言
内之意，即"无挚不成礼"和"礼必有义"的观念。接下来，笔者
想讨论"宾客之用币也，非征，纳货也，礼必兼"的言外之意。

所谓言外之意，即话外之音。首先得先有言外之意，然后才
能说明话外之音。郭店楚简《语丛三》作为先秦儒家文献，学者
们通常认为它是孔子后学所撰[②]。圣贤留下的语言文字，应持有

---

① 孔广森：《大戴礼记补注》，北京：中华书局，2013年，第27—28页。

② 如以丁四新为代表的学者均认为《语丛三》是孔子或孔子弟子的作品，见丁
　四新：《郭店楚墓竹简思想研究》，北京：东方出版社，第218—219页。

同情之理解，正如程颐所说：

> 伊川先生答朱长文书曰："圣贤之言不得已也。盖有
> 是言则是理明，无是言则天性之理有阙焉。如彼未耜陶冶
> 之器，一不制则生人之道有不足矣。圣贤之言，虽欲已，
> 得乎？然其包涵尽天下之理，亦甚约也。后之人始执卷则
> 以文章为先，平生所为动多于圣人。然有之无所补，无之
> 靡所阙，乃无用之赘言也。不止赘而已，既不得其要，则
> 离真失正，反害于道必矣。来书所谓欲使后人见其不忘乎
> 善，此乃世人之私心也。夫子疾没世而名不称焉者，疾没
> 身无善可称云尔，非谓疾无名也。名者可以厉中人，君子
> 所存，非所汲汲。"[1]

圣贤之言，不得已也，这是古人的共识。以这种方式来解读"宾
客之用币也，非征，纳货也，礼必兼"一句，便会发现这句话的
言外之意。《语丛三》作者看到了当时世衰道夷、礼慝乐淫的局
面，所以他强调"礼必尽"，目的在告诫世人要遵循礼义。

更进一步来说，如果以"纳币"为线索，反观先秦时代社会
特征，便能发现《语丛三》作者的用意所在。春秋战国时代，社
会格局在急剧地变动。概括地来说，以"礼乐"为特质的周代文
明，逐渐走向衰落并被强权政治更替。春秋之时，诸侯盟会、朝
聘祭祀、宴会饮酒，都需要礼官。大至行军打仗，小至诤论讼
狱，不知礼法，便不能委以重任。孔子弟子在孔门受教，学的都
是礼。南宫敬叔是孔子弟子，其父孟厘子在临终之际，告诫自己

---

① 《近思录》卷二，《朱子全书》第 13 册，合肥：安徽教育出版社，2010 年，
第 178 页。

的两个儿子孟懿子和敬叔，必须到孔子那里学礼。据《史记·仲尼弟子列传》记载："今孔丘年少好礼，其达者欤？吾即没，若必师之。及厘子卒，懿子与南宫敬叔往学礼焉。"[①] 然而随着诸侯势力的崛起，王权政治走向衰落，礼乐文明也开始衰败。这种衰落是从诸侯不遵循礼义开始的。以此反观"宾客之用币也，非征，纳货也，礼必兼"，亦能发现当时违反礼法不胜枚举。

春秋时期，诸侯强权势力崛起，他们追求最大利益化的权力政治，在这样的风气下，诸侯们不循礼法，肆意所为，极为常见。孟子说："世衰道微，邪说暴行有作，臣弑其君者有之，子弑其父者有之。"其实毫不夸张。《语丛三》"宾客之用币也，非征，纳货也，礼必兼"恰恰折射出当时社会风气，诸侯违反礼制"用币"者不胜枚举。

孔子作《春秋》令乱臣贼子惧，讥讽了王公大臣丧事纳币。《公羊传》云：

> 文公二年，公子遂如齐纳币。纳币不书，此何以书？讥。何讥尔？讥丧娶也。娶在三年之外，则何讥乎丧娶？三年之内不图婚。[②]

鲁僖公三十三年十二月薨，鲁文公二年冬，距离鲁僖公薨未满二十五个月，公子遂到齐国纳币，守丧不满三年而嫁娶，有违礼法，所以《公羊传》说："讥丧娶也。娶在三年之外，则何讥乎丧娶？三年之内不图婚。"《春秋》记载丧事纳币一事，以此讽

---

① 《史记》卷四十七《孔子世家》，北京：中华书局，1959年，第1908—1909页。
② 《春秋公羊传注疏》卷十三，文公二年，《十三经注疏》影印嘉庆刊本，北京：中华书局，2009年，第4923页。

刺在位者无廉耻之心。再如："庄公二十二年冬，公如齐纳币。纳币不书，此何以书？讥。何讥尔？亲纳币，非礼也。"①鲁庄公二十一年，秋七月，戊戌，夫人姜氏薨。二十二年冬，公如齐纳币。丧期未满二十五月，而纳币嫁娶，有违礼制，所以《公羊传》曰："亲纳币，非礼也。"这两件事，都是在位者违背礼义，在丧事期间纳币。《语丛三》作者是孔子后学，对这些事不能说毫无耳闻，所以他在撰写《语丛三》时，很有可能是在讽刺这些现象。

另外，笔者在第一节中论述了"无挚不成礼"，即不同身份的人，有不同的挚礼，象征着身份与责任。《曲礼下》记载了天子、诸侯、卿大夫、士的各所不同的挚礼。天子以鬯为挚，诸侯以玉为挚，卿以羔为挚，大夫以雁为挚，士以雉为挚，庶人以匹为挚。如果更严格来说，其实男女之间，挚礼也各有不同。因为礼者所以定亲疏，决嫌疑，别同异，明是非，男女无别，是礼之大忌。《春秋》记："庄公二十四年，戊寅，大夫、宗妇觌用币。宗妇者何？大夫之妻也。觌者何？见也。用者何？用者不宜用也；见用币，非礼也。然则曷用？枣、栗云乎。腵、脩云乎。"②宗妇，按照何休的解释，指的是这个大夫的正室，此大夫是宗子，因此宗妇是宗子的正室。按照礼法，见鲁庄公夫人，应该是大夫用雁以为挚，妇人用枣、栗、腵、脩。雁和枣栗、腵脩各有寓意。雁取其知时，枣栗取其"早自谨敬"，腵脩取其"断断自脩"。然而大夫、宗妇通用币，男女无别，违背礼法。

---

① 《春秋公羊传注疏》卷八，庄公二十二年，《十三经注疏》影印嘉庆刊本，北京：中华书局，2009年，第4855页。

② 《春秋公羊传注疏》卷八，庄公二十四年，《十三经注疏》影印嘉庆刊本，北京：中华书局，2009年，第4858页。

　　周代纳币之礼不仅讲究身份地位，还分场合。仍以丧事为例，《礼记》中记载丧礼中宾客用币，是义之至也："丧礼，忠之至也；备服器，仁之至也；宾客之用币，义之至也。故君子欲观仁义之道，礼其本也。"[①]宾客在丧事上进献的挚礼，叫赙赠，按照礼法，丧事不外求，宾客主动进献挚礼，这是表达情义的方式，正如亲人筹备小敛大敛之服和服丧之器。令人讽刺的是，周天子甚至外求丧礼钱，《春秋》记载周天子丧事外求诸侯丧礼钱："文公九年春，毛伯来求金。"鲁文公八年，周襄王驾崩，按照天子丧事不外求之说，周天子不应该向诸侯求取赙赠。周天子驾崩，诸侯有财则送之，无则致哀可也，所以《传》曰："毛伯来求金，何以书？讥。何讥尔？王者无求，求金非礼也。"另外，按照周代礼乐文化的传统，立学设教也需纳币。《礼记·文王世子》："凡始立学者，必释奠于先圣先师。及行事，必以币……始立学者，既兴器用币，又用币告先圣先师以器成。"[②]周天子掌控教化，诸侯国兴教立学之时，必须"兴器用币"，意思是造礼乐之器，以典礼形式衅之，然后用币帛祭告先生圣先师，这才算完成礼仪。

　　由上述例证可知，周代挚礼非常严格，无论是婚嫁、丧礼，还是立学设教，都严格遵循着一套严格的礼乐制度。但是伴随着周室的衰微，诸侯们不再遵循礼法规范，甚至违背礼法的行为也越来越常见。《语丛三》作为孔子后学的思想集萃，必定在历史变革之际，对此有所深思。因而"宾客之用币也，非征，纳货

---

①　《礼记正义》卷二十四，《礼器》第十，《十三经注疏》影印嘉庆刊本，北京：中华书局，2009 年，第 3123 页。

②　《礼记正义》卷第十二，《王制》第五，《十三经注疏》影印嘉庆刊本，北京：中华书局，2009 年，第 2886 页。

也，礼必兼"向我们暗示了先秦社会风气之变，用孔子的话来说就是："今之君子，好色无厌，淫德不倦，荒怠傲慢，固民是尽，忤其众以伐有道，求得当欲，不以其所。古之用民者由前，今之用民者由后。今之君子，莫为礼也！"①孔子批评当时的在位者骄奢淫逸，荒怠傲慢，唯利是图，不守礼法。这字资料出自哀公和孔子之间的对话，道出了时代症候，也是《语丛三》作者想要表达的内容。

三、"身以为主心"：礼学的内向化转向

上文论述了"宾客之用幣也"句言外之意，笔者推测《语丛三》作者想表达的内容，大概是作者反思礼崩乐坏、强调礼义重要。由于郭店楚简中儒家典籍具有整体性，他们的思想脉络是一致的，因此可以通过解读郭店楚简儒家典籍，进一步理解《语丛三》。根据整理者的考证，"郭店 M1 具有战国中期偏晚的特点，其下葬年代当在公元前 4 世纪中期至前 3 世纪初。"②可知郭店楚简应不晚于公元前 3 世纪，也不早于孔子卒年。大部分学者在郭店楚简的断代上没有疑问，都认为是在公元前 5 世纪至公元前 3 世纪的产物。如丁四新认为：

> 《语丛》前三篇的摘录或抄写当在公元前 4 世纪后半期……诚然，《语丛》前三篇的思想主体仍当属于儒家，大多可能是孔子、孔子弟子或再传弟子的语丛。简单说来大约

---

① 孔广森：《大戴礼记补注》，北京：中华书局，2013 年，第 27—28 页。
② 王传富、汤学锋：《荆门郭店一号楚墓》，《文物》1997 年第 7 期，第 47 页。

是活动于公元前 5 世纪的儒家思想者的粹言集锦或文献摘
抄，但不排除个别语句有早出或迟出现象。①

再如台湾学者周凤五亦认为，《五行》《性自命出》和《语丛一》
《语丛二》《语丛三》是一个整体，后者是前者的传注：

> 《语丛》类三篇的形式特征与《左传》的先秦古钞本既
> 然完全吻合，这就使我们更有理由相信，《语丛一》《语丛
> 二》《语丛三》在先秦属于儒家典籍的"传注"类……就内
> 容来说，这三篇针对出现于《五行》等篇的若干语词加以
> 解释或阐发，用语雷同，思想一致，显然就是《五行》《性
> 自命出》等篇的注解。总之，综观形式和内容，《语丛一》
> 《语丛二》《语丛三》应该就是出自子思学派、流传于楚国
> 的先秦儒家的"传注"类典籍。②

这就为我们从郭店楚简的儒家典籍整体性角度探讨"宾客之用币
也，非征，纳货也，礼必兼"奠定了基础。郭店楚简所讨论的
道德情感、工夫、境界，都是相互关联、密不可分的。如果说
《语丛三》从现实的角度揭露了社会面貌，那么《性自命出》
《五行》诸篇建构了道德的形而上学说。

在《成之闻之》中，作者认为道德的来源在于上天："天登
大常，以理人伦。制为君臣之义，作为父子之亲，分为夫妇之
辨。是故小人乱天常以逆大道，君子治人伦以顺天德。大禹曰
'余宅兹天心'何？此言也，言余之此而宅于天心也。"登，即

---

① 丁四新:《郭店楚墓竹简思想研究》，北京: 东方出版社，2000 年，第218—219页。
② 武汉大学:《武汉大学中国文化研究院编〈郭店楚简国际学术研讨会论文集〉》，
武汉：湖北人民出版社，2000 年，第17页。

降之意，"天登大常，以理人伦"即上天赋予人类伦常。此伦常即君臣、父子、夫妇之道，恪守君臣有义、父子有亲、夫妇有别是治理人世的准则。在位者倘若顺天而治，便能长治久安，倘若违背天理，则鲜能有终。上天作为立法者，出现在《成之闻之》一文中，赋予了道德的绝对权威。

既然道德来源于上天，那么德行便是去践行上天所赋之规定。值得注意的是，《五行篇》区别了伪善和德行。德行是内心完全服从于道德律，而伪善则是符合道德却另有所图的行为。不得不说，《五行》篇看到了横亘千年的道德问题，这就是宋明理学语境中人心与道心不一问题，人心可匿，便生出伪善来。《五行》篇因而区分了德之行和行：

> 仁形于内谓之德之行，不形于内谓之行。义形于内谓之德之行，不形于内谓之行。礼形于内谓之德之行，不形于内谓之行。智形于内谓之德之行，不形于内谓之行。圣形于内谓之德之行，不形于内谓之德之行。

德之行是人心完全无条件服从道德，而行则只是合乎道德而已。《语丛三》中"宾客之用币也，非征，纳货也，礼必兼"，其实也是在告诫人们要尽心尽性，之所以会出现如此多有违礼制的纳币情况，在于人们不能真心诚意地无条件服从道德。《五行》强调心术，心术其实就是涵养道德的工夫："耳目鼻口手足六者，心之役也。心曰唯，莫敢不唯；诺，莫敢不诺；进，莫敢不进；后，莫敢不后；深，莫敢不深；浅，莫敢不浅。"心是身之主，只有让心服从于道，才是真正的道德。知道道德的来源，知道人所当为，这就是《语丛一》所说："知天所为，知人所为，然后知道。知道然后知命。"概括来讲，就是尽性知命。这和《中庸》异曲同工："不明乎善，不诚乎身。"如果不了解道德根源所在，那么对人而言，道德就只是一纸空文，没有人愿意去践行道德，更没有人会愿意"尊德性而道学问"。

从工夫角度而言，《性自命出》提出了"求心"一说："凡学者求其心为难，从其所为，近得之矣，不如以乐之速也。虽能其事，不能其心，不贵。求其心有伪也，弗得之矣。人之不能以伪也，可知也。"《性自命出》所说的求心，和孟子的"求其放心"相似。孟子所说的求心，是指个体要确立道德生命的尊严与价值："仁义礼智，非由外铄我也，我固有之也，弗思耳矣。故曰，'求则得之，舍则失之。'"（《告子上》）《性自命出》所说求心，由于心为一身之主，故在心上求天常，使之服从于道德律。除了求心之外，还得养心，《尊德义》云："尊仁、亲忠、敬庄、归礼，行矣而无违，养心于子谅，忠信日益而不自知也。"

这里的养心也和孟子的养心说相似。《尊德义》也讲养心，但侧重在事上历练，"尊仁、亲忠、敬庄、归礼，行矣而无违"，通过事上历练滋养慈爱善良之心。通过修养从而达到圣贤的境界，这是儒家道德工夫的最终目标。《五行》篇将有德者比作金声而玉振："金声，善也。玉音，圣也。善，人道也。德，天（道也）。唯有德者，然后能金声而玉振之。"金声是音乐之开始，玉音为音乐之结束，唯有有德者才能金声而玉振之，才能五德圆满如音乐之循环不息。金声而玉振是德行的最高境界，《五行》篇认为只有成就仁义礼智圣，才能算是"德"："德之行五和谓之德，四行和谓之善。善，人道也；德，天道也。……五行皆形于内时行之，谓之君子，士有志于君子道谓之志士。善弗为无近，德弗志不成，智弗思不得。"内心纯乎，成就五常，并且去实践出来，才能称为君子。

不得不说，郭店楚简儒家典籍中的道德学说为我们理解《语丛三》提供了更多材料。如果我们仅仅是根据《语丛三》中零散的句子来解读，或许不能很好的理解《语丛三》作者用意。而基于郭店楚简儒家典籍的整体性，则为我们提供了更广阔的思想视野，为我们从进一步准确理解《语丛三》提供了条件。

四、结　语

1993 年湖北省荆门市郭店村出土了楚墓竹简，距离今日已有 25 年之久，在这期间，众多学者殚思竭虑，为解读郭店楚简做出了巨大贡献。笔者借助前人的研究，在这篇文章中提出了自己的观点。然而，这篇文章仅仅只是笔者读书偶得，不敢跟上文提到的郭店楚简研究学者们相提并论，他们考证之精准，论述之详尽，是笔者这个门外汉难以企及的。《语录三》是语录丛钞式的短札，目前学界关于《语丛三》的研究并不是很多，文中提到的学者李零《郭店楚简校读记》、陈伟《〈语丛〉一、三中有关"礼"的几条简文》，学者丁四新、刘琛《楚简〈语丛〉前三篇思想论析》是目前学界最具代表性作品。本文在前人基础上，重新探讨了"宾客之用币也，非征，纳货也，礼必兼"含义，并且对"礼必兼"做了进一步深入解读。"礼必兼"作"礼必尽"的解释，似乎要更允当一些。学者李零将"礼必兼"之"兼"作"及"字解，其实这未必符合文字原貌；而学者陈伟将"兼"解释为"并、同"，则要更贴近原文。笔者提出"兼"作"尽"字解，并且认为这里面含有"无挚不成礼"和"礼必有义"两种意思。从训诂学的角度来看，第一，按照《经籍籑诂》的说明，"兼"有"尽"义；第二，"礼必尽"不仅说明了陈伟在《〈语丛〉一、三中有关"礼"的几条简文》一文中所说的，纳币和宾客之礼之间的并列关系，除此之外"礼必尽"还暗示着"礼不尽"的社会状况，因此在本文的第二部分笔者论述了"宾客之用币也，非征，纳货也，礼必兼"言外之意；第三，从郭店楚简儒家经典的整体性而言，作为孔子后学的思想集锦，又是如何论述"礼"和道德之间的深层含义？这也就是本文第三部分的内容。总而言之，从"礼必尽"的解释中，我们不仅看到了周代礼乐文化的郁郁文哉，也看到了先秦社会的急剧转型。借助郭店楚简可以看到孔子后学面对当时社会的复杂情形，他们深入思考并尝试建立礼与道德的新型关系。

第三节　秦汉之变与儒学转型

秦始皇在位十年之间，五次出巡，立七刻石。细读这些刻石，会发现这七篇刻石内容与儒家理念不相吻合。上溯夏商周，考徵《尚书》《史记》诸书，三代祭祀没有不敬"上天"的；下览汉朝，考徵《史记》《汉书》诸书，汉武帝封禅恭敬虔诚，审慎敬畏。由此而言，秦朝政治与儒家传统确实存在明显的割裂关系。这一情况，对后来汉代儒学极力推崇天道崇拜有密切联系。公元前221年，秦灭齐，掳齐王建，至此六国皆亡，秦始皇遂一统天下。兼并天下之后，秦始皇便开始巡游四方。从公元前220年至公元前210年，秦始皇共出巡五次，所到之处，立碑刻石，以歌颂秦德。二十八年，上邹峄山，立《峄山刻石》；登泰山封禅，立《泰山刻石》；二十九年，登之罘，立《之罘刻石》《东观刻石》；登琅琊，立《琅琊刻石》；三十二年登碣石，立

《碣石刻石》；三十七年，上会稽，立《会稽刻石》。在位十年之间，秦始皇五次出巡，共立七块刻石，《史记·秦始皇本纪》收录六块刻石铭文，唯《峄山刻石》不载，今可见于清人王昶编纂的《金石萃编》。

一、从秦代刻石看新型政体对传统政治理念的革新

这些刻石奉秦始皇旨意，经李斯撰刻，文风华丽绮赡，气势磅礴。在这几篇刻石铭文中，都明确表露作此刻石的目的，乃是歌颂秦德。《泰山刻石》云"从臣思迹，本原事业，祗诵功德"，《之罘刻石》则云"从臣嘉观，追诵本始"，《东观刻石》则云"观望广丽，从臣咸念，原道至明"。这些刻石，极力称颂秦始皇，"圣智仁义，显白道理"（《琅琊刻石》），"皇帝之德，存定四极……诛乱除害，兴利致福"（《琅琊刻石》），"皇帝明德，经理宇内，视听不怠"（《东观刻石》）。另外，赞美秦始皇治理天下，务在明法严刑，巩固邦国，"器械一量，同书文字"（《琅琊刻石》），"堕坏城郭，决通川防，夷去险阻……匡饬异俗，陵水经地"（《碣石刻石》）。为此他夙兴夜寐，躬力躬劳，勤于治理，"皇帝之功，勤劳本事……忧恤黔首，朝夕不懈"。天下经由秦始皇治理，四方宾服，君臣有义，父子有亲，夫妇有别，长幼有序，"贵贱分明，男女礼顺，甚尊职事"（《泰山刻石》），"职臣遵分，各知所行，事无嫌疑"（《东观刻石》），君臣一体，百姓欢愉，天下一片祥和，"普天之下，抟心揖志"（《琅琊刻石》）。秦始皇的恩泽无远不及，无微不至，"昭隔内外，靡不清净，施于后嗣"（《泰山刻石》），"六亲相保，终无寇贼。欢欣奉教，尽知法式"（《琅琊刻石》）。

这七篇刻石，文字华赡绮富，语韵婉转流丽，极力歌颂秦始皇一匡天下，安定宇内的功绩。但是这些绮丽的文字背后反映出这样一个问题：七篇刻石内容与传统理念截然不同。或者说，这七篇刻石纯粹是秦始皇自身的功德碑，而"天"的形象自始至终就没出现过。尤其在封禅这样重大的祭祀典礼中，祭祀后所立的《泰山刻石》竟没有表现出对"上天"的敬畏，这就足以说明秦朝政治理念与前代决然不同。

不仅如此，秦始皇登泰山祭祀之后，下山遇暴风雨，竟丝毫未对此现象有所警惕。管子曾谏止齐桓公封禅，理由是祥瑞不至，灾异并生，"今凤皇麒麟不来，嘉谷不生，而蓬蒿藜莠茂，鸱枭数至，而欲封禅，毋乃不可乎"（《管子·封禅》）。倘若秦始皇对天命有所敬畏的话，必定会对"风雨暴至"（《史记·秦始皇本纪》）有所敬畏，因为这可能被理解为是上天降祸的征兆。但秦始皇甚至还册封供自己假憩躲雨的松树为五大夫，可见秦始皇不遵循传统理念。

秦始皇匆忙完成封禅，为了向天下宣告"皇帝之功……化及无穷"（《泰山刻石》）。他的封禅，与传统不一致。自古以来帝王得天下之后，在泰山封禅祭祀天地，是为了彰明"受天之命""应天而王"。《白虎通·封禅》云：

> 王者易姓而起，必升封泰山何？教告之义也。始受命之时，改制应天，天下太平，功成封禅，以告太平也。所以必于泰山何？万物所交代之处也。必于其于何？因高告高，顺其类也，故升封者增高也，下禅梁甫之山基广厚也。刻石纪号者，著己之功迹也，以自效放也。天以高为尊，地以厚为德，故增泰山之高以放天，附梁甫之基以报地，明天地之所

命，功成事遂，有益于天地，若高者加高，厚者加厚矣。[①]

另外，《风俗通义·山泽篇》也记录了"封禅"的含义：在得天下之后，君王必须到泰山封禅，昭告上天，彰明得天下并非凭一己私智私力：

> 五岳：东方泰山，诗云："泰山岩岩，鲁邦所瞻。"尊曰岱宗，岱者，长也，万物之始，阴阳交代，云触石而出，肤寸而合，不崇朝而遍雨天下，其惟泰山乎！故为五岳之长。王者受命易姓，改制应天，功成封禅，以告天地。[②]

封禅既然如此重大，因此它的礼仪也极为隆重。在汉代，汉武帝登泰山祭祀战战兢兢，如履薄冰。先是在梁父山礼祠地主，然后在泰山下东方封土，行郊祠太一之礼，又埋玉牒书。礼毕之后，汉武帝只与车子侯霍嬗一人上泰山祭祀封土，而这些封祀礼仪都秘而不宣。甚至在封禅之后，汉武帝又下诏改年号，用以自新。

> 夏四月癸卯，上还，登封泰山，降坐明堂。诏曰："朕以眇身承至尊，兢兢焉惟德菲薄，不明于礼乐，故用事八神。遭天地况施，著见景象，佁然如有闻。震于怪物，欲止不敢，遂登封泰山，至于梁父，然后升袒肃然。自新，嘉与士大夫更始，其以十月为元封元年。"[③]

---

① ［汉］班固纂集，吴人整理，朱维铮审阅：《白虎通义·卷第五·封禅》，上海：上海书店出版社，2012年，第305页。

② ［汉］应劭撰，王利器校注《风俗通义校注·正失第二·封泰山禅梁父》，北京：中华书局，1981年，第68页。

③ ［汉］班固著，［唐］颜师古注，中华书局编辑部点校：《汉书·卷六 武帝纪第六》，北京：中华书局，1962年，第191页。

但是秦始皇却没有遵循自古以来的封禅礼仪，与夏商周三代相比，他的封禅显得很不审慎，所刻铭文多夸饰自己，如"忧恤黔首，朝夕不懈""圣智仁义""皇帝明德"等等。而三代封禅之礼与秦完全不同，三代之封禅祭祀可征于典籍者，最早是虞舜，其祭祀泰山一事载于《尚书·舜典》：

> 在璿玑玉衡，以齐七政。肆类于上帝，禋于六宗，望于山川，遍于群神。辑五瑞。既月乃日，觐四岳群牧，班瑞于群后。岁二月，东巡守，至于岱宗，柴。望秩于山川，肆觐东后。协时月正日，同律度量衡。修五礼、五玉、三帛、二生、一死贽。如五器，卒乃复。五月南巡守，至于南岳，如岱礼。八月西巡守，至于西岳，如初。十有一月朔巡守，至于北岳，如西礼。归，格于艺祖，用特。五载一巡守，群后四朝。

"柴"即封禅之义，《后汉书·张纯传》云："《书》曰：'岁二月，东巡狩，至于岱宗，柴'，则封禅之义也。"[1]舜受尧位之后，祭祀上帝以及天地四时、山川众神，然后登泰山封禅。《尚书》记事简略，祭祀的具体礼节已不得而知，夏禹遵守虞舜之道，《史记·封禅书》载"五载一巡狩，禹遵之"。

商朝的封禅未有典籍记载，但其"敬天"之意则可见于《尚书·汤诰》。《汤诰》记载了商汤伐夏桀之后，到亳邑敬告四方诸侯一事。商汤自述其之所以能废黜夏君，乃因为应天受命，"上天孚佑下民，罪人黜伏，天命弗僭，贲若草木，兆民允殖。俾予一人辑宁尔邦家，兹朕未知获戾于上下，栗栗危惧，若将陨于深

---

[1] ［南朝宋］范晔撰，［唐］李贤等注：《后汉书·卷三十五 张曹郑列传第二十五·张纯》，北京：中华书局，1965年，第1197页。

渊"，上天保佑下民，废黜夏君，使百姓归于安宁，但是商汤仍战战兢兢，惧怕因伐夏桀一事获罪于上天。在这篇《汤诰》中，商汤对四方诸侯，直言"兹朕未知获戾于上下"，可见其审慎。秦始皇则恰恰相反，"古之五帝三王，知教不同，法度不明，假威鬼神，以欺远方，实不称名，故不久长"（《琅邪刻石序》），秦始皇认为三代的鬼神，都是帝王故弄玄虚，愚弄百姓，这在历史上绝无仅有。

周朝的封禅，事见于《诗经·周颂·般》："於皇时周！陟其高山，隋山乔岳，允犹翕河。敷天之下，裒时之对。时周之命。"《般》记录的是武王巡守四方山川，《毛序》"巡守而祀四岳河海也"，《白虎通·封禅篇》"诗云：'於皇明周！陟其高山'言周太平，封泰山也；'隋山乔岳，允犹翕河'言望祭山川，百神来归也。"[①]《般》歌颂周之所以昌盛，周武王在诗中渴望得到山川众神的保佑，可谓战战兢兢，允恭允诚，郑玄解释道："遍天之下众山川之神皆如是配而祭之，是周之所以受天命而王也。"[②]

三代封禅充满了神圣意味。尧禅位于舜，舜祭祀上帝，以求神明保佑；大禹谨遵虞舜之道，五年一巡狩，祭祀山川众神；商汤畏天保命；周王求百神佑福。而到了秦代，这种情况就发生了改变，秦代刻石完全体现了出来：这些刻石不再彰明"上天"的伟大和崇高，变成了歌颂秦始皇自己的铭文，"皇帝躬圣，既平天下，不懈于治"。这似乎将三代以来的政治传统弃而不顾，因

---

① ［汉］班固纂集，［清］陈立疏证，吴则虞点校：《白虎通疏证·卷六 封禅·论封禅之义》，北京：中华书局，1994年，第282—283页。

② ［清］《毛诗正义》，影印阮元校刻清嘉庆刊本《十三经注疏》，北京：中华书局，2009年，第1306页。

此贾山《至言》如此评价秦始皇："秦皇帝东巡狩，至会稽、琅邪，刻石著其功，自以为过尧、舜统。"①

三代以来的政治传统到秦朝这里彻底改变，秦始皇既不认为三代的政治值得借鉴，也不认为尧舜禹是圣人，他认为凭借自身便足以超越尧舜之道，所以敢于废除周公创立的谥法，更改立"号"，从一世传位至万世，这样名号就永远不会重复了。这种变化表现在泰山祭祀时，就是不"敬天"。但是到了汉代，这种断裂又被承接了起来。汉朝虽承秦制，但汉朝却承续了三代之政，其表现在封禅事件上就是"敬天听命"。

二、汉代"封禅"与儒学的复兴

高祖之时，叔孙通制礼作乐，遂使汉家礼乐初备。《汉书·礼乐志》记载高祖宗庙祭祀典礼，场面庄严肃穆、彬彬文盛。在祭祀之时，先奏《嘉至》；入庙门时，奏《永志》；上荐珍馐时，则奏《登歌》。这些乐章紧致地伴随着祭祀终始，配合端庄恭敬的举止，可见汉家祭祀宗庙之礼极为隆重，虽然汉朝祭祀礼因袭了秦朝，但是在汉朝身上，却显得文质彬彬。另外，唐山夫人所作《安世房中歌》，可见秦汉歌功颂德之间的差别。此乐章古已有之，周朝时名为《房中乐》，秦时名为《寿人》。由于高祖刘邦喜好楚声，唐山夫人于是作《安世房中歌》，用楚声演奏，全文如下：

---

① [汉]班固著，[唐]颜师古注：《汉书·卷五十一　贾邹枚路传第二十一·贾山》，北京：中华书局，1962年，第2332页。

大孝备矣，休德昭明。高张四县，乐充官庭。芬树羽林，云景杳冥。金支秀华，庶旄翠旌。

七始华始，肃倡和声。神来宴娭，庶几是听。鼚乎鼓之，细齐人情。忽乘青玄，熙事备成。清思眑眑，经纬冥冥。

我定历数，人告其心。敕身齐戒，施教申申。乃立祖庙，敬明尊亲。大矣孝熙，四极爰轕。

王侯秉德，其邻翼翼，显明昭式。清明鬯矣，皇帝孝德。竟全大功，抚安四极。

海内有奸，纷乱东北。诏抚成师，武臣承德。行乐交逆，箫勺群慝。肃为济哉，盖定燕国。

大海荡荡水所归，高贤愉愉民所怀。大山崔，百卉殖。民何贵？贵有德。

安其所，乐终产。乐终产，世继绪。飞龙秋，游上天。高贤愉，乐民人。

丰草葽，女罗施。善何如，谁能回！大莫大，成教德；长莫长，被无极。

雷震震，电耀耀。明德乡，治本约。治本约，泽弘大。加被宠，咸相保。德施大，世曼寿。

都荔遂芳，窅窊桂华。孝奏天仪，若日月光。乘玄四龙，回驰北行。羽旄殷盛，芬哉芒芒。孝道随世，我署文章。

冯冯翼翼，承天之则。吾易久远，烛明四极。慈惠所爱，美若休德。杳杳冥冥，克绰永福。

磑磑即即，师象山则。乌呼孝哉，案抚戎国。蛮夷竭欢，象来致福。兼临是爱，终无兵革。

嘉荐芳矣，告灵飨矣。告灵既飨，德音孔臧。惟德之臧，建侯之常。承保天休，令问不忘。

　　　　皇皇鸿明，荡侯休德。嘉承天和，伊乐厥福。在乐不
荒，惟民之则。

　　　　浚则师德，下民咸殖。令问在旧，孔容翼翼。

　　　　孔容之常，承帝之明。下民之乐，子孙保光。承顺温
良，受帝之光。嘉荐令芳，寿考不忘。

　　　　承帝明德，师象山则。云施称民，永受厥福。承容之
常，承帝之明。下民安乐，受福无疆。[①]

　　唐山夫人是高祖嫔妃，作此乐章自然有歌颂汉德之意，其中称颂
汉高祖刘邦，则云"清明鬯已，皇帝孝德，竟全大功，抚安四
极"，颜师古注"丰草葽，女萝回"云"言至德之善，上古皇帝
皆不如之"。但比起秦代刻石反复称颂"皇帝之德，存定四极"
有所不同，《安世房中歌》中反复提及"孝"和"天"观念。"大
孝备矣，休德昭清""清明鬯已，皇帝孝德"，汉朝强调以孝治
天下，在位二十八君，谥号前多冠以"孝"字，《安世房中歌》
描述为了迎接神的到来，在迎神之所装饰得金碧辉煌，表现了
对神明的尊敬之情。在礼乐尽备之后，才开始演奏《七始》《华
始》。这些完备的礼节相比起秦始皇仓促完成的祭祀典礼，显得
更加隆重而恭敬。此外，在《安世房中歌》的尾章，配合着细致
的礼节，祭祀典礼达到了高峰："承帝明德，师象山则。云施称
民，永受厥福。承容之常，承帝之明。下民安乐，受福无疆。"
尾章流露谦逊之情，渴望得到上天的保佑，以求国固邦安。在
"天"面前，虔诚地渴求至高无上的"上天"赐福，以求国泰民

---

① 丁福保编：《全汉三国晋南北朝诗·全汉诗卷三·唐山夫人　安世房中歌》，
　北京：中华书局，1959年，第47—48页。

安，这很符合三代以来的政治传统。

汉文帝在位期间，未能完成封禅。后来又被方术之士新垣平蛊惑，文帝遂不再关心祭祀泰山一事。汉文帝仁爱节俭，广听谏言，勤政爱民，他所下的诏书，允恭克安，至诚致敬。

> 十一月癸卯晦，日有食之。诏曰："朕闻之，天生民，为之置君以养治之。人主不德，布政不均，则天示之灾以戒不治。乃十一月晦，日有食之，适见于天，灾孰大焉！朕获保宗庙，以微眇之身托于士民君王之上，天下治乱，在予一人，唯二三执政犹吾股肱也。朕下不能治育群生，上以累三光之明，其不德大矣。"①

汉文帝诏书中"天下治乱，在予一人"，即是《尚书·周书·泰誓》"虽有周亲，不如仁人。百姓有过，在予一人"之义。汉文帝仁政爱民，在位第十三年，除秘祝，"文帝即位十三年，下诏曰：秘祝之官移过于下，朕甚弗取，其除之"②，又废肉刑，"夫刑至断支休，刻肌肤，终身不息，何其刑之痛而不德也！岂为民父母之意哉！其除肉刑，有以易之"③。而秦始皇专任刑法，《汉书·刑法志》评论道："至于秦始皇，兼吞战国，遂毁先王之法，灭礼谊之官，专任刑罚，躬操文墨，昼断狱，夜理书，自

---

① ［汉］班固著，［唐］颜师古注：《汉书·卷四 文帝纪第四》，北京：中华书局，1962年，第116页。

② ［汉］班固著，［唐］颜师古注：《汉书·卷二十五上 郊祀志第五上》，北京：中华书局，1962年，第1212页。

③ ［汉］班固著，［唐］颜师古注：《汉书·卷二十三 刑法志第三》，北京：中华书局，1962年，第1098页。

程决事曰县石之一。"①

　　汉武帝在元封元年到泰山封禅，相比起秦始皇的仓促，汉武帝的封禅不仅隆重而且谨慎。汉武帝的封禅得到士人们的拥护，司马谈因未能一睹祭祀大典而抱憾：

> 　　太史公执迁手而泣曰："余先周室之太史也。自上世尝显功名于虞夏，典天官事。后世中衰，绝于予乎？汝复为太史，则续吾祖矣。今天子接千岁之统，封泰山，而余不得从行，是命也夫，命也夫！"（《史记·太史公自序》）

当时的士人都急切的盼望汉武帝封禅，"元年，汉兴已六十馀岁矣，天下艾安，搢绅之属皆望天子封禅改正度也"②。而秦始皇的封禅，不仅显得随意，肆意册封一棵松树，且对不祥的征兆——"风雨暴至"无所警惕。与秦始皇刻石相似的是汉武帝的《郊祀歌》，汉武帝定郊祀之礼，命司马相如等人作十九乐章，以祭祀天地。《郊祀歌》迎神隆重，礼文详备，旨在求神赐福。祭祀需择良辰吉日，以招徕神灵，"练时日，侯有望"。不仅如此，还需粢盛丰洁，祷者要正心诚意，斋戒沐浴，陈设礼具，只有如此，才能"灵之下，若风马"，"灵之来，神哉沛"。

　　《郊祀歌》其一《天地》，是祭祀天地之作，语言庄严雅致，语韵婉转，语意诚恳祇敬，恭顺谨慎，恰如《尚书·太甲》中所说："鬼神无常享，享于至诚。"撷录原文于下：

---

① ［汉］班固著，［唐］颜师古注：《汉书·卷二十三　刑法志第三》，北京：中华书局，1962年，第1096页。

② ［汉］班固著，［唐］颜师古注：《汉书·卷二十五上　郊祀志第五上》，北京：中华书局，1962年，第1215页。

天地并况，惟予有慕。爰熙紫坛，思求厥路。恭承禋
祀，缊豫为纷。黼绣周张，承神至尊。千童罗舞成八溢，合
好效欢虞泰一。九歌毕奏斐然殊，鸣琴竽瑟会轩朱。璆磬金
鼓，灵其有喜。百官济济，各敬厥事。盛牲实俎进闻膏。神
奄留，临须摇。长丽前掞光燿明，寒暑不忒况皇章。展诗应
律銄玉鸣，函宫吐角激徵清。发梁扬羽申以商，造兹新音永
久长。声气远条凤鸟翔，神夕奄虞盖孔享。①

这篇乐章首句说的是皇帝仰慕天地，渴求天地神灵赐福。然后说
谨守前代祭祀之礼，用隆重的典礼祷告天地。于是挂黼绣于祭
坛，舞八佾于广庭，歌声拂天，箫管和鸣。百官各司其职，各敬
其事，济济洋洋，有条不紊。在这篇乐章中，描摹了一幅求神来
飨的画面，希望凭借音乐之美能感召神灵，而祭祀所演奏的音乐
远震天外，期盼鬼神能留足享用。接下来的四篇是《青阳》《朱
明》《西颢》《玄冥》用于祭祀四时，另外还有《惟泰元》《天
马》《天门》等十九篇乐章。这十九篇乐章，无论是祭祀天地四
时，还是赞美太一赐天马，表现出赞美至高无上的神灵之意。

无论是三代的祭祀，还是汉代的封禅，都流露出对"天"的
敬畏。商汤讨伐夏桀，仍战战兢兢，害怕因此而得罪上天；商
纣失天下，是因为"弗敬上天，降灾下民……皇天震怒"（《泰
誓》），周王祭祀泰山，求上天保佑周朝。汉代的封禅等了一百
多年，礼法完备，敬天至诚。秦始皇祭祀天地山川，刻立的七块
刻石，却没有任何"天"观念内容。与此同时，秦始皇背离了三

---

① ［汉］班固著，［唐］颜师古注：《汉书·卷二十二　礼乐志第二》，北京：
中华书局，1962年，第1057—1058页。

代的政治传统—得天下之后必须分封前朝后裔，即"通三统"。
何谓通三统？

> 《汉书·刘向传》："王者必通三统，明天命所授者博，
> 非独一姓也。"①

> 《春秋繁露》："周人之王，尚推神农为九皇，而改号轩
> 辕，谓之黄帝，因存帝颛顼、帝喾、帝尧之帝号，绌虞，而
> 号舜曰帝舜，录五帝以小国；下存禹之后于杞，存汤之后于
> 宋，以方百里，爵号公，皆使服其服，行其礼乐，称先王客
> 而朝。"②

汉代"通三统"继承三代以来的政治传统，也即当新王兴起之
后，要分封前朝后嗣。夏朝时，大禹封尧子于丹渊，封舜子于
虞。《汉书·律历志》记大禹封尧子硃於丹渊为诸侯，舜子商均
封虞。商汤亦分封夏之后嗣；周武王建立周朝之后，封纣子武
庚、禄父；成王时，武庚与管叔、蔡叔作乱，勘定叛乱之后，成
王又封殷后嗣微子于宋。试举下列史料：

> 诸侯归之，然后禹践天子位。尧子丹朱，舜子商均，皆
> 有疆土，以奉先祀。服其服，礼乐如之。以客见天子，天子
> 弗臣，示不敢专也。（《史记·五帝本纪》）

> 汤乃践天子位，代夏朝天下。汤封夏之后，至周封于杞
> 也。（《史记·夏本纪》）

---

① ［汉］班固著，［唐］颜师古注：《汉书·卷三十六　楚元王传第六·刘向》，
北京：中华书局，1962年，第1950页。
② ［清］庄存与撰，辛智慧笺：《春秋正辞笺·卷七　诸夏辞第五·诸侯卒葬》，
北京：中华书局，2020年，第437页。

封纣子武庚、禄父，以续殷祀，令修行盘庚之政。殷民大说。于是周武王为天子。其后世贬帝号，号为王。而封殷后为诸侯，属周。周武王崩，武庚与管叔、蔡叔作乱，成王命周公诛之，而立微子于宋，以续殷后焉。(《史记·殷本纪》)

武王追思先圣王，乃褒封神农之后于焦，黄帝之后于祝，帝尧之后于蓟，帝舜之后于陈，大禹之后于杞。(《史记·周本纪》)

秦灭周之后，周祀断绝。秦始皇推行郡县制，否决了丞相王绾等所提的意见，即分封后嗣，设立诸侯，同姓分封都不可能，所以通三统就更不可能了。汉兴，高祖刘邦在十二年十二月，下诏令赐予战国后嗣土地，以守其先人之冢："十二月，诏曰：'秦皇帝、楚隐王、魏安釐王、齐愍王、赵悼襄王皆绝亡后。其与秦始皇帝守冢二十家，楚、魏、齐各十家，赵及魏公子亡忌各五家，令视其冢，复，亡与它事。'"(《高祖本纪》)汉武帝在位之际，分封周朝后嗣三十多里地，赐其号为周子南君。《史记·周本纪》对此事有记载："汉兴九十有馀载，天子将封泰山，东巡狩至河南，求周苗裔，封其后嘉三十里地，号曰周子南君，比列侯，以奉其先祭祀。"总而言之，除了秦朝之外，夏、商、周、汉都遵守"通三统"的政治传统。在汉五年十二月，项羽大败自刎于吴江，高祖刘邦就曾册封项伯等四人为列侯，这种政治上的宽容正是"通三统"的含义。秦始皇自认为功高三皇，德过五帝，不畏天命，所以他敢于背离三代的政治传统。

三、汉儒对先秦儒学的发展——以人性论为中心 [①]

中国思想史中人性善恶学说由孟荀首倡，孟子力主性善，荀子与之相反。之后，由于秦并六国，天下一统，诸子之学亦归于式微。这样一来，关于人性善恶的重大问题，便只能留待汉儒去做进一步分析论证。在汉儒之中，首先承担起此项任务的是学者董仲舒。

董仲舒对人性问题的分析论证，围绕着孟荀旧说层层展开。首先，董仲舒批评孟子人性善的观点，并明确指出：如果孟子的观点可以成立，就等于彻底取替了礼乐教化的基本功能，进而导致王者应天受命的职责显得多余，"万民之性苟已善，则王者受命尚何任也？"（《春秋繁露·深察名号》）。其次，董仲舒认为荀子的性恶之说更不可取，在这位大师的意识中，人的存在乃缘自天，"天亦人之曾祖父也"（《春秋繁露·为人者天》），"天覆育万物，既化而生之，有养而成之，事功无已，终而复始，凡举归之以奉人。"（《春秋繁露·王道通三》）正是基于对天人关系的这种意识，董仲舒才反复强调：荀子的人性本恶之说被彻底批判和抛弃，否则，不仅天的神圣完美性会受到损害，而且儒家的仁政理论也将成为问题。

为了使自己的批判、分析更趋周详和更有依据，董仲舒从正本清源的角度重新界定了"性"的内涵，并进一步区分了圣人之性、中民之性和斗筲之性。他认为，圣人之性，不教而善；斗筲之性，难能为善；中民之性，待教而善。圣人之性、斗筲之

---

① 本文系《汉儒对孟荀人性论的发展》，发表于《中国社会科学报》，2021年3月30日，收录时略有改动。

性都不能"名性"，因为二者分属善、恶两极，不符合"性如茧如卵……待教而成"（《春秋繁露·实性》）的原则；只有中民之性，才能"名性"，符合"性"的定义："性待渐于教训，而后能为善。"（《春秋繁露·实性》）。可见董仲舒所言之"性"指中民之性，故不难理解他将人性比作茧卵，茧卵待缲、孵然后能为丝雏，人性待王教然后成善。既然善来自"教训之所然也"，那么人性之恶又源自何处？对此问题，董仲舒借助了阴阳的概念。他认为，人之恶善与天之阴阳紧密相关："身之有性情也，若天之有阴阳也；言人之质而无其情，犹言天之阳而无其阴也。"（《春秋繁露·深察名号》）阴阳的表现就是情、性，情、性的表现就是贪、仁："天两有阴阳之施，身亦两有贪仁之性。"（《春秋繁露·深察名号》）通过阴阳论人性，董仲舒解决了善、恶的来源问题，并将个体的道德实践奠定于天道之上。因此在这位大儒的内心深处，发扬人性之善，祛除人性之恶，既有形而上的根据，也是可以达到的目的。当然，若想达此目的，亦需要国家力量的介入。不过，这种介入应始终恪守"贵德贱刑"的基本原则。董仲舒的性未善说综合了孟荀人性论，他的性三品说强调中民之性只有王教才有成善的可能，又给扬雄、王充等学者留下了重新思考的空间。

像董仲舒一样，扬雄对孟荀旧说也采取的是否定态度。在具体阐述自己的观点时，他首先考虑了性的生理学特征。"视、听、言、貌、思，性所有也。学则正，否则邪。"（《法言·学行》）在扬雄看来，人性包含了原始的情欲冲动，有为善为恶的可能，孟子由于完全忽略了这一点，故其人性学说便走向了极端。而荀子所谓"人性本恶，其善者伪也"云云，虽在一定程度上对孟子的偏僻有矫正作用，但对扬雄而言其学说却陷入了另一种极端。

扬雄认为人性有"好善恶恶"的一面，"人之所好而不足者，善也；人之所丑而有余者，恶也。"（《太玄·玄摛》）由于个体心灵操舍存亡的不同，遂展现出"善不足而恶有馀"的结果。善恶是"性之所之"，是性表现出来的结果，不能将其当作"性之所有"，因此不能说性善或者性恶，只能说性包含了为善为恶的可能。这种观点又和董仲舒得"性三品"显出了些许不同，董仲舒区分了圣人之性、中民之性、斗筲之性，出于王教的目的，他认为只有"中人之性"才能名性，扬雄也区分了圣人、贤人、众人三等人，"天下有三门：由于情欲，入自禽门；由于礼义，入自人门；由于独智，入自圣门。"（《法言·修身》）扬雄特别强调的是后天选择对人性所起的决定作用，从先天的角度看圣人、贤人以及众人，他们的原始本性是一样的。在此，扬雄实际上提出了新的人性观，即"性善恶混"。人性中既包含了向善的可能，又包含了向恶的可能，无论是圣人，还是贤人、众人，他们的本性都一样，向善或趋恶取决于后天的学行修为，"人之性也善恶混。修其善则为善人，修其恶则为恶人。"（《法言·修身》）也就是说，善恶作为人性的构成要素，早已存在于主体自身之中，其向外展现乃是受了气的推动，"气也者，所以适善恶之马也与？"（《法言·修身》）对扬雄而言，气是善恶外现的动力。这种动力来自"玄"，"玄"是天地万物的终极根源，也是宇宙生生不息、化生长育的推动者，"资陶虚无而生乎规，关神明而定摹，通古今以开类，摛措阴阳而发气。一判一合，天地备矣。"（《太玄·玄摛》）人禀气而生，气本身没有善恶之分，亦无东西方向，它赋予人前进的动力，后天的学习修为是人性为善为恶的关键。扬雄的这种观点更接近于孔子的"性近习远"思想。

　　董仲舒、扬雄基本上奠定了汉代人性论的基础，此后学者们对相关的探寻没有超出他们的范围，这种情况一直延续到东汉王充的出现，才有了明显改变。首先，王充不同意孟子的性善论，孟子认为人性无有不善，恶起源于个体对善的失守，王充认为有些人生来性恶，"夫小人性患耻者也，含邪而生，怀伪而游，沐浴累害之中，何招召之有？"（《论衡·累害》）。譬如商纣、食我在孩童之时，已经显露为恶的征兆；又如尧、舜的后代丹朱、商均，纵使生于良好的环境，仍长为不肖之徒。其次，王充也不赞同荀子"人之性恶，其善者伪也"之说，在阐述自己的观点时，王充以后稷、孔子为例，指出他们生而仁义爱礼、德至其极。再次，王充对董仲舒以阴阳论情性也存有质疑。董仲舒所谓"善之属尽为阳，恶之属尽为阴"（《春秋繁露·阳尊阴卑》）虽然将孟、荀的人性论统一起来，王充认为这不符合实际，在他看来性情同生于阴阳，且亦有善有恶，并非性善而情恶，他以玉和石比作人性，"玉生于石，有纯有驳；性情生于阴阳，安能纯善？仲舒之言，未能得实。"（《论衡·本性》）最后，王充认为扬雄的"性善恶混"是对中人而言，中人才有为善为恶的可能，因此也不是从普遍的意义上讨论人性。在前人的基础上，王充提出了"人性有善有恶"观点，其包含三层内容：其一，有些人生来性善；其二，有些人生来性恶；其三，有些人生来善恶兼具。可见王充之说实际上是对人性作了更为详尽的划分，且不无新见。对王充而言，扬雄的"性善恶混"并不全面，"性善恶混"只说明了中人的情况，而对于上圣、下愚则完全不适。实际上，人性有善有恶如同人才有高有下，否认性有善有恶就等于否认才能的高低不同，"实者，人性有善有恶，犹人才有高有下也。高不可下，下不可高。谓性无善恶，是谓人才无高下也。"（《论衡·本性》）至于人之所以有善恶愚贤之分，王充的解释借助了气的概念。王充指出，禀气厚者性善，禀气薄者性恶，气之厚薄完全不受个人意志支配，"小人君子，禀性异类乎？譬诸五谷皆为用，实不异而效殊者，禀气有厚泊，故性有善恶也。"（《论衡·率性》）"禀气不一"既是"性有善有恶"的直接原因，更导致了"命有贵有贱"最终结果，"禀性受命，同一实也。命有贵贱，性有善恶。谓性无善恶，是谓人无贵贱也。"（《论衡·率性》）王充的这种解释，虽然没有突破先秦以来"气"的传统，却为他所持的观点提供了些许依据。

董仲舒、扬雄以及王充从历史发展的角度各自完成了自己的学术使命，也表达出了对于人性问题的基本见识，而且他们的见识之于今人对人性问题的思考亦不无启示。除上述三位学者，东汉末年的王符、赵岐、郑玄、荀悦等人也都对人性问题进行过不同程度的探讨，只不过他们的工作基本上是在已有理论学说的框架内展开的，故而未能取得明显突破。另外，还须进一步指出：在汉代学者们关于人性善恶的阐述中，往往隐含有可贵的国家服务意识，进入魏晋后，随着时代精神的转型及士大夫们服务意识的消耗殆尽，人性问题在接下来的一个较长历史阶段亦不复能引起学者们足够兴趣。

第四节　魏晋玄学对儒学的更新
——以嵇康、阮籍心性论为中心

本节内容旨在呈现魏晋玄学的基本面貌，以帮助读者理解子夏之后中国古代思想文化发展状况。本节内容与子夏学说虽无直接关系，但是有助于我们进一步理解儒学的历史变迁。魏晋玄学的核心内容与儒学存在紧密联系，在心、性、情、气等核心范畴上甚至具有结构的相似性，这对了解魏晋玄学的基本面貌、加深对儒学的认知和理解具有积极作用。

先来看嵇康学说的基本面貌。嵇康是从自然情感角度认识人的喜怒哀乐。喜怒哀乐来自感官与外物的共同作用，由于感官有追求欲望的冲动，这便产生了自然情感：

> 及宫商集化，声音克谐，此人心至愿，情欲之所钟。古人知情不可恣，欲不可极，（故）因其所用，每为之节，使哀不至伤，乐不至淫。
>
> 夫哀心藏于苦心内，遇和声而后发；和声无象，而哀心有主。夫以有主之哀心，因乎无象之和声，其所觉悟，唯哀而已。
>
> 夫喜怒哀乐，爱憎惭惧，凡此八者，生民所以接物传情，区别有属，而不可溢者也。
>
> 夫味以甘苦为称，今以甲贤而心爱，以乙愚而情憎。则爱憎宜属我，而贤愚宜属彼也。可以我爱而谓之爱人，我憎而谓之憎人？所喜则谓之喜味，所怒则谓之怒味哉？由此言之，则外内殊用，彼我异名。声音自当以善恶为主，则无关于哀乐。哀乐自当以情感，则无系于声音。名实俱去，则尽然可见矣。
>
> 至于爱与不爱，人情之变，统物之理，唯止于此。然皆无像于内，待物而成耳。
>
> 然人情不同，自师所解，则发其所怀。若言平和哀乐正等，则无所先发，故终得躁静。若有所发，则是有主于内，不为平和也。

> 是以古人知情之不可放，故抑其所遁；知欲之不可绝，故因其所自。为可奉之礼，制可导之乐。[①]

以上材料出自《声无哀乐论》，表达了嵇康对情感的认识，试概括为以下几点：第一，喜、怒、哀、乐、爱、憎、惭、惧这八种情感是"接物传情"的结果，在与事物的共同作用中产生。第二，情感有"无节"的特点，如哀而伤，乐而淫。第三，嵇康认为情感需要节制，欲望需要引导，"每为之节，使哀不至伤，乐不至淫"。

其次，从情感产生的源头而言，嵇康认为喜怒哀乐与感官的欲望分不开："而世人不察，惟五谷是见，声色是耽；目惑玄黄，耳务淫哇；滋味煎其府藏，酸缪离其肠胃，香芳腐其骨髓。喜怒悖其正气，思虑销其精神，哀乐殃其平粹。"[②]正因为追求感官享受，才有不节制的行为，尝美食、听美声、看美色，都是追逐感官享受的结果。嵇康对欲望的看法，和儒家的看法一致："口之于味也，目之于色也，耳之于声也，鼻之于臭也，四肢之于安佚也，性也，有命焉，君子不谓性也。"（《孟子·尽心下》）孟子认为感官的欲望是与生俱生的。嵇康进一步认为如果不正当的追求感官欲望，将会导致"喜怒悖其正气，思虑销其精神，哀乐殃其平粹"，这是一种对精神平和纯粹的危害。

再次，就工夫而言，嵇康认为要想喜怒哀乐得其和平纯粹，就必须"用智"。"用智"即运用智识，智识能让人超脱：

---

① ［三国魏］嵇康著，戴明扬校注：《嵇康集校注·卷第五·声无哀乐论》，北京：中华书局，2014年，第346—358页。

② ［三国魏］嵇康著，戴明扬校注：《嵇康集校注·卷第三·养生论一首》，北京：中华书局，2014年，第254页。

> 善养生者，则不然矣。清虚静泰，少私寡欲。知名位之伤德，故忽而不营；非欲而强禁也。识厚味之害性，故弃而弗顾；非贪而后抑也。外物以累心不存，神气以醇白独著。旷然无忧患，寂然无思虑。又守之以一，养之以和。和理日济，同乎大顺。①

智识之所以能让人超脱，在于当主体知道了名位将有害于德行，也就不再苦心经营、周旋于名利之间，认识到过度追求滋味将有害于性，所以弃而不顾，而不是先去贪求再去抑制这种欲望。智识的运用将超脱物外，甚至是接近神秘体验：外物无法累于心，人的神气醇白独立，精神旷达没有任何忧患，心体寂然不动无思无虑。持守心灵，使其清虚静泰，少私寡欲，使其始终保持清醒的状态，又用理养护心灵，与大道同一。值得注意的是，嵇康所说的"守之以一，养之以和"是持续的工夫，这对我们理解嵇康工夫论有帮助。

最后，嵇康认为人的喜怒哀乐是性之动，即人生来就会产生喜怒哀乐，但在未感物而动前，是"性絜静以端理，含至德之和平"状态。但嵇康并未认为要回到未感物而动之前，而是强调运用智识，来超越自我，这就是"修性"说，"修性以保神，安心以全身"。嵇康之所以持这种观点，与他的人性观点密不可分。嵇康认为一方面认为"性絜静以端理"，另一方面又从生之谓性的角度理解性，认为人性包含了欲望：

---

① ［三国魏］嵇康著，戴明扬校注：《嵇康集校注·卷第三·养生论一首》，北京：中华书局，2014 年，第 255 页。

> 夫民之性，好安而恶危，好逸而恶劳。故不扰则其愿
> 得，不逼则其志从。[①]
> 人性以从欲为欢。[②]

何启民指出嵇康所说的性，有三种含义：第一，以生训性之义；第二，当顺承生的材质而不可违逆；第三，"性"未感物发动前状态，[③]"它并没有区分性情，认为两者都是具有同等的价值，互相之间并不伤害"[④]。嵇康认为性情源于气，牟宗三认为嵇康强调的是"质素义"。嵇康认为心、气、神的专一、虚静能够摆脱情感的束缚。嵇康所说的心，是实然之心，虚静的实然之心能"不存于矜尚""不系于所欲"。心是气心、自然之心，需要沉静涵养。

接下来论述阮籍"情论"。阮籍是从自然情感角度论述情。在《通易论》中，他认为阴阳二气化生人性，人性有刚柔所以人情有好恶，好恶之情是一种自然情感，而非道德情感：

> 阴阳性生，性故有刚柔；刚柔情生，情故有爱恶。爱恶生得失，得失生悔吝，悔吝着而吉凶见。八卦居方以正性，著龟圆通以索情。情性交而利害出，故立仁义以定性，取著龟以制情。仁义有偶而祸福分，是故圣人以建天下之位，

---

① ［三国魏］嵇康著，戴明扬校注：《嵇康集校注·卷第七·难自然好学论一首》，北京：中华书局，2014年，第446页。

② ［三国魏］嵇康著，戴明扬校注：《嵇康集校注·卷第七·难自然好学论一首》，北京：中华书局，2014年，第447页。

③ 转引自曾春海《嵇康的人性论》，《竹林七贤的典范——嵇康》，第76页，(台湾)万卷楼图书有限公司，1990年。

④ 许建良：《魏晋玄学伦理思想研究》，北京：人民出版社，2003年，第229页。

> 定尊卑之制，序阴阳之适，别刚柔之节。顺之者存，逆之
> 者亡，得之者身安，失之者身危。故犯之以别求者，虽吉
> 必凶；知之以守笃者，虽穷必通。故寂寞者德之主，恣睢者
> 贼之原，进往者反之初，终尽者始之根也。是以未至不可玷
> 也，已用不可越也。①

阮籍也是从宇宙论展开对情的论述。好恶之情会产生得失、悔
吝、吉凶，所以为了避免这些负面因素，应该正性而索情。立仁
义以定性，取著龟以制情，这样一来，那些顺从圣人之教的人就
身安顺通，而违背者则身危。很显然，《通易论》是倾向于儒家
理念的作品，其中强调立仁义、定尊卑、序阴阳等都是儒家学说
内容。在《达庄论》中，阮籍的思想有了明显的变化：

> 人生天地之中，体自然之形。身者，阴阳之精气也。性
> 者，五行之正性也；情者，游魂之变欲也；神者，天地之所
> 以驭者也。以生言之，则物无不寿；推之以死，则物无不
> 夭。自小视之，则万物莫不小；由大观之，则万物莫不大。
> 殇子为寿，彭祖为夭；秋毫为大，泰山为小；故以死生为一
> 贯，是非为一条也。②

《达庄论》表达了阮籍齐万物、一生死的观念，是典型的道家作
品。在此文中，阮籍认为人性是五行之正性，人情是性之欲。
阮籍对情感的论述，仍是一种自然情论，自然之气是性情的根

---

① ［三国魏］阮籍著，陈伯君校注：《阮籍集校注·卷上　论·通易论》，北京：
中华书局，2012 年第 2 版，第 130—131 页。
② ［三国魏］阮籍著，陈伯君校注：《阮籍集校注·卷上　论·通易论》，北京：
中华书局，2012 年第 2 版，第 141 页。

源，情感的发生是从宇宙论角度而言。阮籍的思想宗旨是"万物一体"，无论是人性、人情还是生死等，都是自然大化中的一部分。所谓"万物一体"，即自然万物、人事人情都生于自然、归于自然：

> 天地生于自然，万物生于天地。自然者无外，故天地名焉；天地者有内，故万物生焉。当其无外，谁谓异乎？当其有内，谁谓殊乎？地流其燥，天抗其湿。月东出，日西入，随以相从，解而后合，升谓之阳，降谓之阴。在地谓之理，在天谓之文。蒸谓之雨，散谓之风；炎谓之火，凝谓之冰；形谓之石，象谓之星；朔谓之朝，晦谓之冥；通谓之川，回谓之渊；平谓之土，积谓之山。男女同位，山泽通气，雷风不相射，水火不相薄。天地合其德，日月顺其光，自然一体，则万物经其常，入谓之幽，出谓之章，一气盛衰，变化而不伤。是以重阴雷电，非异出也；天地日月，非殊物也。故曰：自其异者视之，则肝胆楚越也；自其同者视之，则万物一体也。[1]

万物生于自然，万物的变化不过是"一气盛衰"，没有任何差别。天文、地理、风、雨、火、冰、石、星、川、渊、土、山是气的变化而生成不同形式，本质上"非殊物也"，都生于自然，并将归于自然。至于人之性情，亦不过是气的变化，也是自然的一部分。

在《咏怀》诗中，这种观念通过艺术的形式，表现得更加淋漓尽致：

---

[1]　［三国魏］阮籍著，陈伯君校注：《阮籍集校注·卷上　论·通易论》，北京：中华书局，2012年第2版，第139页。

> 幽兰不可佩，朱草为谁荣？修竹隐山阴，射干临增城。葛藟延幽谷，绵绵瓜瓞生。乐极消灵神，哀深伤人情。竟知忧无益，岂若归太清！ ①

"乐极消灵神，哀深伤人情"，若不能节制情感，反有害于身心。但阮籍并没有借助儒家学说节制情感，而是要求"归太清"。"归太清"其实就是让得认识到万物生于自然，终将归于自然，唯有如此，才能知道"忧无益"。

就工夫而言，阮籍主张"清静寂寞"。"清静寂寞"是"至德之要"，通往德性之路：

> 故至道之极，混一不分，同为一体，（乃）〔得〕失无闻。伏羲氏结绳，神农教耕，逆之者死，顺之者生。又安知贪洿之为罚，而贞白之为名乎！使至德之要，无外而已。大均淳固，不贰其纪，清静寂寞，空豁以俟，善恶莫之分，是非无所争，故万物反其所而得其情也。 ②

"清静寂寞"是心灵的"空豁"状态，没有善恶之分，没有是非之别。这和阳明"无善无恶心之体"观念非常接近。

再来看向秀学说。向秀认为情欲是人与生俱生的自然属性。情欲既包含嗜欲，"人含五行而生，口思五味，目思五色，感而思室，饥而求食，自然之理也，但当节之以礼耳" ③，也包含喜

---

① ［三国魏］阮籍著，陈伯君校注：《阮籍集校注·卷上 论·通易论》，北京：中华书局，2012 年第 2 版，第 335 页。

② ［三国魏］阮籍著，陈伯君校注：《阮籍集校注·卷上 论·通易论》，北京：中华书局，2012 年第 2 版，第 150—151 页。

③ 卫绍生辑校：《竹林七贤集·卷四 向秀集·文·难养生论》，郑州：中州古籍出版社，2021 年，第 275 页。

怒哀乐好恶等自然情感。情欲是"人含五行而生"的结果，这是从阴阳五行的生成论而言。所以情欲生于自然，有其合理性，向秀称之为"自然之理"。向秀认为情欲需要节制，儒家礼义制度能使情欲"养之以和"，这是从宇宙论角度谈论情欲。情欲需要"养"，通过"服食滋味""纳御声色"，能让情欲得到合理的引导和规范。

最后看裴頠学说。裴頠如何看待情感？他主要是从宇宙生成论、政治等宏观角度讨论自然情感。裴頠认为情感的产生根源于宇宙的运行。宇宙万物的本体是有，而不是无。所谓有，指宇宙规律是通过万化流行得以呈现出来，有迹可循，有源可溯。万化流行于是有品庶之繁盛，通过物质载体呈现出来。人生便有情欲，情欲不可断绝，其关键在于"稽中定务"，考察中道以定制准则、自我律治。圣人看到群生不能自我"定务"，所以"大建厥极，绥理群生，训物垂范"①，即圣人施行政教是为了"宝生存宜"、总理民生。裴頠认为情感需要得到节制，"若乃淫抗陵肆，则危害萌矣。故欲衍则速患，情佚则怨博，擅恣则兴攻，专利则延寇，可谓以厚生而失生者也"②。如果不能节制情欲，则易招致祸患，有害性命之真。裴頠提倡情感需要节制，是从"顺感"出发：

> 人之既生，以保生为全，全之所阶，以顺感为务。若味近以亏业，则沈溺之衅兴；怀末以忘本，则天理之真灭。故

---

①　［清］严可均编：《全上古三代秦汉三国六朝文·全晋文卷三十三·裴頠·崇有论》，北京：中华书局，1958年，第1648页。

②　［清］严可均编：《全上古三代秦汉三国六朝文·全晋文卷三十三·裴頠·崇有论》，北京：中华书局，1958年，第1648页。

动之所交，存亡之会也。夫有非有，于无非无；于无非无，于有非有。是以申纵播之累，而著贵无之文。将以绝所非之盈谬，存大善之中节，收流遁于既过，反澄正于胸怀。①

所谓"顺感"，是指顺从人类的基本情感，但又不使其沉溺于感官享受。裴頠认为节制情感还应"损欲"。损欲，是减损欲望，目的是"保生"。纵欲对生命是一种损害，这就是"夫有非有"，非宝生之道；损欲，减损欲望并非有害于生命，反而是一种延续和保全，这就是"于无非无"。"绝所非之盈谬，存大善之中节，收流遁于既过，反澄正于胸怀"，损欲宝生，必须祛除邪说谬见，保存大善使之中节，保证内心的澄清。总之，从上述对情感的论述上看，裴頠是从崇有的角度上探讨情感的中节问题。他并非就情感而论情感，而是将情感放在政治、宇宙等维度上思考，进而得出自己的观点。情感，从生成的维度而言，属于自然，"择乎厥宜，所谓情也"，所以要"顺感"；从修养的维度而言，要"损欲"，为的是"宝生"。

---

① ［清］严可均编：《全上古三代秦汉三国六朝文·全晋文卷三十三·裴頠·崇有论》，北京：中华书局，1958年，第 1648 页。

第五章　子夏与传统儒学核心观念研究

中、性、心、理、气，是传统儒学核心范畴。在子夏现存资料中，很少能看到对这些核心范畴的论述，这或许与子夏的治学理念有关，因为他更关注传经、述经而非"作"。但这并不意味子夏对这些核心范畴没有思考，在有关子夏的一些资料中，我们能看到相关思考。例如，子夏说"大德不逾闲，小德出入可也"（《论语·子张》），显然包含了他对"中""经""权"等理念的思考。汉代《韩诗外传》一书对"大德不逾闲，小德出入可也"进行了更加生动的阐释，将儒家"经""权"观念进行了深入思考："传曰：孔子遭齐程本子于郯之间，倾盖而语终日，有间，顾子路曰：'由来！取束帛以赠先生。'子路不对。有间，又顾曰：'取束帛以赠先生。'子路率尔而对曰：'昔者由也闻之于夫子，士不中道相见。女无媒而嫁者，君子不行也。'孔子曰：'夫诗不云乎：野有蔓草，零露溥兮。有美一人，青阳宛兮，邂逅相遇，适我愿兮。且夫齐程本子，天下之贤士也，吾于是而不赠，终身不之见也。大德不踰闲，小德出入可也。'"[①] 这不仅表明对古代核心范畴、理念的阐释，不能仅仅依赖关键词检索，而

---

① ［汉］韩婴撰，许维遹校释：《韩诗外传集释·卷二·第十六章》，北京：中华书局，1980 年，第 50—52 页。

是应基于整体的理解和把握，同时也表明子夏除了传经贡献外，其思想价值也值得进一步挖掘。本章以子夏"大德不逾闲，小德出入可也"传递的"中"观念为核心，探讨先秦"中"观念演变过程，在这一过程中，展现思孟学派对"中"观念的不同理解，以期进一步理解"儒分为八"的历史演变。子夏和子思学派思想最大不同，在于前者重在传经，而后者以心性学说见长。通过分析子夏、子思著作，可看到两者在天人、心性、工夫等层面都体现出明显的差异。

第一节　"中"字释义

在中国思想文化中，有许多观念引起过复杂的争议，"中"就是其中之一。梁漱溟认为"调和、持中"是"中国文化的根本精神"[1]，冯友兰认为"极高明而道中庸"是"中国哲学的真正精神"[2]。与之相反，鲁迅认为"持中"就是"骑墙"，是中国人惯用的伎俩：

> 夫近乎"持中"的态度大概有二：一者"非彼即此"，二者"可彼可此"也。前者是无主意，不盲从，不附势，或者别有独特的见解；但境遇是很危险的，所以叶名琛终至于败亡，虽然他不过是无主意。后者则是"骑墙"，或是极巧妙的"随风倒"了，然而在中国最得法，所以中国人的"持

---

① 梁漱溟：《东西文化及其哲学》，北京：商务印书馆，1999年，第63页。

② 冯友兰：《新原道》，《三松堂全集》（第五卷），郑州：河南人民出版社，2001年，第5页。

中"大概是这个。①

在给徐旭生的信中，鲁迅对中国人爱"调和""折中"极尽讽刺："遇见强者，不敢反抗，便以'中庸'这些话来粉饰，聊以自慰。"②（《三闲集·无声的中国》）

> 中国人的性情是总喜欢调和，折中的。譬如你说，这屋子太暗，须在这里开一个窗，大家一定不允许的。但如果你主张拆掉屋顶，他们就会来调和，愿意开窗了。没有更激烈的主张，他们总连平和的改革也不肯行。③

鲁迅的观点与梁漱溟、冯友兰截然相反，这就引起了我们的思考，为何"中""折中""中庸"等在古典文化中象征着美和善，"中庸之为德也，其至矣乎！民鲜久矣"（《论语·雍也》）、"允执厥中"（《尚书·大禹谟》），到了近代会引起如此大的争议？为了更好地理解这些争议，应该对"中"观念进行多维度的分析，从而更好地帮助我们理解。训诂学和文字学是传统学术的基础，在探讨先秦"中"观念时，运用传统学术方法尤为重要。

清代学者戴震曾指出学术研究中文字至关重要："经之至者，道也；所以明道者，其词也；所以成词者，未有能外小学文字者也。由文字以通乎语言，由语言以通乎古圣贤之心志，譬之适堂坛之必循其阶，而不可躐等。"④由文字以通语言，由语言以通

---

① 《鲁迅全集》（第七卷），北京：人民文学出版社，2005 年，第 58 页。

② 《鲁迅全集》（第三卷），北京：人民文学出版社，2005 年，第 27 页。

③ 《鲁迅全集》（第四卷），北京：人民文学出版社，2005 年，第 14 页。

④ ［清］戴震撰，赵玉新点校：《戴震文集·卷第十·古经解钩沈序》，北京：中华书局，1980 年，第 146 页。

思想，可见基础工作在学术研究至关重要。语言是文化的载体，任何思想都以语言的形式表现出来。我们探究古代思想家学说，必须从最基础的文字研究开始。任何思想都不是凭空诞生，而是有一个复杂的演变过程。通过探究字源，将帮助我们更深入地理解思想演变过程。

　　鉴于此，本文从最基础的字义分析，先探究"中"概念的具体内涵，再从这些义项中，按照意义的生成关系，逐步分析"中"观念的生成序列。下面我们按照含义的不同，对"中"义项进行分类。在对"中"义项分类之前，我们先来看一下甲骨文的"中"。

　　在甲骨文中，"中"字共有两种写法：一作 ，另一作 。《甲骨文编》一书共收录了5个含有"中"的合文字和33个"中"的独体字。

　　 字，目前学界对其解释较为一致：射中箭靶之义。朱骏声《说文通训定声》认为"中"的本义就是"矢着正"，郭沫若也持此论，他在《扶风齐家村器群释文》中说："一圈示的，一竖示矢，乃会意字。"姜亮夫对以上观点进行了详细的论述："盖〇象侯鹄，而丨则象矢。矢贯的曰'中'，斯为此字朔义矣。《礼记·射义》：'持弓矢审固，然后可以言中。'皆谓射为中。射中为中，故矢的亦曰中。《周礼·射人》：'其太史教射中。'郑注云：'画五正正侯，中朱次白、次苍、次黄、元居外。三正损黄元，二正去白苍，而画朱绿。其外皆居侯中三分之一，中二尺。'是也。射中亦曰的。这里的'的'就是箭靶中心的意思。《宾筵篇》：'发彼有的'，的亦声变也。引申之则射侯当中之处曰鹄。在这里'鹄'的意思也是正中靶心的意思。"许慎《说文》："内也。从口丨，上下通。𠁥古文中，籀文中。"① 段玉裁解释道：

> 内也。俗本和也，非是，当作内也。宋麻沙本作肉也，一本作而也。正皆内之误。入部曰：内者、入也，入者、内也。然则中者，别于外之辞也，别于偏之辞也，亦合宜之辞也。作内、则此字平声去声之义无不赅矣。许以和为唱和字。龢为谐龢字。龢和皆非中之训也。周礼"中失"即得失。

段玉裁继承了许慎的说法，"中"的本义是"内"。所谓"内"，段玉裁认为是指"合宜之辞"。唐兰对"中"的内涵生成进行了较为细致的总结，主张"中"观念是由"徽帜"演变为中央之义：

> 余谓中者最初为氏族社会中之徽帜，周礼司常所谓："皆画其象焉，官府各像其事，州里各象其名，家各象其号"，显为皇古图腾制度之孑遗。周礼九旗以日月，交龙，熊虎，鸟隼，龟蛇等画之，亦皆由图腾蜕变而来。此其徽帜，古时用以集众，周礼大司马教大阅，建旗以致民，民至，仆之，诛后至者，亦古之遗制也。盖古者有大事，聚众于旷地，先建中焉，群众望见中而趋附，群众来自四方，则建中之地为中央矣。列众为陈，建中之酋长或贵族，居中央，而群众左之右之望见中之所在，即知为中央矣。然则中本徽帜，而其所立之地，恒为中央，遂引伸为中央之义，因更引伸为一切之中。后人既习用中央等引伸之义，而中之本义晦。（参见王延林编著《常用古文字字典》）

---

① 姜亮夫：《"中"形形体分析及其语音演变之研究——汉字形体语音辩证的发展》，《杭州大学学报（增刊）》1984年第14期。

为进一步弄清"中"观念的发展演变过程，通过整理，发现"中"
的义项大致有如下几种：

1. 旗帜。

　　"贞：来甲辰立中"（罗振玉：《殷虚书契前编》7.16.1）

　　"庚寅卜，永贞：王立中"（罗振玉：《殷虚书契前编》
7.22.1）

　　"……子，立中允亡风"（罗振玉：《殷虚书契续编》
4.4.5）

　　"……贞：我立中"（董作宾：《小屯·殷虚文字乙编》
7741）

　　"……丙子，其立中亡风八月"（胡厚宣：《甲骨续存》
2.88）

　　"……卜，争贞：王立中"（贝冢茂树：《京都大学人文
科学研究所藏甲骨文字》972)

2. 空间：在某个地方之内。

　　子谓公冶长："可妻也。虽在缧绁之中，非其罪也。"
以其子妻之。（《论语·公冶长》）

　　冉求曰："非不说子之道，力不足也。"子曰："力不足
者，中道而废。今女画。"（《论语·雍也》）

　　升车，必正立执绥。车中，不内顾，不疾言，不亲指。
（《论语·乡党》）

3. 时间：如上古、中古指某个时间段，日中指一天的正午，
统而言之，可以表示为某个时间段之内。

如"中古"：

孟子自齐葬于鲁，反于齐，止于嬴。充虞请曰："前日不知虞之不肖，使虞敦匠事。严，虞不敢请。今愿窃有请也，木若以美然。"曰："古者棺椁无度，中古棺七寸，椁称之。自天子达于庶人。非直为观美也，然后尽于人心。不得，不可以为悦；无财，不可以为悦。得之为有财，古之人皆用之，吾何为独不然？且比化者，无使土亲肤，于人心独无恔乎？吾闻之君子：不以天下俭其亲。"（《孟子·公孙丑》）

如"日中"，指正午：

文王之为世子，朝于王季，日三。鸡初鸣而衣服，至于寝门外，问内竖之御者曰："今日安否何如？"内竖曰："安。"文王乃喜。及日中，又至，亦如之。（《礼记·文王世子》）

4. 符合。

子曰："回也其庶乎，屡空。赐不受命，而货殖焉，亿则屡中。"（《论语·先进》）

5. 适宜。

子路曰："卫君待子而为政，子将奚先？"子曰："必也正名乎！"子路曰："有是哉，子之迂也！奚其正？"子曰："野哉由也。子于其所不知，盖阙如也。名不正，则言不顺；言不顺，则事不成；事不成，则礼乐不兴；礼乐不兴，则刑罚不中；刑罚不中，则民无所措手足。故君子名之必可言也，言之必可行也。君子于其言，无所苟而已矣。"（《论语·子路》）

6. 地名：如"中牟"。

　　子张问仁于孔子。孔子曰："能行五者于天下，为仁矣。"请问之。曰："恭、宽、信、敏、惠。恭则不侮，宽则得众，信则人任焉，敏则有功，惠则足以使人。"佛肸召，子欲往。子路曰："昔者由也闻诸夫子曰：'亲于其身为不善者，君子不入也。'佛肸以中牟畔，子之往也，如之何！"子曰："然。有是言也。不曰坚乎，磨而不磷；不曰白乎，涅而不缁。吾岂匏瓜也哉？焉能系而不食？"（《论语·阳货》）

7. 人名。

　　范吉射染于长柳朔、王胜，中行寅染于籍秦、高彊，吴夫差染于王孙雒、太宰嚭，知伯摇染于智国、张武，中山尚染于魏义、偃长，宋康染于唐鞅、佃1不礼。此六君者所染不当，故国家残亡，身为刑戮，宗庙破灭，绝无后类，君臣离散，民人流亡。举天下之贪暴苛扰者，必称此六君也。（《墨子·所染》）

8. 等级。

　　王者之制：禄爵，公、侯、伯、子、男，凡五等。诸侯之上大夫卿、下大夫、上士、中士、下士，凡五等。（《礼记·王制》）

9. 泛指内心。

　　今王公大人亦欲效人以尚贤使能为政，高予之爵，而禄不从也。夫高爵而无禄，民不信也。曰："此非中实爱我也，假藉而用我也。"夫假藉之民，将岂能亲其上哉！故先王言曰："贪于政者不能分人以事，厚于货者不能分人以禄。"（《墨子·尚贤中》）

　　今王公大人中实将欲治其国家，欲修保而勿失，胡不察尚贤为政之本也？且以尚贤为政之本者，亦岂独子墨子之言哉！此圣王之道，先王之书距年之言也。(《墨子·尚贤中》)

　　是故子墨子曰："今天下之君子，中实将欲遵道利民，本察仁义之本，天之意不可不慎也。"(《墨子·天志中》)

　　此谓诚于中，形于外，故君子必慎其独也。(《大学》)

10. 礼义。

　　先王之道，人之隆也，比中而行之。曷谓中？曰：礼义是也。(《荀子·儒效》)

通过上述例证，可以看到"中"观念含义非常丰富。我们可以大胆推测，先秦"中"观念大致经历了这样三个阶段：一是时间、空间义，二是身体、内心义，三是心灵的涵养致中义。这三种义项，可以说是逐渐发展的，经历了由外向内转变的过程。中作为时间、空间义最早出现，它是一种来自直观的经验观念，如《尧典》"日中，星鸟，以殷仲春"，因此中的时间义应该在三代之前就已经成熟了；作为内心义，在战国时代已经开始大量出现，如《墨子》"此非中实爱我也"，《大学》"诚于中，形于外"；作为涵养致中义，《大学》"中也者，天下之大本也"，与先秦诸子百家对心的认识越来越深入分不开。从最早的经验生活世界到指代人自身到成为形而上的哲学范畴，这是"中"观念演变过程最为重要的三个阶段。

第二节　先秦"中"观念演变的三个阶段

作为中国人，"中"字是我们熟知的汉字，也是我们的日常用语，如中国、中午、中庸、正中等，可以说我们每天说话都离不开"中"字。在河南方言中，"中"甚至是口头禅，表示好、适宜、满意的意思。现代汉语的"中"字以及词语，基本上都可以溯源至先秦时期。但目前学界对先秦"中"观念的发展演变研究较少，以下三篇论文分别从不同角度进行了研究：陈吉雄《先秦经典"中"字字义分析——兼论〈保训〉"中"字》详细论述了"中"的多种义项，并依据内涵演变过程，对其进行了基本的分类。但由于其重心在探讨《保训》的"中"，故未对先秦"中"观念的演变过程进行论述；赵新《论"中""和"观念的生成与渊源》一文认为殷商政治结构对公正的实际需求是"中"观念关键因素，强调政治因素对"中"观念的作用，未对其进行思想史的系统梳理；陈道德、高涌瀚《"中"字意义的嬗变：从"形下"到"形上"》区分了"中"观念的形下和形上维度，而对"中"观念演变过程关注不够。在前人基础上，本文尝试展现"中"观念发展演变的三个阶段。

一、"日中""土中": 经验世界的"中"[①]

据学者考证,"中"最初指"旗帜"或"圭表"或"风向标",由固定的空间位置,引申为空间的中心。无论是"旗帜"说、"圭表"说还是"风向标"说,都承认空间义的"中"在商周时期就已经出现。

在今文尚书中,一共出现了9次"中"字,《虞书·大禹谟》:"期于予治,刑期于无刑,民协于中,时乃功,懋哉。""人心惟危,道心惟微,惟精惟一,允执厥中。"《商书·仲虺之诰》:"王懋昭大德,建中于民,以义制事,以礼制心,垂裕后昆。"《周书·蔡仲之命》:"率自中,无作聪明乱旧章。"《周书·君陈》:"予曰宥,尔惟勿宥,惟厥中。"《周书·毕命》:"惟周公克慎厥始,惟君陈克和厥中,惟公克成厥终。"《周书·冏命》:"王若曰:'伯冏,惟予弗克于德,嗣先人宅丕后,怵惕惟厉,中夜以兴,思免厥愆。'"《周书·君牙》:"尔身克正,罔敢弗正,民心罔中,惟尔之中。"

可以将其归纳为两种义项,第一种表示中正之道,第二种表示时间义。第一种义项,如"民协于中""允执厥中"(《虞书·大禹谟》),"建中于民"(《商书·仲虺之诰》),"率自中"(《周书·蔡仲之命》),"惟厥中"(《周书·君陈》),"惟君陈克和

[①] 所谓经验世界的"中",并非是指"中"观念完全停留在经验层面,而是指"日中""土中"象征着"中"观念早期在经验生活层面的运用,源自现实生活,又在现实生活中广泛使用,是人伦日用,这是这一阶段的显著特征,正如学者赵新所说"早期关于'中''和'观念的论述大多停留在政治生活等经验性直观的层面上。"(见赵新:《君子的世界——先秦儒家的诗教与欲望》,长春:吉林大学出版社,2014年,第356页。)

厥中"（《周书·毕命》），"民心罔中，惟尔之中"（《周书·君
牙》），按照《尚书正义》，都是表示中正之道，是指治国理念。
第二种义项如："中夜以兴"（《周书·冏命》），是指具体的时
间段。

在古文尚书中，"中"字一共出现 39 次。"日中，星鸟，以
殷仲春""宵中，星虚，以殷仲秋"（《虞书·尧典》），"厥土惟
白壤，厥赋惟上上错，厥田惟中中""厥田惟中下，厥赋贞，作
十有三载乃同""厥田惟上下，厥赋中上""厥田惟上中，厥赋中
中""厥土惟涂泥，厥田惟下中，厥赋上下""厥田惟中上，厥
赋错上中""厥土青黎，厥田惟下上，厥赋下中，三错""厥土
惟黄壤，厥田惟上上，厥赋中下"（《夏书·禹贡》），"中邦锡土、姓，祗台德先，
不距朕行"（《夏书·禹贡》），"汝分猷念以相从，各设中于乃
心"（《商书·盘庚中》）"降年有永有不永，非天夭民，民中绝
命"[①]（《商书·高宗肜日》），"公归，乃纳册于金縢之匮中"
（《周书·金縢》），"丕惟曰尔克永观省，作稽中德，尔尚克羞
馈祀"（《周书·酒诰》），"皇天既付中国民越厥疆土于先王，
肆王惟德用，和怿先后为迷民，用怿先王受命。"（《周书·梓
材》），"曰其自时中义，万邦咸休，惟王有成绩"（《周书·洛
诰》），"司寇苏公式敬尔由狱，以长我王国。兹式有慎，以列用
中罚"（《周书·立政》），"今休：王不敢后，用顾畏于民碞；王
来绍上帝，自服于土中。旦曰：'其作大邑，其自时配皇天，毖
祀于上下，其自时中义；王厥有成命治民。'今休"（《周书·召

[①] 孔安国《传》："言天之下年与民，有义者长，无义者不长，非天欲夭民，民
自不修义以致绝命。"按照《传》的解释，"中"似乎是"自"之义。《正义》：
"短命者非是天欲夭民，民自不修义，使中道绝其性命。"《正义》解释为"中
道"，与《传》完全不同。

诰》），"呜呼！我闻曰：昔在殷王中宗，严恭寅畏，天命自度，治民祗惧，不敢荒宁。肆中宗之享国七十有五年""……自朝至于日中昃，不遑暇食，用咸和万民。文王不敢盘于游田，以庶邦惟正之供。文王受命惟中身，厥享国五十年""呜呼！自殷王中宗及高宗及祖甲及我周文王，兹四人迪哲"（《周书·无逸》），"民兴胥渐，泯泯棼棼，罔中于信，以覆诅盟""士制百姓于刑之中，以教祗德""穆穆在上，明明在下，灼于四方，罔不惟德之勤，故乃明于刑之中，率乂于民棐彝""惟时苗民匪察于狱之丽，罔择吉人，观于五刑之中""非佞折狱，惟良折狱，罔非在中""哀敬折狱，明启刑书胥占，咸庶中正""明清于单辞，民之乱，罔不中听狱之两辞，无或私家于狱之两辞""永畏惟罚，非天不中，惟人在命""呜呼！嗣孙，今往何监，非德？于民之中，尚明听之哉！哲人惟刑，无疆之辞，属于五极，咸中有庆。受王嘉师，监于兹祥刑"（《周书·吕刑》）。

可以将其归纳为：第一，表时间义，如"日中""宵中"（《虞书·尧典》）等等；第二，表示等级序列，如"田惟下中""厥赋下中"（《夏书·禹贡》）等等；第三，空间义，如"中邦"（《夏书·禹贡》）"中国民越厥疆土"（《周书·梓材》）等等；第四，表示空间和时间的集合义①，"自服于土中"（《周书·召

---

① "土中"，孔安国认为是一个地理概念，《传》："言王今来居洛邑，继天为治，躬自服行教化于地势正中。"《正义》则认为是一个时间加空间的概念："天子将欲配天，必宜治居土中，故称周公之言，其为大邑於土之中，其当令此成王，用是大邑行化，配上天而为治也。说周公之意然，戒成王使顺公也。《周礼·大司徒》云：'以土圭之法测土深，正日影，以求地中。日南则影短多暑，日北则影长多寒，日东则影夕多风，日西则影朝多阴。日至之影尺有五寸，谓之地中，天地之所合也，四时之所交也，风雨之所会也，阴阳之所和也。然则百物阜安，乃建王国焉。'"

诰》）；第五，表示庙号，"殷王中宗"（《周书·无逸》）等等；第六，表示符合义，"罔中于信"①（《周书·吕刑》）等等；第六，中正义，"制百官於刑之中""故乃明于刑之中""观于五刑之中""罔非在中"（《周书·吕刑》）等等。

在古文尚书中，"中"的含义大致有以上六类，无论是表空间义还是时间义，乃至抽象的中正义，都尚未衍生出内心义。值得注意的两个现象是，时间义和空间义相互联系，不能截然分开，如"自服于土中"（《周书·召诰》）。

在《诗经》中，"中"字用法同样有这样几种：第一，时间义，如"昔在中叶、有震且业"（《诗经·商颂·长发》）；第二，空间义，"骐驑是中、騧骊是骖"（《诗经·秦风·小戎》）；第三，时间和空间的集合义，"日之方中、在前上处"（《诗经·邶风·简兮》）。值得注意的两个现象是：其一，在《诗经》中，"中心"一词已经大量出现，"寤寐无为、中心悁悁"（《诗经·陈风·泽陂》）；"岂不尔思、中心是悼"（《诗经·桧风·羔裘》）；"顾瞻周道、中心吊兮"（《诗经·桧风·匪风》）；"我有嘉宾、中心贶之"（《诗经·小雅·彤弓》）。"中"其实是隐藏在内之义，与外在的情感相对应，"悁悁""是悼""吊兮"都是指出自内心的情感。其二，"中国"一词开始出现，作为一种政治空间概念，蕴含了政治共同体的意识萌芽。

在《易经》中，中表示"中正"义已经存在："九五：苋陆夬夬，中行无咎。"（《夬》）"六四：中行独复。"（《复卦》）"六四：中行，告公从。利用为依迁国。"（《益》）由于《易经》

---

① 孔安国《传》："皆无中于信义"，《正义》："'中'犹当也，'皆无中於信义'，言为行无与信义合者。"

公认为是春秋之前所作，那么"中"的"中正"义应该在春秋之前就已经存在了。

以上可以看做是"中"观念演变的第一阶段。在这个阶段内，"中"观念有如下几个特点：第一，作为时间义和空间义的"中"，是最广泛的含义。第二，"中"与"心"的联系越来越紧密，可见对心灵的认识越来越深入。但是在这个阶段，"中"与道、德、仁、义等人文概念尚未进一步形成明显关系，成为人性论的焦点。第三，"中"仍是作为独立的一个概念被使用，尚未被人们带入更深层次的讨论域。《易经》是"中"观念演变的关键。总之，在这个阶段，"中"或解释为空间义，或解释为时间义，或解释为中正义等等，它的内涵尚待进一步系统化。

二、"民受天地之中以生"——指涉人自身的"中"

指涉人自身这是先秦"中"观念演变的第二阶段。这种意义的"中"主要表现在两个层面：第一，人是"天地之中"，是宇宙的精粹，源自从宇宙论意义上对人自身的认识与定位；第二，人是宇宙万物的标准。正如学者郑吉雄指出："'中'字指为身体及内脏，绝对跟'人'为天地之'中'、或者'人'为天地之精粹的意识有关。"① 诚然，"中"指涉人本身、人的身体和人的内脏，与人们对自身在宇宙天地的定位是分不开的。

人是"天地之中"。人是"天地之中"这一思想最早记载于《左传·成公十三年》：

---

① 郑吉雄：《先秦经典"中"字字义分析——兼论〈保训〉"中"字》，《简帛·经典·古文》，上海：上海古籍出版社，2013年，第198页。

公及诸侯朝王，遂从刘康公、成肃公会晋侯伐秦。成子
受脤于社，不敬。刘子曰："吾闻之，民受天地之中以生，
所谓命也。是以有动作礼义威仪之则，以定命也。能者养以
之福，不能者败以取祸。是故君子勤礼，小人尽力，勤礼莫
如致敬，尽力莫如敦笃。敬在养神，笃在守业。国之大事，
在祀与戎，祀有执膰，戎有受脤，神之大节也。今成子惰，
弃其命矣，其不反乎？"①

这段文字可概括为：第一，民受天地之中以生，称之为命；第
二，动作礼义威仪（礼）所以定命也；第三，君子勤礼，所以养
神。这三个思想观念，有严密的逻辑层次。人对自我的认识与
礼、神紧密相关，礼是神——人关系中最重要的一环。人之所
以是天地之中，与人有动作礼义威仪分不开。人能展现出人所独
有的动作礼义威仪，这其中包含了人对自我的认识定位。春秋时
期，人们对礼已经非常重视。此时"中"观念的演变与人们对礼
的看法具有紧密联系。

三、"中也者，天下之大本也"：内在超越的"中"

作为形而上、内在超越的中是先秦"中"观念演变的第三个
阶段，这个意义上的中已经超越了经验世界，向着形而上的生命
实践展开。我们所说的"中庸""中道""致中和"就是这个层面
的意思。这种"中"主要由思孟学派完成，在《中庸》一书中，
其意义得到普遍的提升和运用：《中庸》的"中"蕴含着多重意

---

① ［清］《春秋左传正义·卷第二十七·十三年》，影印阮元校刻清嘉庆刊本《十三
经注疏》，北京：中华书局，2009 年，第 4149 页。

义，如下：

第一，保留了时间义和空间义，但更多的是一种抽象的价值理念，它超越于经验世界，是善的一种形式：

> 子曰："中庸其至矣乎！民鲜能久矣！"
>
> 子曰："人皆曰予知，驱而纳诸罟护陷阱之中，而莫之知辟也。人皆曰予知，择乎中庸，而不能期月守也。"

这两章可以这样理解：人都认为自己聪明，却又不知如何躲避陷阱；人都认为自己聪明，但却无法执守中庸之道，哪怕一个月。执守中庸之道并非无法捉摸、沦为空谈、虚无缥缈，而是如同躲避陷阱，可以操而得之，亦可以舍而失之。

第二，作为一种价值理念，"中"代表着自我选择、自我律治。它虽然是一种抽象的价值理念，但它并非是独立的、超越的、外在的理念。它是可欲的、可求的，与"我欲仁斯仁至义"是同体的。此外，它也需要个人的执守与自律。颜回执守中庸之道就是典范，"子曰：回之为人也，择乎中庸，得一善，则拳拳服膺弗失之矣"（《中庸》第8章）。另外，关于如何执守"中"：

> 子曰："言忠信，行笃敬，虽蛮貊之邦行矣；言不忠信，行不笃敬，虽州里行乎哉？立，则见其参于前也；在舆，则见其倚于衡也。夫然后行。"（《论语·卫灵公》）

子张问何谓之"行"？孔子说站立时，就好像看见忠信、笃厚的字样直立在面前；在车上时，就好像看见它们靠在车前横木上，这才叫"行"，这是一种唯精唯一的工夫。

第三，这种自我选择、自我律治需要心灵的认识和判断，并付诸实践。从这个意义层面而言，《中庸》的"中"不仅是先秦

"中"观念演变的重要阶段，也是"心"观念的重要演变阶段。在孔子时代，"中"和"心"是一体的，孔子并没有将二者剥离开来，因而招致道家学派的攻讦："明乎礼乐而陋于知人心。"（《庄子·田子方》）但是经由思孟学派的发展，尤其是《中庸》揭示、建立的"中"观念，儒家最终建立了系统的理论。所谓心灵的认识和判断及实践，是指"中"需要主体去认知，它不像周制礼乐，借由具体的形式展现而出，"中"是至善的一种形式，它是抽象的理念，所以需要去体知：

"诚者不勉而中，不思而得，从容中道，圣人也。诚之者，择善而固执之者也。"（《中庸》第 20 章）《中庸》的"中"是圣人之道。唯有圣人才能不勉而中，众人则需勉而中，思而得。下一章中提到的博学、审问、慎思、明辨、笃行，就是勉而中、思而得的方法论。博学、审问、慎思、明辨，这四者与认知相关，笃行是主体实践，从认知如何跨越到实践呢？或许对于现代人而言，认知和实践之间横跨着一条巨大的鸿沟，但是在子思看来，认知本身就走向实践。值得注意的是，子思所说的认知是一种出于道德心的认知还是其他？这需要进一步讨论。牟宗三将"中"理解为中体，又等同于仁体、道心、良心等道德实体，这是将"中"等同于道德心。这一观点为我们的理解提供了一个很好的解读视角。

最后，唯有"中"才可称得上是"天下之大本"，人才能参赞天地之化育："喜怒哀乐之未发，谓之中；发而皆中节，谓之和；中也者，天下之大本也；和也者，天下之达道也。致中和，天地位焉，万物育焉。"（《中庸》第 1 章）另外，在孟子那里，虽然没有对"中"观念进行详细的阐发，但他的观点都隐藏在其中了：孟子认为"中"必须有权，否则不是中道，是执一。这和

《中庸》强调的时中思想一致。

> 孟子曰："杨子取为我，拔一毛而利天下，不为也。墨子兼爱，摩顶放踵利天下，为之。子莫执中，执中为近之，执中无权，犹执一也。所恶执一者，为其贼道也，举一而废百也。"（《孟子·尽心上）》

> 孟子曰："孔子'不得中道而与之，必也狂狷乎！狂者进取，狷者有所不为也'。孔子岂不欲中道哉？不可必得，故思其次也。"（《孟子·尽心下）》

孟子对"中"观念的论述是以其人性论为核心，道德意识使人自身"万物皆备"，人得以贵为天地之中。

以上我们讨论了先秦"中"观念的三种含义，即时间义和空间义的"中"指涉人自身的中和内在超越的中，虽然"中"观念在历史发展过程中有所变化，但总体上以此为根基。尤其是宋明理学对未发之中的阐释，形成了多种派别，对中国传统思想产生了巨大影响。通过分析先秦"中"观念的演变过程，我们不仅了解了思想史的发展过程，也可以借此进一步认识"中"的文化内涵。古代思想家对"中"的阐释，有助于当代国人更深入地理解中华优秀传统文化，对于我国建设中华民族的现代文明、培养道德文明、培育公民素质，具有积极作用。

第三节　从出土文献看"未发之中"

《中庸》是儒学研究绕不开的经典之一。其中关于"喜怒哀乐之未发，谓之中"一句更是聚讼纷纭。明末清初学者王夫之曾说："'喜怒哀乐之未发，谓之中'是儒者第一难透底关。"历代学者为理解"未发之中"倾注了大量的精力，今人能接触到出土文献何其幸也，出土文献为我们理解"未发之中"提供了一丝契机。在展开具体研究之前，探讨研究方法尤为重要。研究方法决定了研究视角，并决定了结论的最终形态。故探讨"未发之中"的研究方法充分且必要。

一、问题的提出和研究方法

探究"未发之中"，笔者认为离不开这样几点：第一，从思想史发展的角度深入挖掘，一定的时期有一定的思想观念，在讨论"未发之中"的具体含义之前，最好先确立研究方法。研究方法是研究问题的关键，方法决定了问题的研究视野。之所以探讨这一问题，因为许多学者在探讨"未发之中"时，或融入自身的学说，反而干扰了对原义的理解。鉴于此，传世文献和出土简帛的二重考察法有助于解读古典学术问题。有关思孟学派的出土文献较为丰富，为我们进一步探究"未发之中"提供了基础。

（一）文本细读

文本细读，指基于文本自身的解读，而非强调自身学说的融入。传统的解读方式都存在以学说代思想。这样一来，探究子思原意就成了问题。先看原文，"未发之中"出自《中庸》首章：

> 天命之谓性，率性之谓道，修道之谓教。道也者，不可须臾离也，可离非道也。是故君子戒慎乎其所不睹，恐惧乎其所不闻。莫见乎隐，莫显乎微，故君子慎其独也。喜怒哀乐之未发，谓之中；发而皆中节，谓之和。中也者，

天下之大本也；和也者，天下之达道也。致中和，天地位焉，万物育焉。

从字面上看，"未发之中"的意思是：喜怒哀乐未发出来，称为中。但是，这样的解释根本没办法理解。因此，我们必须联系上下文，以帮助理解，此章大意为：第一句是在说性是天之所命，是人之所与天相通者，体道必求之于性，而性必有教。第二、第三句意为道不可须臾离，所以君子需要有须臾不离之功，戒慎不睹、恐惧不闻之本。第四句为戒慎不睹、恐惧不闻之本体挺立，则人不知之而己亦知之甚明。第五、第六句是喜怒哀乐未发之时，自有其戒慎不睹、恐惧不闻之本体，此之谓中；其发而能中节合道，此之谓和。第七、第八句是中，是天下之大本；和，是天下之达道。若能达到中和，则能裁成天地，各当其位；品节万物，各得其行。

在对首章做了文义梳理之后，我们再来看"未发之中"就清晰多了，理解"未发之中"的关键是"是故君子戒慎乎其所不睹，恐惧乎其所不闻。莫见乎隐，莫显乎微，故君子慎其独也"。但又如何理解这两句之中的核心，这就需要我们借助出土文献。

（二）出土文献征引

出土文献征引是指征引郭店楚简中的儒家典籍，以此进一步理解"未发之中"。但郭店楚简并没有直接涉及"未发之中"的文献资料，而是保存了大量的思孟学派著作，这样一来，虽然不是直接材料，但至少为我们理解《中庸》和"未发之中"提供了一些契机。在郭店楚简中，与《中庸》关系最紧密的一篇文献是《五行》。目前学界对《五行》篇学派归属问题已取得一致，认为是思孟学派的著作，尤其持子思作品为多。就此问题，我们可以先对其悬置，在分析、对比《五行》和《中庸》后，做进一步的学派归属论断。目前学界对《五行》篇研究，主要集中在"慎独"，然而对"慎独"之后，为何接着讲"未发之中"，又说"中也者，天下之大本也"未做出进一步阐释。

（三）纳入思想史视域

纳入思想史研究视域是指通过阐发同时代的思想，对其进行定位和解读。没有思想是凭空撰出，与同时代之间必定存在或是直接的或是间接的联系。就"未发之中"而言，其中隐含着心、性、情等概念，这需要了解子思、孟子是如何谈论心性问题，子思作为承上启下的关键人物，其思想定位应该符合这一脉络。清华简《心是谓中》是战国中期的作品[①]，与子思相处同一时代，这将有助于我们从整体的观念史中，理解子思学说。另外，《五行》篇作为思孟学派的代表作品，同样有助于我们理解《中庸》。

二、简帛《五行》和"未发之中"

"慎独"是探究"未发之中"的一把钥匙。从结构内容而言，在《中庸》首章中，"故君子慎其独也"后紧接"喜怒哀乐之未发，谓之中；发而皆中节，谓之和"，两者结构紧密，意义关联密切：

---

① 曹峰认为《心是谓中》创作于战国中期，此时期心、性、命等价值理念被广泛得讨论，体现了时代的开放性："此文的撰作时代有可能在战国前期到战国中期之间，这段时间正是人的主体性、心的能动性开始大为强化，而普通人之命运的不确定性、命运的可操作性开始广受关注的时代。"参见曹峰：《清华简〈心是谓中〉的心论与命论》，《中国哲学史》2019 年第 3 期。

天命之谓性，率性之谓道，修道之谓教。道也者，不可须臾离也，可离非道也。是故君子戒慎乎其所不睹，恐惧乎其所不闻。莫见乎隐，莫显乎微，故君子慎其独也。喜怒哀乐之未发，谓之中；发而皆中节，谓之和。中也者，天下之大本也；和也者，天下之达道也。致中和，天地位焉，万物育焉。

为何于慎独之后，紧接着说未发之中？两者有何种联系？共同的内在结构又是什么？理解其中任何一方，都将进一步加深对《中庸》首章的认识。从研究方法而言，目前学界或聚焦于慎独，或聚焦于未发之中，而对二者之间的关系则没有深入探究。笔者认为慎独和未发之中共享相同的心性结构。所以从慎独入手理解未发之中，将为我们带来全新的启示。

"慎独"一语在先秦文献中时有出现，见于《礼记·礼器》《大学》《中庸》《荀子》《淮南子》等书目中。由于作者、创作年代不同，"慎独"的含义到底是一致的还是相互迥异呢？目前学界围绕着《礼器》《大学》《中庸》等书目，对"慎独"问题大致展现出三种观点：其一，帛书《五行》篇中的"慎独"与《礼记·礼器》《荀子·不苟》意义相同，而与《礼记·中庸》《大学》篇不同，以庞朴、魏启鹏为代表；其二，简、帛《五行》篇中的"慎独"与《管子》四篇、《荀子·解蔽》、《礼记·礼器》相同，以丁四新为代表；郭店楚简《五行》篇中的"慎独"与《大学》《中庸》《礼器》篇相同，以梁涛、刘信芳、廖名春为代表。以上这三种学术观点，是目前学界对于"慎独"问题最具代表性的看法。

另外，就郭店楚简《五行》篇学派归属问题，学界分为以下几种：其一，廖名春、李学勤、姜广辉、王葆玹[①]认为《五行》属于子思学派；其二，梁涛认为《五行》是子思作品，属于《子思》一书[②]，李学勤认为《五行》经部是子思之作[③]。由此而言，目前学界对《五行》学派归属问题已经大部分取得一致，基本都认为是子思学派之作，分歧在于是子思本人还是子思后学之作。对于这个问题，可以先悬置。本文旨在探讨《中庸》的未发之中，从方法上而言，可以先对《五行》和《中庸》的"慎独"进行比较，再判断学派归属问题。这样一来，可以避免先入之见。

《五行》区分了中心和外心，但并未将"中心"和"外心"对立起来。"中心"和仁、义有关，"外心"和礼有关。《五行》论"中心"："颜色容貌温变也。以其中心与人交，悦也。中心悦焉。迁于兄弟，戚也。戚而信之，亲（也）。亲而笃之，爱也。爱父，其继爱人，仁也。""中心"和"悦""戚""亲""爱"相关，这些词都包含了主体的情感。具体而言，是主体在与人交往时产生的感情。这些情感是都积极的，能产生道德行为。《五行》在探讨"义"时，强调"辩"："中心辩然而正行之，直也。直而遂之，肆也。肆而不畏强御，果也。不以小道害大道，简也。有大罪而大诛之，行也。贵贵，其等尊贤，义也。"帛书《五行》的《说》部对"中心辩然而正行之，直也"的解释是："有天下美食于此，吁嗟而予之，中心弗迷也。"君子不食嗟来之食，由其中心有辨。又"有小罪而赦之，匿也"，"匿，仁之方也"，这

① 王葆玹认为《缁衣》《鲁穆公》《五行》《性自命出》《尊德义》《成之闻之》《唐虞之道》《六德》属于子思及其学派之作，但对《穷达以时》和《忠信之道》未作判断。

② 梁涛：《郭店楚简与思孟学派》，北京：中国人民大学出版社，2008年，第20页。

③ 李学勤：《荆门郭店楚简中的〈子思子〉》，《中国哲学》第20辑。

都是需要中心之思辨来完成。又"有大罪而大诛之，行也"，也是需要主体的认知、判断和实践。

《五行》论"外心"："以其外心与人交，远也。远而庄之，敬也。敬而不懈，严也。严而畏之，尊也。尊而不骄，恭也。恭而博交，礼也。"外心是指人与人交往时刻意保持距离。保持距离，是尊敬的表现，亲昵无度则近于狎，这和传统社会中讲究客气、礼节，是一致的。简文作者对中心、外心的论述，可以说已经看到了仁、义、礼在情感和行为方面的差异。

三、清华简《心是谓中》和"未发之中"

《心是谓中》出自《清华简》第八册，全文简短，今以通行文字抄录如下：

> 心，中，处身之中以君之，目、耳、口、踵四者为相，心是谓中。心所为美恶，复诃若影；心所出小大，因命若响①。心欲见之，目故视之；心欲闻之，耳故听之；心欲道之，口故言之；心欲用之，踵故举之。心静毋有所至，百体四相莫不恬湛。为君者其监于此，以君民人。
>
> 人之有为，而不知其卒，不唯谋而不度乎？如谋而不度，则无以知短长。短长弗知，妄作衡触，而有成功，名之曰幸。幸，天；知事之卒，心。必心与天两，事焉果成。宁心谋之、

---

① 陈伟《〈心是谓中〉"心君"章初步研读》（简帛网，2018 年 11 月 17 日）将"僚"释读为"影"，"影""响"相对。陈民镇《清华简（捌）读札》（清华大学出土文献研究与保护中心网站，2018 年 11 月 17 日）将"何"释读"诃"，意为"责问"。

稽之、度之、鉴之，闻讯视听，在善之攉，心焉为之。

　　断命在天，苛疾在鬼，取命在人。人有天命，其亦有身命。心厥为死，心厥为生。死生在天，其亦失在心。君、公、侯、王、庶人、平民，其毋独祈保家没身于鬼与天，其亦祈诸（心）与身。

《心是谓中》全文可分为三段，第一段大意为心是四体之君，第二段在强调心的认知功能，第三段心关涉人的生死。白话翻译如下①：

　　心，中枢。心是身体中枢，管辖目、耳、口、踵，所以说心是中枢。心有所美恶，百体四相就能表现出来；心做出或小或大的判断，百体四相就会应和。心想见，眼睛才能看见；心想听，耳才能听到；心想说，口才能言说；心想用，脚才能行动。心的静止，才能发挥百体四相的功用，达到"恬湛"之境。

　　人有所作为，但不能虑其终始，这就不叫思谋度量。有思谋但不度量，那么无法知道短长之处。随便作为能取得成功，只能叫幸运。幸运靠的是天；虑知终始，靠的是心。心、天得分开，才能做成事情。内心谋算、稽查、度量、鉴别，付之行动，耳之闻讯，目之视听，并取得成功，是心起主导作用。

　　寿命由天决定，疾病由鬼决定，人命掌握在自己手中。人有天命，也有身命。心能为之生，也能为之死。死生虽然在天，但也在人心。君、公、侯、王、庶人、平民，不仅要向天和鬼祈祷，也要靠自己的心去谋划。

---

　　① 《心是谓中》的白话翻译参考了前人考证成果，参见李学勤主编：《清华大学藏战国竹简》（捌），上海：中西书局，2018年，第148—200页。

简文作者对心的认识，可以归纳为以下几点：第一，心的主宰义，心是感官的主宰；第二，心的静涵义，简文以心和四体比喻君臣关系；第三，心有认知义；第四，心有定命作用。总而言之，简文作者对心的认识，主要从认知角度出发。

四、孟子的"思"和"未发之中"

前文论述了"未发之中"的内涵，笔者认为子思强调的是理性认知的心或思之心。那么，在孟子那里，他又是如何看待子思的观念呢？是取还是舍？子思孟子相差不到百年，然二者面对的时代格局已完全不同。《中庸》云"今天下车同轨，书同文，行同伦"，子思所处时代周制虽存但已无一统的能力，谈不上"车同轨，书同文，行同伦"，之所以如此说是因为子思"为尊者讳"[1]。其后，孟子劝诸侯行王政，已经直面周室衰微的现实，要求诸侯效法文王，以仁义之道治理国家。孟子虽师承于子思，但在对周室的问题上却与子思完全不同，孟子劝诸侯行王政，受到后代学者的质疑，认为是"不尊周"。由此而言，子思和孟子对"未发之中"涉及的心、性问题也存在不同认识。接下里，试论孟子对"未发之中"的理解。

孟子虽无明文论述"未发之中"，然其心性思想也能揭露一端。孟子反对以知觉运动之心言性。如告子以"食色"言性：

> 告子曰："食色，性也。仁，内也，非外也；义，外也，非内也。"

---

[1]　李光地：《四书释地》，四库全书第 210 册，第 475 页。

孟子曰："何以谓仁内义外也？"

曰："彼长而我长之，非有长于我也；犹彼白而我白之，从其白于外也，故谓之外也。"

曰："异于白马之白也，无以异于白人之白也；不识长马之长也，无以异于长人之长与？且谓长者义乎？长之者义乎？"

曰："吾弟则爱之，秦人之弟则不爱也，是以我为悦者也，故谓之内。长楚人之长，亦长吾之长，是以长为悦者也，故谓之外也。"

曰："耆秦人之炙，无以异于耆吾炙。夫物则亦有然者也，然则耆炙亦有外与？"

告子认为"食色，性也"，是将人生而有之的欲望作为人性。孟子并不否认人性中隐藏嗜欲，在《孟子》一书中，"性"字共出现37次，共有两种用法，一种即"口之于味，耳之于声，目之于色，四肢之于安佚，性也"之性，训"生"义，指人生而即有的欲望；另一种即"仁之于父子也，义之于君臣，礼之于宾主也智之于贤者也，圣人之于天道也"之性，这是指人生而具有的道德特性。孟子认同人有两种性，一种是"口之于味，耳之于声，目之于色，四肢之于安佚"；另一种是"仁之于父子也，义之于君臣也，礼之于宾主也，智之于贤者也，圣人之于天道也"。孟子并没有将两种性对立起来，他以后者立论，将其作为性善论的根本。孟子学说最大特征是以心言性，他的"中"观念同样具有这一结构。

第四节　形与性：二还是一？ ①

朱子、船山和牟宗三对《孟子》"形色天性也"一章的解释，代表了理学、气论哲学和新儒家三种学说的学理路径。朱子是形、性的相离解，他持"形色上有天性"观点，认为形色之上别有一超越的天理存在，故尽性穷理在践形之先，其失在混淆了认知和成德的关系；船山是形、性的一本解，他力矫程朱理学之偏，认为"人之形则为人之性"，人性的生成在于以天性充盈颜色气质，虽接近孟子本意但仍未脱离传统儒学的思想范式；牟宗三是形、性的超越解，他融汇中西方哲学，以无限心为根基建立了道德的形而上学，超越了儒学传统范式，然其失在以"自然生命"为需对治、照看的对象，别立一"真生命"，致余英时先生批评为"良知的傲慢"。

孟子学说一直是学界关注的焦点，其《尽心篇》"形色，天性也；惟圣人然后可以践形"一章，仅14字，但涉及形色、天性、践形等人性论核心概念，受到历代学者重视。目前学界对此章的研究，或重在梳理孟子思想，或重在研究前人的注疏。

台湾学者杨儒宾《论孟子的践形观——以持气养志为中心展开的工夫论面相》②一文，对比了朱子和船山"形色天性也"一章的注疏，他认为船山的解释更接近孟子。由于此文的重心在探讨孟子的践形观，故对朱子、船山哲学核心——性、形、气、理之间的关系，没有深入的分析论述；当代学者匡钊《孟子的

---

① 本文已发表于《中国哲学史》2020年第5期，原题目为《形与性：二还是一？——以朱子、船山和牟宗三解"形色天性也"章为中心》。

② 杨儒宾：《论孟子的践形观——以持气养志为中心展开的工夫论面相》，新竹：《国立清华大学学报》第20卷，第1期。

性命之辩与"践形"说》①一文，探讨了孟子的"践形"与心、性、命之间的关系，限于论域的范围，未涉及朱子、船山等人学说。另外，其他学者在探讨此章时，基本以其研究视域为中心，如学者陈来《朱子哲学研究》②一书，论述朱子的哲学思想，虽涉及"形色天性也"一章内容，未将其作为专题进行研究；台湾学者曾昭旭《王船山哲学》③一书详细论述了船山生平事迹、学术思想，并未挖掘"形色天性也"一章的思想史演变过程。当代学者颜炳罡《整合与重铸——牟宗三哲学思想研究》④一书论述了牟宗三先生生命和学思的双向演进，限于研究范围，亦未涉及此章内容。

以上学者的研究方式，是就思想而论思想，未将"形色天性也"一章放在更广阔的思想史中，以揭露观念的演变过程。有鉴于此，本文以朱子、船山、牟宗三为研究对象，考察三家对此章的诠释，挖掘"形色天性也"一章的思想史演变过程，以助于我们厘清此章原义。

一、"形色上有天性"：朱子形、性相离解

朱子在《孟子集注》中解"形色天性也"章曰：

> 人之有形有色，无不各有自然之理，所谓天性也。践，如践言之践。盖众人有是形，而不能尽其理，故无以践其形；

---

① 匡钊：《孟子的性命之辩与"践形"说》，《国际儒学论丛》，2019 年第 1 期。

② 陈来：《朱子哲学研究》，上海：华东师范大学出版社，2000 年。

③ 曾昭旭：《王船山哲学》，台北：远景出版事业有限公司，1983 年。

④ 颜炳罡：《整合与重铸——牟宗三哲学思想研究》，北京：北京大学出版社，2012 年。

惟圣人有是形，而又能尽其理，然后可以践其形而无歉也。[①]

这段文字大意为，人的形色各有所当之理，这所当之理从天而言即是天理、自然之理，从人而言又可称之天性；践形之与否，在于能否尽理，此即圣人与众人差别所在；圣人与众人同具人之形色，但圣人能尽理，所以能践形，众人则否。在《朱子语类》一书中，朱子对何谓自然之理问题有所补充，姑且摘录如下：

> 蜚卿问："既是圣人，如何却方可以践形？"曰："践，如掩覆得过底模样，如伊川说充其形色，自是说得好了。形，只是这形体。色，如'临丧则有哀色，介胄则有不可犯之色'之类。天之生人，人之得于天，其具耳目口鼻者，莫不皆有此理。耳便必当无有不聪，目便必当无有不明，口便必能尽别天下之味，鼻便必能尽别天下之臭，圣人与常人都一般。惟众人有气禀之杂，物欲之累，虽同是耳也而不足于聪，虽同是目也而不足于明，虽同是口也而不足以别味，虽同是鼻也而不足以别臭。是虽有是形，惟其不足，故不能充践此形。惟圣人耳则十分聪，而无一毫之不聪；目则十分明，而无一毫之不明；以至於口鼻，莫不皆然。惟圣人如此，方可以践此形；惟众人如彼，自不可以践此形。"[②]

朱子进一步指出，形是形体，色是颜色，人之形体、颜色各有所当之理，如临丧应有哀色，武士应有不可犯之色，由于形兼形色言，所以践形即是践形色之义，"言形，则色在其中矣"[③]。接

---

① 《四书章句集注》，北京：中华书局，2003年，第368页。
② 《朱子语类》，四库全书第701册，第189页。
③ 《朱子语类》，四库全书第701册，第188页。

下来，朱子对形体颜色所具之理进行了阐发，他认为人的形体感官，如耳、目、口、鼻各有所当之理，如目之视明，耳之听聪，口之别味，鼻之别臭，众人之所以不聪、不明，在于气禀之杂、物欲之累，圣人耳聪而目明，故能践形。因此，朱子所说的"践形"是发挥人的形体官能，"耳目本有这个聪明，若不尽其聪明时，便是阙了这个形，不曾践得。"①

如朱子所言，践形即是践形体之理，那么这理又是从何而来？其与天理有何关涉？首先，朱子所说的形体之理与天理并非有二，"人受天地之中以生，其未感也纯粹至善，万理具焉，所谓性也。"②其次，人之形源于气，人之性源于理，理、气和合而化生万物，有理才有人之性，有气才有人之形。朱子认为所赋之理人人相同，所禀之气则有清、薄之分，所以人生而有善恶之别，"有自幼而善，有自幼而恶，是气禀有然也。"③所谓"气禀之杂"就是指人生而所禀赋之气不清不纯，既而影响其形体之视听言行，圣人所赋之理与人无异，所禀之气清明纯粹，故能尽性而践形。最后，朱子认为理先于气，理超越于气而自存有，故形体服从之理也是先天的、自存有的，"性者理而已矣，不可以聚散言；其聚而生，散而死者，气而已矣。所谓精神魂魄有知有觉者，皆气所为也。故聚则有，散则无，若理则初不为聚散而有无也。"④由于理在气先，所以性与形的关系属于两种不同的存在方式，理或性卓然自立，与气或形相分离。值得注意的是，朱子关于理、气二者关系的思想一直处于复杂的发展之中，但理始终

---

① 《朱子语类》，四库全书第 701 册，第 188 页。

② 《朱子大全》，四库全书第 721 册，第 127 页。

③ 《近思录》，上海：上海古籍出版社，2000 年，第 31 页。

④ 《朱子大全》，四库全书第 721 册，第 435 页。

处于第一性地位，学者陈来在《朱子哲学研究》一书中，从本源和构成两个维度对朱子的理、气思想进行了系统梳理①，对此问题本文不再过多展开，亦超出本文论域之外。

从工夫论而言，既然理是第一性的，就要求穷理在践形之先，否则如瞎子行路，必然误入歧途：

> 程子曰："诚敬固不可以不勉，然天下之理不先知之，亦未有能勉以行之者也。故大学之序，先致知而后诚意，其等有不可躐者。苟无圣人之聪明睿智，而徒欲勉焉以践其行事之迹，则亦安能如彼之动容周旋无不中礼也哉？惟其烛理之明，乃能不待勉强而自乐循礼尔。"②

穷理在先，力行在后，才能保证践形的正当性，这个过程符合《大学》八条目之序，由知至而后意诚，意诚而后心正，然后身修、家齐、国治、天下平。与此同时，朱子也强调力行的重要："致知、力行，用功不可偏。……但只要分先后轻重。论先后，当以致知为先；论轻重，当以力行为重。"③但朱子无法弥缝两者的冲突，在于其以"理先于气"立论，正如陈来先生所言"认为一般规律可以先于整个世界存在……正是理学程朱派所犯的错误"。④

朱子解释"惟圣人然后可以践形"句时，认为圣人有浑然之德，纯乎天理，所以能尽性而践形。他以虞舜为例，虞舜之所以能践形在于烛理之明，不杂人欲之私，如舜父母及弟象欲借穿

---

① 陈来：《朱子哲学研究》，上海：华东师范大学出版社，2000年，第99页。
② 《四书或问》，四库全书197册，第231页。
③ 《朱子语类》，四库全书第700册，第138页。
④ 陈来：《朱子哲学研究》，上海：华东师范大学出版社，2000年，第94页。

井杀死舜一事，舜则但知为人子应爱亲、为人兄应友爱其弟：
"一心所慕，惟知有亲。看是甚么物事，皆是至轻。施於兄弟亦
然。"① 至于圣人为何能知理而安行？朱子以圣人禀赋清明纯粹
之气作为解释：

> 人性虽同，禀气不能无偏重。有得木气重者，则恻隐之
> 心常多，而羞恶、辞逊、是非之心为其所塞而不发；有得金
> 气重者，则羞恶之心常多，而恻隐、辞逊、是非之心为其所
> 塞而不发。水火亦然。唯阴阳合德，五性全备，然后中正而
> 为圣人也。②

朱子认为所赋之理人人相同，所禀之气则有清、薄之分，所以人
生而有善恶之别，他从气禀的角度来理解圣人，虽然解释了人性
善恶贤愚的问题，但陷入了宿命论的深渊，故招致船山的批评：
"孟子于'圣'上更加一'智'字，已显示圣功、圣学更不容但
在资禀上说。"③

由上文的分析可知，朱子对"形色天性也"章的论述主要表达
了四个观点：第一，"形色天性也"是指"形色上便有天性"④，
即人的形体颜色有自然之理；第二，自然之理即天理，亦可称之
为天性；第三，理是先天的、第一性的，践形必先知理，知理在
先，力行在后；第四，圣人生知而安行，其气清明纯粹，其德纯
乎天理，所以能践形尽性，众人则必须学而知理，然后能践形。

---

① 《朱子语类》，四库全书第 701 册，第 112 页。
② 《朱子语类》，四库全书第 700 册，第 78 页。
③ 王夫之：《读四书大全说》，《船山全书》第 6 册，长沙：岳麓书社，2011 年，第 1041—1042 页。
④ 《朱子语类》，四库全书第 701 册，第 188 页。

二、"人之形则为人之性"：船山形、性一本解

船山对"形色天性也"章的理解，截然不同于朱子。针对朱子的观点，他进行了严厉的批判，并提出了自己的看法。首先，船山不认同朱子将"形色，天性也"理解为"形色上便有天性"的说法，他认为朱子所谓的"耳便必当无有不聪，目便必当无有不明，口便必能尽别天下之味，鼻便必能尽别天下之臭"，是指形体之才，而非形体之理；其次，船山不认同朱子"理先气后"之说，他认为此论导致性、形分离；最后，朱子认为知理在先、力行在后，其本于理先气后之说，船山认为尤离理之气，亦无离气之理，既然理、气不离，故知理、力行无所谓有先后之别。

首先，针对朱子"形色上便有天性"一说，船山认为朱子混淆了形体之理与形体之才的区别。朱子认为人的形体各有当然之理，如耳之听聪、目之视明、口之别味、鼻之别臭，便是耳、目、口、鼻的自然之理。船山认为这是形体之才，而非自然之理。禽兽的感官同样能聪、能明、能别味、别臭，较于人更为灵敏、更为聪明，甚至超越人类的感官能力，如果按照朱子的解释，那么禽兽亦有天命之性，这显然是不对的：

> 耳之闻，目之见，口之知味，鼻之知臭，只此是合下一层气魄之盛者，才用时便是效灵。只此四者，人之所能，禽兽亦未尝不能。既与禽兽而共其灵，则固已不能践人之形矣。[1]

朱子身为理学大家，理应不至于犯这种错误，故船山认为这是门人在辑录时掺杂进去的，并非朱子原意：

---

[1] 《读四书大全说》，《船山全书》第6册，长沙：岳麓书社，2011年，第1132页。

不知朱子何故于此有"耳无不聪，目无不明，口尽别味，鼻尽别臭"之语，极为乖张。疑非朱子之言，而其门人之所附益也。[①]

进而，船山提出"以天性充形色"一说，践形并非是去尽耳目之聪明，而是要去正视、正听、正言、正行，如颜回"非礼勿视、非礼勿听、非礼勿言、非礼勿动"，这才是真正的形体之理：

形色则即是天性，而要以天性充形色，必不可于形色求作用。于形色求作用，则但得形色。合下一层粗浮底气魄，乃造化之迹，而非吾形色之实。故必如颜子之复礼以行乎视听言动者，而后为践形之实学。[②]

可见船山所说的践形是一个动态的过程，是个体生命的道德实践，具有生成性。在这个过程中，形与理不再是分裂的关系，由于理并非是先天的，所谓"气得其理之谓理"[③]，人性的生成在于以天性充盈颜色气质，而并非像朱子所说以后天之形践履先天之理。

其次，船山认为朱子割裂了性、形。朱子认为人之性源于理，人之形源于气；性即天理之在我者，不随气之聚散而有无；气凝而成形，形而后有善恶之别。由于理是先天的，性亦是卓然自立，独立于人而自存有。朱子的学说判性、形为二物，性无质而独立，有堕入虚空的危险：

---

① 《读四书大全说》，《船山全书》第6册，长沙：岳麓书社，2011年，第1132页。
② 《读四书大全说》，《船山全书》第6册，长沙：岳麓书社，2011年，第1131—1132页。
③ 《读四书大全说》，《船山全书》第6册，长沙：岳麓书社，2011年，第1058页。

　　　　盖孟子即于形而下处见形而上之理，则形色皆灵，全乎
　　天道之诚，而不善者在形色之外。程子以形而下之器为载道
　　之具，若杯之盛水，杯有方圆而水有异象。乃以实求之，则
　　孟子之言，较合于前圣之旨。盖使气禀若杯，性若水，则判
　　然两物而不相知。唯器则一成不改，而性终托于虚而未有质
　　也，《易》又何以云"成之者性"哉？[①]

在船山看来，这种观点同佛教、道家的一样危险，尽管程朱理学
攘斥佛、老，但仍会不自觉地流于"虚空寂寞"之说：

　　　　盖天包地外而入于地中，重泉确石，天无不彻之化，则
　　即象可以穷神，于形色而见天性，所以辟释氏幻妄起灭，
　　老、庄有生于无之陋说，而示学者不得离皆备之实体以求见
　　性也。[②]

究其原因在于程朱理学持心性二元论，将认知和成德混在一起。
为了防止性命道德之学弊于末流，船山认为性在形中、性由形
发，性不是一个独立自存的实体，性处于日生日成的过程之中：
"夫性者生理也，日生则日成也。"[③]

　　船山对性、形的理解所以异于程朱理学，在于其对理、气二
者关系理解有异。船山认为"盖形色，气也；性，理也。气本有
理之气，故形色为天性；而有理乃以达其气，则唯尽性而后能践
形。"[④] 理与气不能割裂，无离理之气，亦无离气之理。如果将

---

① 《读四书大全说》，《船山全书》第6册，长沙：岳麓书社，2011年，第961页。
② 《张子正蒙注》，《船山全书》第12册，长沙：岳麓书社，2011年，第353页。
③ 《尚书引义》，《船山全书》第2册，长沙：岳麓书社，2011年，第299页。
④ 《读四书大全说》，《船山全书》第6册，长沙：岳麓书社，2011年，第1132页。

气、理割裂为二物，则如上文所分析时所指出的，必将陷入佛教、道家的虚空之说。在船山看来，理是气化流行显示出来的秩序条例，而天就是阴阳絪缊和合之气变化、生成的总名，所以理是天的变化、生成而显现的理，所以理是"天之化"，而非天本身，程朱理学以"天理"言天，"理者天也"，在船山看来是错误的。既然理、气不能相分，气得其理才谓之气，那么朱子理先气后的说法自然是不能成立的。

再次，船山认为朱子先尽理然后践形的观点，实际上是舍形体而别求他理。按照朱子的理解，践形必先尽理，尽理又必先知理，因为理是先天的，所以践形是以后天之形践先天之理。船山认为，践形就是逐渐展现出天性的过程，性在形之中，性通过人的活动而逐渐展开、呈现出来，如同气化流行展现出来的秩序规则就是理一样，没有离开气的理，也没有离开性的形。在船山看来，目有正视、耳有正听、口有正言、身有正行才可称之为践形，但目之所视、耳之所听、口之所言、身之所行未必为正，所以践形需要思、辨的工夫。思即思诚，辨即辨惑；不思则与禽兽无别，不辨则陷于声色犬马："不待思而得者，耳目之利也；不思而不得者，心之义也；而蔽于物者，耳目之害也；思则得者，心之道也。故耳目者利害之府，心者道义之门也。"[1]所思即思"天之元亨利贞"，在于人则为人之生理，即"仁义礼智"，"元、亨、利、贞之理，人得之以为仁义礼智"。孟子将耳目之官称之为小体，船山认为耳目属于被动性、接受性的感官，容易陷溺于声、色之娱，"践形"则使人超越低级的感官知觉运动，"人之形色所以异于禽兽者，只为有天之元、亨、利、贞在

---

[1] 《读四书大全说》，《船山全书》第6册，长沙：岳麓书社，2011年，第1088页。

里面，思则得之，所以外面也自差异。"①践形使人超越生理感官属性而向更高层次的属性前进，因此践形的过程就是使人获得意义的过程即成全天性的过程，否则人就如禽兽一样，服从于耳目口腹之欲。

最后，船山批判朱子从气禀上论圣人。朱子区分生知和学知，以尧、舜、孔子为生知，禹、稷、颜子为学知；尧、舜、孔子禀赋清明之气，生知安行，不学而知，不虑而能："故上知生知之资，是气清明纯粹，而无一毫昏浊，所以生知安行，不待学而能，如尧舜是也。"②船山认为朱子从气禀上论圣人，则后天的学行修为沦为空谈，且与孟子"人人皆可以为尧舜"的观点相左。船山认为"必将推高尧、舜、孔子，以为无思无为而天明自现，童年灵异而不待壮学，斯亦释氏夸诞之淫词。"③由于他持人性日生日成的观点，人性在践形之中生成，所以将圣人尽性践形的原因归结于气禀，这是他完全不能认同的。

三、"无限心之引生"：牟宗三形、性超越解

牟宗三先生对此章的理解，完全不同于朱子、船山：朱子持"理先气后"一说，导致形、性分别为二；船山持"性日生日成"之论，无离气之理，亦无离理之气，故形、性实不可分，相互证成。作为现代新儒家代表之一，牟先生既立足于儒家人文主

---

① 王夫之：《读四书大全说》，《船山全书》第6册，长沙：岳麓书社，2011年，第1232页。

② 《朱子语类》，四库全书第700册，第70—71页。

③ 王夫之：《读四书大全说》，《船山全书》第6册，长沙：岳麓书社，2011年，第852页。

义，又试图超越它并消融西方科学主义，具有融汇中西精神的特点。他对《形色天性也》章的理解，既有传统儒学的特点，又融合了西方哲学——康德哲学。

首先，牟先生指出"践形"是善用感官之才，这与朱子尽感官之才完全不同，而与船山观点相近：

> "践形"就是有耳当该善用其耳，有目当该善用其目，有四肢、百体当该善用其四肢、百体。善用之，则天理尽在此中表现，而四肢、百体亦尽为载道之器矣。①

善用四肢百体之能，使其达到应有的目的，这个目的就是天理，亦可称之道德实践原理或道德法则。此天理、道德实践原理或道德法则不是超越于生命本身的存在，而是出于生命本身的自我追求，又返回生命本身的自我"调护"，是一种"灵光爆破的自觉性"②。牟先生不认同朱子对理、性"只存有不活动"的理解，朱子将理与气判而为二，如此则性自性而形自形，使儒家道德的自律性转而为他律性：

> 但依朱子天理实体只存有而不活动，成为只是理；性归并于理，"性"义灭杀；枯槁有性，实只有其所以为枯槁之理，即枯槁存在之理；其存在之理即是其性，"性"义减杀，丧失其"道德创造之能"之义。③

当践形成了道德他律，人也就丧失了"道德创造之能"。究其原

---

① 牟宗三：《历史哲学》，《牟宗三全集》第 9 册，第 193 页。
② 牟宗三：《道德的理想主义》，《牟宗三全集》第 9 册，第 17—23 页。
③ 牟宗三：《心体与性体》第 2 册，《牟宗三全集》第 6 册，第 69—70 页

因，牟先生认为在于朱子将理、性理解为先天、悬空之物，与主体割裂开来。

其次，牟先生认为践形就是人摆脱自私、主观的一面，展现出人的无限智心[1]的过程。他认为人会滥用感官形体之能，因为"人会随着感性躯壳起念"，从而"落在感性的经验层面"[2]，开启是非善恶的争端，所以践形的关键不在尽其才，而是善用其才。这就要求人必须认识自我，将无限智心展露出来，此无限智心是绝对的、普遍的理性之心，它是呈现的，并非逻辑推理而出，凡是理性存在者人人皆存，唯仁人能谨守而不失。无限智心是道德的基础："只此一无限的智心之大本之确立即足以保住'德之纯亦不已'之纯净性与夫'天地万物之存在以及其存在之和谐于德'之必然性。"[3]由无限智心引生出来的行为就是道德的行为。

无限智心如何引生出道德行为？牟先生认为"道德即依无条件的定然命令而行之谓"[4]，这就是康德所谓"道德法则无非表达了纯粹实践理性的自律，亦即自由的自律"，但在康德看来自由意志仅仅是一种假设，为的是保证道德必然性，而在牟先生

---

① 牟先生将从道德意识所呈露的道德实体称之为无限智心、仁体、心体等等："依孔子所言的仁而言，可曰仁体；依孟子所言的心而言，可曰心体；而此本心即性，因而亦可曰性体；依《中庸》所言的诚而言，可曰诚体；依其与自客观方面言的天道合一而为一形而上的实体言，亦可曰道体、神体、寂感真几；依王阳明哲学而言，则曰知体名觉；依刘蕺山哲学而言，则曰独体。"（颜炳罡：《整合与重铸——牟宗三哲学思想研究》，北京：北京大学出版社，2012年，第212页。）

② 牟宗三：《现象与物自身》，台北：台湾学生书局，1990年，437页。

③ 牟宗三：《圆善论》，台北：台湾学生书局，1985年，第263页。

④ 牟宗三：《智的直觉与中国哲学》，《牟宗三全集》第20册，第245页。

看来，发出"无条件的定然命令"的本心、仁体、良知或曰性体，却是无条件、绝对的、普遍的，它贯通自然和自由领域，是一切存在之源。本心、良知、仁体或性体有智的直觉作用，"那唯一的本体无限心之自诚起明"，"本心仁体底诚明之自照照他（自觉觉他）之活动"，在此活动中，万物不再被划分为现象／物自体，不再以主客对立的方式出现，可以说既是主体又是客体，既非主体又非客体，"它超越了主客关系之模式而消化了主客相对之主体相与客体相，它是朗现无对的心体大主之圆照与遍润"①。牟先生用虞舜的例子来说明本心、良知、仁体或性体不必借助理论假设出来，是随时呈现的：

> 孟子说："舜之居深山之中，与木石居，与鹿豕游，其所以异于深山之野人者几希？及其闻一善言，见一善行，若决江河，沛然莫之能御也"。"闻一善言，见一善行"，这是特殊的机缘。在此特殊的机缘上，大舜一觉全觉，其心眼全部开朗，即表示其本心仁体全部呈现，无一毫隐蔽处，无一毫不纯处。故其发为德行，能"若决江河，沛然莫之能御"，此即孟子所谓"尧舜性之也"。言其德行纯是由性体自然流露。②

大舜的行为，全由其本心仁体引导而生，"闻一善言，见一善行，若决江河，沛然莫之能御也"，这就是出于本心的活动，"如孟子之所说，见父自然知孝，见兄自然知弟（这不是从生物本能

---

① 牟宗三：《智的直觉与中国哲学》，《牟宗三全集》第 20 册，第 241 页。
② 牟宗三：《智的直觉与中国哲学》，《牟宗三全集》第 20 册，第 253—254 页。

说，乃是从本心说），当恻隐则恻隐，当羞恶则羞恶”[1]，道德就是出于本心仁体、不需假借的自我呈现。

再者，之所以“惟圣人能践形”，牟先生认为圣人之心与理贯通，其本心仁体流露即是理，所以自由意志不再是抽象的、悬空的理性体，其活动变成了一种心觉，即本心明觉的活动，当它呈现出来时，即是纯粹的道德实践。

> 而内圣之学之道德实践是以成圣为终极，而圣之内容与境界则是“大而化之之谓圣”，是“与天地合其德，与日月合其明，与四时合其序，与鬼神合其吉凶，先天而天弗违，后天而奉天时”，是于吾人有限之个体生命中直下能取得一永恒而无限之意义，故其所体悟之超越实体、道体、仁体、心体、性体、于穆不已之体，不能不“体物而不可遗”，“妙万物而为言”，盖圣心无外故也。圣心之所以无外，不是他个人独有之秘密，乃是因他体现了这超越的实体而然，而这实体是人人俱有的，唯圣人独能“先得我心之所同然”，“唯贤者能无丧耳”。[2]

虽然践形是一种理想的境地，如孟子所言惟圣人然后可以践形，但并非人所不能至，只要人的本心明觉发挥作用，认知心不被现象困住，陷于感性之中，不为外物所影响而被动的接受，也能达到圣人践形的境界。

最后，就“形色天性也，唯圣人可以践形”一章的逻辑关系而言，牟先生认为此章包含了一层转折意。孟子所说“形色，

---

[1]　牟宗三：《智的直觉与中国哲学》，《牟宗三全集》第 20 册，第 249 页。
[2]　牟宗三：《心体与性体》第 2 部，《牟宗三全集》第 6 册，第 267 页。

天性也"之"性"是指"易被牵引的本性"①，等同于"口之于味，耳之于声，目之于色，四肢之于安佚，性也"（《孟子·尽心下》）之意；但孟子并不将其作为建立道德内在性之"性"，他即心所言之性——恻隐之心、羞恶之心、恭敬之心和是非之心才是"较高的本性"②，这才是孟子"尽心知性"的根基：

> 孟子亦谓"口之于味，耳之于声，目之于色，四肢之于安佚，性也，有命焉，君子不谓性也。"初说"性也"，即"形色天性也"之意。自此而言，是告子之"生之谓性"。但孟子要就道德实践而建立其所以可能之先天根据，故以"内在道德性"为性，并不以此"形色"之性为性也。故既云："惟圣人然后可以践形"，又云："有命焉，君子不谓性"也。③

为了更好地区分两者的关系，牟先生通过人义（humanity）和人性 (humannature) 两个概念，进一步详细说明：

> "人性"（humannature) 是"生之谓性"的现实的人性。"人义"（humanity）中含有构成此人性的一切基要性质。每一基要性质有其应有之目的。若每一基要性质皆能扩展至与其应有之极至目的完全相符合之境，这就形成"圆满的人义"之理念。孟子云："形色天性也，唯圣人为能践形"。④

可见"形色天性也"之"性"是"生之谓性"之性，即"人性"

---

① 牟宗三：《康德的道德哲学》，《牟宗三全集》第 15 册，第 312 页。
② 牟宗三：《康德的道德哲学》，《牟宗三全集》第 15 册，第 312 页。
③ 牟宗三：《心体与性体》第 2 部，第 6 册，第 221 页。
④ 牟宗三：《纯粹理性批判》下册，《牟宗三全集》第 14 册，第 861 页。

（humannature）之义，"人性"（humannature）存在非理性、形而下的一面，任由其自我发展，就会产生自私、主观的一面，"凡顺躯壳起念而追逐下去的一切念头与行为皆是私利的，主观的。"[①] 因此，孟子并不以此作为建立道德建立的根基，他以"人义"（humanity）为根基，要求人性的一切基本构成都达到应有的目的。

四、三家说辨证

朱子从"理先气后"的立场出发，指出圣人之所以能践形在于穷理尽性，否则有人之形色亦不能践形，理或性为第一性，气或形为第二性，所以是"性、形的相离解"。船山持"性日生日成"之论，指出理与气不能割裂，无离理之气，亦无离气之理，理是气化流行显示出来的秩序条理，人在践形的过程中成其性，因此是"性、形的一本解"。牟先生融汇中西哲学，提出无限心的概念，统一自然和自由领域，将儒家的本心提升到本体的高度，所以在牟先生那里，传统意义上的理/性和气/形之间的对立关系消融了，取而代之的是更高层次的本心仁体，它自我立法自我约束，贯通现象和物自身，取消了主客对立关系，因此是"性、形的超越解"。

三位大儒对此章的理解各有不同，甚至争锋相对之处亦有不少，这就需要从孟子本意出发，从而评判他们的得失。《形色天性也》章共14字，文字简短，含义复杂，联系孟子关于心、性、天等核心概念的论述，有助于我们理解：

----

① 牟宗三：《道德的理想主义》，《牟宗三全集》第9册，第23页。

　　"形色天性也"一句历来纷争不息，对此句的理解主要分为以下三种：其一，"形色"指人区别于动物所具有更高层次的生理特征属性，如耳、目、鼻、口、心之官能，偏于"才"之解，如朱子、戴震、焦循①；其二，"形色"指人的容貌体态具有展现道德的潜能，此"形色"是动态的，展现人的道德性可称之为"性"，偏于"气"之解，如船山；其三，"形色"指人性的欲望，即孟子所谓"口之于味，耳之于声，目之于色，四肢之于安佚，性也"之意，偏于"生"之解，如牟先生、杨泽波②。我们若对其进行评判，最好先从孟子所说"性"字入手。在《孟子》一书中，"性"字共出现37次，共有两种用法，一种即"口之于味，耳之于声，目之于色，四肢之于安佚，性也"之性，训"生"义，指人生而即有的欲望；另一种即"仁之于父子也，义之于君臣，礼之于宾主也智之于贤者也，圣人之于天道也"之性，这是指人生而具有的道德特性。从这个角度而言，"形色天性也"之"性"应与"口之于味，耳之于声，目之于色，四肢之于安佚，性也"之"性"同义。所以，以生训性来理解此章内容，较为连贯。

---

① 戴震认为孟子《形色天性也》一章是在表达人善于禽兽者之义，其所以善者，在于"人之才，得天地之全能，通天地之全德。从生而官器利用以驭；横生去其畏不暴其使，智足知飞走蜒动之性，以驯以豢，知卉木之性，良农以莳刈，良医任以处方。圣人神明其德，是故治天下之民，民莫不育于仁，莫不条贯于礼与义。"故偏于才之解。（戴震：《孟子字义疏证》，北京：中华书局，1982年第2版，第68页。）焦循在《孟子正义》一书中认同戴震关于《形色天性也》一章的观点，书中援引颇繁，兹不赘述，见《孟子正义》，北京：中华书局，1987年，第938—939页。

② 杨泽波在《孟子评传》一书中认为"'形色天性也'这个性字，只能作'生'字解……指生来即有的属性和资质。"（杨泽波：《孟子评传》，南京：南京大学出版社，1998年，第297页。）

"惟圣人然后可以践形"一句，意为有了圣人的"践形"，形色才能为天性之表现。孟子并非泛言形色即是天性，圣人的践形树立了人伦道德的典范，人之形色，耳可以听、目可以视、鼻可以嗅、心可以思，圣人未必如离娄之明、师旷之聪，但圣人视听动说则展现出天性的光辉。所以此章大意为：人有追求感官享受的天性，如"口之于味，耳之于声，目之于色，四肢之于安佚"（《孟子·尽心下》）；惟圣人能展现天赋的道德生命。结合性善论内容，践形就是在生命实践中，人展现四端之心，体证天赋的仁义礼智之性。

朱子所说的"践形"要求穷理尽性在前，践形在后，将性与形割裂了开来。究其原因，在于朱子将气与理分而为二，导致性自性而形自形，"践形"则流于"于形色求作用"，忽略了本心的作用，故船山批评程朱理学"性终托于虚而未有质也，《易》又何以云'成之者性'哉？"[1]朱子将认知和成德混在一起，从认知的角度思考"践形"，必然会推导出穷理尽性在先，因而导致知识和道德的矛盾。

船山力矫朱子之偏，以"理即气之理"，"气外更无虚托孤立之理"之说将气与理贯通起来，气凝而成形，形得其理之谓性，"性"成了生生不息、德化流行的源头。船山为明清之际一代大儒，其气论思想力矫程朱理学之偏，然亦不能超越传统范式。他讲人之"性日生日成"，"人之与天，理气一也；而继之以善，成之以性者"[2]，仍是希望"圣人崛起，以至仁大义立千年之人

---

[1] 王夫之：《读四书大全说》，《船山全书》第六册，长沙：岳麓书社，2011年，第961页。

[2] 王夫之：《张子正蒙注》，《船山全书》第12册，长沙：岳麓书社，2011年，第351页。

极"①，道德仍非出于生命自身又回归生命的自我律治，故牟先生批评船山没有脱离儒家的传统范式："儒者心思至此而穷。以船山之睿智，犹只能言'非圣人之兴，即俟之天运之复。'如是，儒者、学人及一般知识分子，便对此机动之发一任其在道德伦常礼乐教化之底子上横决漫流，来来去去，而毫无收束之道。"②

相比起朱子、船山，牟先生对此章的理解和阐发，超越了儒学的传统范式，融合中西方哲学，令人耳目一新。他以"口之于味，耳之于声，目之于色，四肢之于安佚"解"形色天性也"一句，较为贴合孟子原意；论"践形"，则要求吾人在实践中发挥本心仁体，展现道德生命的光辉。但是牟先生此章的论述有这样一个问题：孟子认同人有两种性，一种是"口之于味，耳之于声，目之于色，四肢之于安佚"；另一种是"仁之于父子也，义之于君臣也，礼之于宾主也，智之于贤者也，圣人之于天道也"。孟子并没有将两种性对立起来，他以后者立论，将其作为性善论的根本。但是，牟先生将"形色"作为"非理性的""形而下的""本能的""赤裸裸的生命自己""自然生命"，与"通过道德的心之安顿的"生命才是"真生命"相对立起来。自然生命被看作是形下的、本能的、"陷于物欲""顺躯壳起念"（恶），需要"道德实践的（理性的）理想主义"，才有"价值的根源"，否则"意识只是狡猾""理智只是恶智"。这与孟子的"大体""小体"之论略有出入，其原因可能正如余英时先生所说："新儒家虽然在现实上距君临天下的境界尚远，他们的君临天下心态却牢不可破，

① 王夫之：《读通鉴论》，《船山全书》第10册，长沙：岳麓书社，2011年，第728页。

② 牟宗三：《政道与治道》，《牟宗三全集》第10册，第20页。

'良知的傲慢'至少有一部分是从这种心态中派生出来的。"①

综上所述，朱子对《形色天性也》一章的解释，意在阐发自己的哲学观点，他以"理先于气"立论，理对性言，气对形言，所以穷理尽性先于践形，但朱子的解释不一定合乎孟子原意。与朱子相比而言，船山以"性日生日成"之说理解此章，践形是在实践的过程中，逐渐展现出天赋的道德生命，更接近孟子原意，但其所持观点，并未超越传统儒学范式，仍是在理、气的范畴内。牟先生的理解则超越了传统儒学的范式，但他所持"形而下的""本能的"与形上的真生命之说，也未必合乎孟子"大体""小体"之别。简而言之，三位大思想家在阐发《形色天性也》一章时，各自融入了自己的学说思想，建立了自己独特的学术特色，为后学者展现出不同时代的哲学面貌。

第五节　儒家道德生命学说的现代审视

人能否为自身立法？启蒙哲学最大的口号是人要为自身立法。康德《历史理性批判文集》中有一篇《人类历史起源臆测》，他把圣经中人类的起源和人类的理性的展现联系在一起。康德说当亚当将上帝赐予的一切牲畜和飞禽走兽命名时，也就是人类已经能够语言了，也就是人类开始展现理性了。实际上，康德笔下的宗教，是为他的道德学说服务的。他口中的宗教，乃是出于需求，成为道德的依附。日本的学者曾经将康德哲学比作蓄水池，康德总结了之前所有的学说，将他们进行了总结批判。在此之

---

① 余英时：《犹记风吹水上鳞》，台北：三民书局，1991年，第47页。

后，哲学家们沿着康德总结后的哲学学说，拓展出经验主义和理性主义两条路线。康德哲学将之前的所有学说都汇拢在一起，又重新引流出两条路。所以说，康德哲学是主体性哲学的奠基人。了解西方近现代哲学的桥梁是康德哲学。

本文试图在理解康德道德哲学的基础上，重新认识康德的道德学说和儒学。康德的"人为自身立法"，他心中的道德律，能否支撑人类的道德大厦？当哲学家们摒弃了传统的原生（Original）—派生（Derivative）二重维度的道德理论，转向人自身建构道德理论时，这种理论是否能够成立？或者说，当道德成了一种学说，成了理念的推演，成了观念的游戏时，这时的道德还是道德吗？启蒙之后，各种学说纷纷登场，各种理论层出不穷，是否可以成立？有鉴于此，本文通过阅读经典文本——《实践理性批判》，来认识康德道德学说的基础架构。并且借此重新思考中国传统道德观念、重新审视传统儒学的现代价值。

一、主体哲学的道德建构——以《实践理性批判》为中心

在康德看来，人的理性可分为两种：一者为理论理性，或者叫思辨理性；一者为实践理性。理论理性讲求认识，它要解决的是认识如何成为可能这个问题。在《纯粹理性批判》一书中，康德正是围绕这个问题展开论述的，这个问题也叫作先天综合判断如何得以成立。康德让理论理性所做的工作，就是为知识谋求先天的形式和后天的质料。康德有句名言，思想没有内容是空洞的，直观没有概念是盲目的[①]。只有当感性为知识提供经验的质

---

① 康德：《纯粹理性批判》，邓晓芒译，北京：人民出版社，2004年，第52页。

料，而知性提供先天形式即十二范畴时，认识才成为可能。在康德之前，谈论人的认识主要有这两派，一派以莱布尼茨、笛卡尔为代表，讲求认识的基础是理性，他们通常以三段论为衡量标准，要求所有的知识必须经由这样的演绎，才准确而可靠。另一派持经验论观点，如休谟，他们认为所有的知识都来源于经验，但经验只有概率上的准确，没有普遍性。譬如人们通常借助于经验，判断所有的乌鸦都是黑色的，但是也有得了白化病的乌鸦，之所以会有这样的谬误推论，是因为经验只能带来或然性，也就是概率上的准确。但经验派给哲学界带来最大的震撼还是对因果律的抨击，休谟认为因果律不过就是习惯上的联想，因为人的认识来自经验，而所有的经验又可以还原为人的表象，表象与表象之间的连结，就只能依赖心理的知觉。十九世纪马赫用经验派的观点来理解物理学，人们都嫌他太烦琐甚至荒唐。通常我们理解的物理学，是指对构成宇宙的物质和能量的规律研究[1]，但马赫觉得这并不精准，他说物理学需要研究三个方面：第一，研究表象之间的联系的规律；第二，揭示感觉之间的联系的规律；第三，阐明感觉和表象之间的联系的规律[2]。如果我们看康德的《自然科学的形而上学基础》，会发现康德用的是先天的知性范畴解释牛顿的物理学，根本就没有用感觉经验来解释物理学，因此，对康德而言，经验派的观点根本站不住脚。

如果说理论理性讲求认识对象，那么实践理性则讲求如何"现实地实现这些对象"[3]，直白地说，就是怎样做才能道德

---

① Alan Isaacs 主编：《牛津物理学词典》，上海：上海外语教育出版社，2001年，第320页。

② 转引《列宁选集》卷二，北京：人民出版社，2012年，第57页。

③ 康德：《实践理性批判》，韩水法译，北京：商务印书馆，2009年，第97页。

上成就"善"。康德让实践理性做的工作，便是去寻找一条先天的法则，一条所有的理性存在者都必须要遵循的法则，他称之为道德律令。但是为什么要去追寻这样的一条法则？难道我们不能凭借本能过适意的生活吗？康德认为，这是我们理性的宿命，如同我们的理性会不由自主地跨越经验的雷池，将现象等同于本体，这是理性的必然结果，我们不得不如此，"我们之所以意识到纯粹实践法则……乃是因为我们注意到理性借以给我们颁行纯粹实践法则的必然性。"① 并且，为德行谋求经验的基础，绝对完全不可能。一旦将道德委质于经验，由于主体于经验对象之间的连结从属于感觉，而感觉又关涉个人的欲求，这样道德法则就变成了幸福原则，讲求嗜欲，谋求幸福。十九世纪的边沁创作《道德于立法原理导论》，在书中他直言不讳地讲，道德就是谋求最大的幸福。这在康德看来不可思议，"德行之所以伟大，不是因为能获得多大的利益，而是招来多大的牺牲。"② 经验只会让道德沦为追求幸福的工具，甚至变成少数人的工具。康德在《实践理性批判》中，对经验派的道德学说大加挞伐，任何将道德建立在个人幸福之上的做法，不仅是矛盾的而且是毁灭德行，"一些学派胆敢对于上天呼声充耳不闻以维护其不费脑筋的理论，因此唯有在这些学派令人糊涂的思辨之中，这种矛盾才能维持下去。"③

经验派对幸福的谋求必将会毁灭德行，因此，为了让道德的根基稳固屹立，康德在理性的追溯中寻找道德的根

---

① 康德：《实践理性批判》，韩水法译，北京：商务印书馆，2009 年，第 30 页。
② 康德：《实践理性批判》，韩水法译，北京：商务印书馆，2009 年，第 170 页。
③ 康德：《实践理性批判》，韩水法译，北京：商务印书馆，2009 年，第 37 页。

基。《实践理性批判》一书标题，就暗示了康德将要做的工作。但这个标题，实际上暗含了多重的意思。原德文标题为：Kritik der praktischen Vernunft。从德文语法上讲，der praktischen Vernunft 这个词组可以作第一格，那么 der 就表示 attributing to 的意思，Kritik 是由实践理性做出的，即实践理性向自身发起的批判；当 der praktischen Vernunft 作第二格时，起定语作用，表从属关系，即批判的对象是实践理性，这也是英文翻译者通常采用的译法——Critique of Practical Reason。总而言之，实践理性向自己发起了批判，它自身既是手段又是目的。从第一层面讲，实践理性向自身发起了批判，为的是证明理性可以自为地决定意志，而不受因果律约制，同时也证明了自由意志的存在。在原理分析论中，康德用了四个定理来阐明纯粹理性如何确立实践法则：第一，实践法则必然是先天的；第二，凡是参加了经验成分的实践原则，都是自爱原则或者叫个人幸福原则，必须被驱除出去；第三，实践法则具有单纯的立法形式；第四，意志自律是建立道德法则的前提。这样一来，理性在寻求普遍的法则时，通过这四个定理，为自身确立了一条实践的原理。它是一条先天的、形式的以及无条件的定言命令，因为它自身拒绝任何经验质料，而对有限的存在者而言，他们的意志不能完全契合道德，于是这就是一条具有普遍的立法形式的法则。

道德具有普遍性。在康德看来，之前的学说都不能保证道德的普遍性。康德在《实践理性批判》一书中，列举了四种传统的道德学说，他认为这四种学说都存在问题。在第一章《定理四》《注释二》中，他把传统的道德学说的代表人物都列举了出来。

主 观 的	
外在的	内在的
教育（蒙田）	自然情感（伊壁鸠鲁）
公民宪法（曼德维尔）	道德情感（哈奇逊）
客 观 的	
内在的	外在的
完满性（沃尔夫和斯多亚学派）	上帝的意志（神学家）

在《实践理性批判》一书中，康德提到最多的就是以"幸福原则"为基础的道德学说以及宗教道德学说。他认为这两种学说都不能保证道德的普遍性。首先，"幸福原则"为道德基础的学说，它们以个人的欲求喜好作为道德的基础，这样一来，道德的准则必定随个人而改变，也就是说它以主观经验为基础，因此不能得到普遍性的道德准则。比如说，商人认为赚钱是最大的快乐，在他们看来，这就是最大的幸福，但是这个幸福并不能保证所有的行为都是善的。如果一个人追求道德，仅仅是为了满足幸福，那么这样的道德，必定不是普遍的。最典型的学说是伊壁鸠鲁派，他们将道德的动力置于经验之中，也就是个人的欲求之中。康德说："伊壁鸠鲁听凭德行所允诺的愉快来决定意志。"[1]康德分析这派哲学家的道德哲学学说，认为他们的学说并非没有缘由。因为人属于感性世界，不可避免会关注感性世界的利益："人属于感觉世界；人的理性当然有一个无可否定的感性层面的使命，即照顾感性的关切，并且为今生的幸福起见，以及可能的话为来生的幸福起见，制定实践的准则。"

---

① 康德：《实践理性批判》，韩水法译，北京：商务印书馆，2009 年，第 23 页。

但是，将个人的欲求当作道德的基础，则是愚蠢的。第一，不能保证道德的普遍性："（主观条件）使理性存在者获得的不是普遍性，而仅仅是有条件的普遍性（就如在我欲求此事或彼事的情况下，为了实现它们，我必须随即做某种事情），并且他们一概都是以个人的幸福原则为转移。"并且，以这样为基础的学说，并不能保证德行上的善："幸福总是这样一种东西，虽然对于拥有它的人是愉悦的，但就它自身而言，并不是绝对地和在所有方面善的，而是在任何时候都以道德上合乎法则的举止作为先决条件。"①

第二，宗教的道德学说。康德认为，把上帝的意志作为道德法则的根据，同样是不可能的，因为在我们理性追溯过程中，根本就找不到上帝。在康德的道德学说中，上帝仅仅是一个公设，保证道德法则被完满地执行的保证。什么是公设？公设其实就是一种假设，"纯粹理性在其思辨应用中的需求仅仅异至假设，但是纯粹实践理性的需求则导至公设"，公设本身是不可证明的命题，它不可分离地附属于无条件有效的先天实践法则。为了实现至善，所以必须保证灵魂不朽和上帝存在，也就是说公设是实现至善的保证："若非设立三个理论概念，即自由、不朽和上帝，这个至善就是不可能的。"②要实现至善，也就意味着自由意志能完全契合道德法则，如果要完全契合道德法则，那么必须保证这个存在者的意志是统一的，并且这个意志可以永存，这就是灵魂不朽。如果没有这个灵魂不朽的命题，那么人类对至善就不会有任何期待，因此就会陷入盲目的无所谓的混沌之中。所以说，上

---

① 康德：《实践理性批判》，韩水法译，北京：商务印书馆，2009年，第122页。
② 康德：《实践理性批判》，韩水法译，北京：商务印书馆，2009年，第147页。

帝是保证至善的前提，这就是他在《单纯理性限度内的宗教》中所说："为使这种至善可能，我们必须假定一个更高的道德的，最圣洁的和全能的存在者，唯有它才能把至善的两种因素结合起来，……因此，道德不可避免导致宗教。"①

上面提到的两种学说，在康德看来，都没法保证道德的普遍性。为了能得到普遍的道德法则，康德在《实践理性批判》第一卷《纯粹实践理性分析论》中将道德的形式先列举出来。首先，普遍的道德法则必须是先天的。实践法则必须是先天的，一旦将人所欲求的东西当作决定意志的根据，就会失去客观必然性。因为这其中掺杂了经验的成分，当人们将所欲求的东西当作决定意志的根据时，主体会根据这个欲求的主观效果来判断是否去实现，这个主观效果就是欲求的对象能否带快感，满足主体，但是欲求对象的快感是不能先天的知道的，所以没有客观必然性，不能作为实践法则。其次，实践法则是单纯的立法形式，不包含任何经验内容。它是一条命令。它要求理性存在者无条件的服从。再者，道德法则要求意志自律。这是道德法则的一条原则，没有意志自律，道德法则就根本不能建立起来。这条法则对人来说是一条定言命题，因为作为有限的理性存在者，人类不可能完全遵守这条法则，因为人类的意志会追求个人的嗜好："这个法则具有一个命令的形式，因为我们虽然设定作为理性存在者的人类具有纯粹意志，但是我们无法设想……人类具有神圣意志。"

上面几条是道德法则的原理，除了原理之外，还有对象。与道德法则相关联的那个意志，是以善、恶作为自己抉择的对象，

---

① 康德：《单纯理性限度内的宗教》，李秋零译，北京商务印书馆，2012年，第5—7页。

或者说，实践理性以欲求善作为目的，即以实现善为结果。作为实践理性的对象，善与恶必定是先天的，如果是后天的话，必定会落入经验之中，一旦落入经验之中，善恶就成了能引起愉快和痛苦的客体，由于对每个人而言，愉快和痛苦都是不确定的，因此，善恶就会自行瓦解。

为了实现至善，也就是理性存在者能无条件的服从实践法则，还需要一些保证，这个保证就是公设。要实现至善，也就意味着自由意志能完全契合道德法则，如果要完全契合道德法则，那么必须保证这个存在者的意志是统一的，并且这个意志可以永存，这就是灵魂不朽。如果没有这个灵魂不朽的命题，那么人类对至善就不会有任何期待，因此就会陷入盲目的无所谓的混沌之中。假如没有灵魂不朽，德行还有什么意义呢？人们必然会觉得人生苦短，得及时行乐。《古诗十九首》："生年不满百，常怀千岁忧。昼短苦夜长，何不秉烛游？为乐当及时，何能待来兹。愚者爱惜费，徒为后世嗤。仙人王子乔，难可与等期。"把所有的目光都放在今生今世上，人自然就会觉得人生苦短，得及时行乐。

二、道德基础何在？

在康德那里，理性要为自身立法，设立普遍的实践准则。在他看来，道德的基础就是实践理性，它向自身发起了批判，从而使自身委质于自己设立的法则。康德有一句名言："有两样东西，我们愈经常愈持久地加以思索，它们就愈使心灵充满日新又新，有加无已的景仰和敬畏：在我之上的星空和居我心中的道德法则。"① 他之所以认为头顶上的星空和心中的道德律如此令人敬重，这是因为前者为有限的理性存在者——人类展示了一个无限的世界，对于后者，人作为有限的创造物，在这个无限的宇宙中，不过是沧海一粟，"人生忽如寄，寿无金石固。"（《古诗十九首》）但是理性为自身颁布的道德法则，却能让自己在无限的趋近中接近至善。

在康德的道德学说中，善作为实践理性的对象，是实践理性自己设立的，而不是通常所说的善确立了道德法则，比如神学家，他们往往认为道德是至善的派生物。康德反向推理，假如我们从善的概念推理，我们能推出什么来呢？从善的东西推理的话，只能将经验对象作为决定意志的唯一根据，这就会陷入经验主义的谬论中，从而取消道德。这种观点通常是古典哲学家的观点，康德罗列了将上帝作为道德法则的来源的观点②，实际上他们都不可避免地陷入了经验主义的谬误之中。

陀思妥耶夫斯基曾在《卡拉马佐夫兄弟》中提出这样一个问题：如果没有上帝，那还有什么道德？"既然你心中没有了上帝，那还有什么罪行呢？"假如没有上帝，"那不是'为所以为'吗？"陀思妥耶夫斯基的追问，并不仅仅只是一个个例，这是当人类将最高存在者、神圣价值驱逐后的必然结果。尼采在《快乐的知识》第125章，写了这样一个著名故事。一个疯子或狂人，大白天挑着灯笼，在市场上一个劲喊"我找上帝！我找上帝"。无神论者哄笑，一阵接一阵。于是：疯子跃入他们之中，瞪着两眼，死死盯着他们看，嚷道："上帝哪儿去了？让我们告

① 康德：《实践理性批判》，韩水法译，北京：商务印书馆，2009年，第177页。
② 康德：《实践理性批判》，韩水法译，北京：商务印书馆，2009年，第42页。

诉你们吧！是我们把他杀了！是你们和我杀的！咱们大伙儿全是凶手！……上帝死了！永远死了！是咱们把他杀死的！我们，最残忍的凶手，如何自慰呢？……"尼采之所以发出这样的声音，这是因为他目睹了在绝对权威瓦解后人的意义也会消失。启蒙以来的哲学，宣扬着人的主体性，他们强调人的自由、平等、博爱，但是在这些听起来高大上的口号背后，什么支撑着它们？

在基督教神学家们看来，道德来自绝对权威给人类立法："美德若侍奉肉体快乐或者任何世俗利益或者属地奖赏，不可能是真正的美德。但是不给予任何事物帮助的美德也不是真正的美德。人里面的真正美德侍奉上帝，它们是上帝赐给人的；天使里面的真正美德也侍奉上帝，它们也是上帝赐给天使的。人所做的任何良善，从它的功能看可能是好的，但因为目的不正当，所以就是罪。"[1]在神学家们看来，善、恶也决不仅仅是康德所认为的那样，康德认为善、恶只是作为实践理性的对象，是实践理性自己设立的，康德说："不是作为对象的善的概念决定道德法则并使之可能，而相反是道德法则在其绝对地配享善的名称的范围之内，首先决定善的概念并使其可能。"[2]但是，在神学家们看来，比如奥古斯丁，他认为善来源于最高存在者，因为最高存在者是至善，万物因绝对存在者而创造，因而万物分有了善："创造万物的造物主是至善的，万物因此也都是善的。但因它们不像其造物主那样至善而恒善不变，所以它的善可以消长。善之亏缺便是恶，然而善无论怎样减少，只要该事物依然存在，必定是因它有

---

[1]　[古罗马]奥古斯丁：《驳朱利安》第 4 卷，石敏敏译，北京：中国社会科学出版社，2010 年，第 170 页。

[2]　康德：《实践理性批判》，韩水法译，北京：商务印书馆，2009 年，第 69 页。

善尚存，使其得以维续。"[1] 善是实存的，它不仅仅只是一个概念。在康德那里，自由、灵魂不休、上帝都是公设，即为了保证实践法则的有效性，必须设立的原则。换句话说，因为我们需要上帝、自由、灵魂不休，所以我们才承认他们的存在。很显然，这和西方传统宗教所秉持的理念不同。简单而言，康德认为的自由，是自律。自由是如何诞生的？从实践法则开始，在实践法则中，排除了任何经验的成分，留下了实践法则的立法形式作为决定意志的唯一根据，这个意志独立于经验，而只受实践法则形式所决定，意志独立于现象世界，这种独立性被称作为自由。（摆脱了经验世界，纯粹理性是指摆脱经验的束缚去探求先天知识的理性，也可以说，纯粹理性摆脱了任何感性关切，这意味着纯粹理性不再受到感官的束缚。）那为什么我们会寻找普遍的实践法则？康德认为这是理性的必然，"我们之所以能够意识到纯粹实践法则……乃是因为我们注意到理性借以给我们颁行纯粹实践法则的必然性。"[2] "你能够，因为你应该！"这句话的意思就是自由是道德法则赋予的，如果没有道德法则，就没有任何自由。

三、传统儒学的道德结构

"性"，即人身上的本然之善——仁义礼智信，这五者人生而具有，是上天所赋予的。德行就是将本然之善发扬出来。仁、义、礼、智、信这五者是人生而具有的本然之善："天地储精，

---

① ［古罗马］奥古斯丁：《论信望爱》，许一新译，北京：生活·读书·新知三联书店，2009 年，第 34 页。
② 康德：《实践理性批判》，韩水法译，北京：商务印书馆，2009 年，第 30 页。

得五行之秀者为人。其本也真而静。其未发也五性具焉，曰仁、义、礼、智、信。"① 其次，关于"心"，朱子同样认为人心有知觉，能感应万物，所谓"心者，人之神明，所以具众理而应万事者也"②。"情"是人心之所发，譬如人心为碗，那么性就是碗中之水，而情就是水中之波，人性本"真而静"，如水本静止；碗动则水动而波生，人心一动则情欲生焉，"心性之别，如以碗盛水，水须碗乃能盛，然谓碗便是水，则不可。后来横渠说得极精：心统性情者也。"③ 那么如何统摄性情呢？朱子认为"心统性情"，心能统摄万物，自然能统摄性情，"性是理，心是包含该载、敷施发用底"④。

"性"是上天所赋予的本然之善，"性"本真诚无妄，"情"缘起缘灭，最易幻化生变，滋生烦恼困惑，违背礼义，所谓"惑生于情……幻出而无端者情也"⑤。明代学者冯梦龙认为要用"心"来统摄"情"，使之归于礼义，"心，管性情者也；性其情，便不违仁；情其性，便违仁"⑥。心之所以能统摄性情，因为心是天理所寄寓的地方，天理在人心中："人心上只有天理，理顺处，心便安。"⑦ 仁、义、礼、智、信都植根于人心之中，只

---

① ［宋］朱熹撰：《四书章句集注》，北京：中华书局，1983 年，第 84 页。
② ［宋］黎靖德编，王星贤点校：《朱子语类·卷第十一　学五·读书法下》，北京：中华书局，1986 年，第 349 页。
③ ［宋］黎靖德编，王星贤点校：《朱子语类·卷第十一　学五·读书法下》，北京：中华书局，1986 年，第 410 页。
④ ［宋］黎靖德编，王星贤点校：《朱子语类·卷第十一　学五·读书法下》，北京：中华书局，1986 年，第 88 页。
⑤ 冯梦龙：《论语指月》，合肥：安徽人民出版社，2012 年，第 176 页。
⑥ 冯梦龙：《论语指月》，合肥：安徽人民出版社，2012 年，第 77 页。
⑦ 冯梦龙：《论语指月》，合肥：安徽人民出版社，2012 年，第 98 页。

要反身而诚，就能明白洞彻，"仁，是人一点真心，心体不亡，则从中流露"①，"忠信，总是一个实心……忠信原是心体"②，"礼何本乎？本于人心也。人心未雕未琢，真实自然处，乃礼之所自起"③。因此，成就德行的关键就在于能否真心诚意。冯在《指月》中，处处提及"真心"二字，目的是让人们摒除私欲，心体洞达，成就德行，"心体原是极空虚、极活泼、极平顺、极广大的，圣人不过不失其本体而已"④。譬如《八佾·子曰君子无所争章》，冯强调要用心体会"无所争"三字："'无所争'，要在心体上理会，'所'字宜玩；心体一毫未净，便伏着个计较之根。"⑤这也意味着，倘若人们摒除了私欲，从真心出发，那么行为便合乎礼义："自其心之不苟者出之，而事事得体，即礼也；自其心之不欺者出之，而事事竭诚，即忠也。"⑥圣人之所以为圣人，因为他将天理全然而然的彰显出来，丝毫不为私欲所累，"圣心就是天命，性宗洞了，全体太极，即所谓穷理尽性，以至于命也"⑦。众人往往困于私欲，因此冯认为要在"本体"和"工夫"上用功。"本体"就是认识自身所具有的本然之善，时时持守，去除杂念私欲，直至广大洞明；所谓"工夫"，就是行为操守周旋中礼，践行仁义，不造作，不口是心非。"工夫"又分"顺用的工夫"，即自己去追寻德行之善；"逆用的工夫"，

---

① 冯梦龙：《论语指月》，合肥：安徽人民出版社，2012年，第31页。
② 冯梦龙：《论语指月》，合肥：安徽人民出版社，2012年，第6页。
③ 冯梦龙：《论语指月》，合肥：安徽人民出版社，2012年，第32页。
④ 冯梦龙：《论语指月》，合肥：安徽人民出版社，2012年，第126页。
⑤ 冯梦龙：《论语指月》，合肥：安徽人民出版社，2012年，第33页。
⑥ 冯梦龙：《论语指月》，合肥：安徽人民出版社，2012年，第40页。
⑦ 冯梦龙：《论语指月》，合肥：安徽人民出版社，2012年，第17页。

即见贤思齐，闻善改过。这两者的目的，都是为了成就德行，区别在于前者是从自我出发，后者从他人出发。只有这样才能做到"心体洞达""心体活泼流动"。

人心就是本体，必须在本体上下工夫。人心具有良知，良知是不思而得，不虑而能的，要想成就德行，就必须时时在心上体认道理。在《为政·子张学干禄章》，孔子告诫后学，"多见阙殆"，必须要在心上体悟。从心上体认，而不是在外表上做工夫。明代王阳明主张"本体即工夫"，"工夫不离本体"，也就是告诫人们，要在人心本体上体悟道理，也就是致良知。

这就是我们传统的道德哲学，它并不仅仅只是一种学说。《中庸》云："君子尊德性而道问学。"德性之学需要叩问。当道德变成了一种知识体系，成了哲学家们笔下的概念游戏，道德不就成了纯粹的文字游戏吗？道德和人们息息相关，道德是一种秩序，按照传统的说法，道德是上天赋予我们，超越其他一切生灵的特质。当我们拆解掉传统道德理念时，我们该何处安身立命？

当下的社会是一个商业社会，商业社会又是以自由主义为价值基础。在商业社会，任何事物都能被包装、被消费。伴随着商业社会的发展，人类的道德标准也在不断的改变。2017年，美国通过了同性恋婚姻合法化法案，这是人类首次公开合法化同性恋婚姻。无论在中西方，按照古典的道德理念，这都是不允许的。当同性恋婚姻被允许后，那么一夫多妻制、一妻多夫制离合法之日还会远吗？这就是我们当下遇到的道德困境，当我们拆解掉传统道德理念时，我们该何处安身立命？笔者认为，儒学为我们提供了一个传统的道德视域，能帮助我们在面临现代性的困境时，提供心灵安顿之所。

第六章　子夏君子观的历史影响

在儒学史上，子夏和子游曾发生过著名争论，《论语·子张》记载："子游曰：'子夏之门人小子，当洒扫、应对、进退，则可矣。抑末也，本之则无。如之何？'子夏闻之曰：'噫！言游过矣！君子之道，孰先传焉？孰后传焉？譬诸草木，区以别矣。君子之道，焉可诬也？有始有卒者，其惟圣人乎！'"争论焦点在传道治学的理念与方式上，同时也涉及君子之道、圣人之道的不同理解。本章以子夏与子张的争论为引子，进一步论述儒家圣人之道、君子之道的内涵与意义，在历史回溯和现代诠释中探究子夏的君子观念及其历史影响。

第一节　宋明理学的圣人观与君子之道 [①]

儒家教育是圣贤教育，成圣成贤是儒者学行的终极目标，朱子说"做到圣人，方是恰好。才不到此，即是自弃"[②]（《答李叔文》），要求学者在道德实践中体认天理，体会"孔颜之乐""圣

---

① 本文已发表于《宋史研究论丛》2021年第1期，原题目为《"至善纯一"——论朱子的圣人观》。

② 李绂：《朱子晚年全论》，北京：中华书局，2000年，第138页。

贤气象"。朱子是理学集大成者，他的圣人观既守传统，又有创新，在儒学史上影响深远。目前学界研究朱子的著作可谓汗牛充栋，但系统梳理朱子圣人观，并分析其理路，仍较为鲜见。牟宗三《心体与性体》①乃一代巨作，是书深入探究了程朱理学心、性、理、气等概念，然未暇论及朱子圣人观；钱穆《朱子新学案》一书有《朱子论圣贤》②专题，重在梳理朱子论圣贤资料；此外，陈荣捷③、陈来④、张立文⑤、蒙培元⑥、杨天石⑦等学者都系统地论述过朱子思想，但对朱子圣人观研究较为疏略。本节以朱子圣人观为核心，分析其内涵和形成原因，并探究其与传统儒家人性论关系，以此进一步认识朱子学说。

一、智者、治者和有德者

儒家圣人观诞生于先秦时期，孔子奠定了其基本内涵和意义。在孔子看来，圣人"修己以安百姓"（《论语·宪问》）"博

---

① 牟宗三：《心体与性体》，《牟宗三全集》第5、6、7册，台湾联经出版公司，2003年。

② 钱穆：《朱子新学案》第1册，《钱宾四先生全集》第11册，台湾联经出版公司，1998年。

③ 陈荣捷：《朱学论集》《朱子新探索》等著作从学派传承和理论学说探究朱子，是高屋建瓴之作，但对朱子的圣人观缺乏系统论述。（见陈荣捷：《朱学论集》，上海：华东师范大学，2007年；陈荣捷：《朱子新探索》，上海：华东师范大学，2007年）

④ 陈来：《宋明理学》《朱子哲学研究》著作论述了朱子思想，然未对圣人观做专题论述。（见陈来：《朱子哲学研究》，上海：华东师范大学出版社，2000年；陈来：《宋明理学》，北京：北京大学出版社，2020年）

⑤ 张立文：《朱熹评传》，南京：南京大学出版社，1998年。

⑥ 蒙培元：《朱熹哲学十论》，北京：中国人民大学，2010年。

⑦ 杨天石：《朱熹：孔子之后第一儒》，北京：东方出版社，2019年。

施于民而能济众"（《论语·雍也》），既有内圣之治——修己，又有外王之功——安百姓、博施济众，甚至连尧舜都无法达到："子贡曰：'如有博施于民而能济众，何如？可谓仁乎？'子曰：'何事于仁，必也圣乎！尧舜其犹病诸。'"（《论语·雍也》）孔子之后，孟子论圣人则曰："圣人，人伦之至也"（《孟子·离娄上》），他更凸显圣人的道德意蕴，认为唯有圣人能展现天赋的道德生命，"形色，天性也；惟圣人，然后可以践形"（《孟子·尽心上》），能为后世建立道德实践法则和目标："圣人，百世之师也，伯夷、柳下惠是也。故闻伯夷之风者，顽夫廉，懦夫有立志；闻柳下惠之风者，薄夫敦，鄙夫宽。"（《孟子·尽心下》）朱子继承了孔孟圣人观，从理气、体用等方面对其进一步拓展并形成了理学特色的圣人观。

在朱子看来，尧、舜、汤、禹、文王、武王、孔子都是圣人，不同之处在于尧、舜、文王、孔子生而知之，禹、汤、武王学而知之：

> 明道先生曰："尧、舜更无优劣，及至汤、武便别。孟子言'性之''反之'，自古无人如此说，只孟子分别出来，便知得尧、舜是生而知之，汤、武是学而能之。文王之德则似尧、舜，禹之德则似汤、武。要之皆是圣人。"①

朱子这样的区分并非无依据。孟子认为尧、舜是"性之"，汤、武是"反之"，"尧舜，性之也；汤武，身之也"（《孟子·尽心上》），其本意为尧舜是自然之圣，本于天命之性而为圣，汤、武是后继之圣，学先圣之德而后觉为圣。无论先圣还是后圣，朱

---

① 朱熹，吕祖谦：《近思录》，上海：上海古籍出版社，2000年，第127页。

子认为他们都是圣人，因其具备圣人的品质，概括而言即智者、治者和有德者。

其一，圣人是智者。金文"聖"字从耳从口，意为"声入心通"或"入于耳而出于口"[①]，表聪明之义，即圣人为聪明之人。孔子未明言圣人是智者，但子贡认为孔子"天纵之将圣""仁且智"，这一观点得到孟子赞同："昔者子贡问于孔子曰：'夫子圣矣乎？'孔子曰：'圣则吾不能，我学不厌而教不倦也。'子贡曰：'学不厌，智也；教不倦，仁也。仁且智，夫子既圣矣！'"（《孟子·公孙丑上》）在孟子基础上，朱子以"耳顺心通""聪明睿智"形容夫子之圣：

> 胡问："回'闻一知十'，是'明睿所照'，若孔子则如何？"曰："孔子又在明睿上去，耳顺心通，无所限际。古者论圣人，都说聪明如尧'聪明文思'，'惟天生聪明时乂'，'亶聪明作元后'，'聪明睿智足以有临也'。圣人直是聪明！"[②]

颜回闻一知十固然聪明睿智，然夫子之圣又在聪明睿智之上，耳顺心通，无所限际。孔子的聪明睿智如同帝尧一般，"聪明文思""聪明睿智足以有临也"，这种聪明不是后天习得，而是"天生聪明"。朱子对其极尽赞美，圣人之智不是"智者利仁"式的聪明，精于利益算计，而是能发明心体之大用，察识众理之妙义，是对天道的敏锐和明觉，"一旦豁然贯通焉，则众物之表里精粗无不到"[③]。圣人之智虽由天成，但圣人博采众长、取诸众

---

① 顾颉刚：《"圣""贤"观念和字义的演变》，《中国哲学》第1辑，北京：生活·读书·新知三联书店，1979年，第80—81页。

② 黎靖德编，王星贤点校：《朱子语类》，北京：中华书局，1986年，第721页。

③ 朱熹：《四书章句集注》，北京：中华书局，1983年，第7页。

善，所以智无穷尽："舜固是聪明睿知，然又能'好问而好察迩言，乐取诸人以为善'，并合将来，所以谓之大知。若只据一己所有，便有穷尽。"[1]圣人之智还体现在实践道德生命。圣人与众人同具人之形色，但圣人能尽理，所以能践形，众人则否，这就是孟子所说的"惟圣人能践形"。

其二，圣人是治者。所谓治者，即圣人承担政治教化之职责。孔孟称赞的圣人尧、舜、禹、汤，皆怀仁义之德，有天子之位，施行德政教化。朱子心目中的圣人，同样是"裁成天地之道，辅相天地之宜"：

> 天只生得许多人物，与你许多道理，然天却自做不得，所以必得圣人为之修道立教，以教化百姓，所谓裁成天地之道，辅相天地之宜是也。盖天地做不得底，却须圣人为他做。[2]

朱子认为"有禹汤之德，便有禹汤之业；有伊周之德，便有伊周之业。……新民必本于明德，而明德所以为新民也"[3]。圣人以德治天下，孔子讲"修己以敬""修己以安人""修己以安百姓"（《论语·宪问》），实际上就已指出修己明德是安人、安百姓的基础。虽然朱子讲有其德便有其业，有其德并不意味身居高位。孔子无其位，但他建立儒家学派，影响深远，"所以继往圣、开来学，其功反有贤于尧舜者"[4]。孟子曾转述宰我语"以予观于夫子，贤于尧舜远矣"（《孟子·公孙丑上》），孔子未能如尧舜一样有位有德，但践仁行义，人文设教，影响之大，自

---

① 黎靖德编，王星贤点校：《朱子语类》，北京：中华书局，1986年，第1524页。
② 黎靖德编，王星贤点校：《朱子语类》，北京：中华书局，1986年，第259页。
③ 黎靖德编，王星贤点校：《朱子语类》，北京：中华书局，1986年，第1477页。
④ 朱熹：《四书章句集注》，中华书局，北京：1983年，第14—15页。

生民以来未之有也，"出于其类，拔乎其萃，自生民以来，未有盛于孔子也"（《孟子·公孙丑上》）。在朱子看来，孔子的伟大要远超尧舜，他传道、行道，为整个社会奠定了文明基础，是百世之师，"圣人贤于尧舜处，却在于收拾累代圣人之典章、礼乐，制度、义理，以垂于世"①。纵观朱子一生，他著书立说，讲学躬行，亦是在效仿圣人行道以济时，"所愿欲者，不过修身守道，以终余年。因其暇日，讽诵遗经，参考旧闻，以求圣贤立言本意之所在"②。

其三，圣人是有德者。虽然朱子也强调圣人的才能和智慧，"圣人，神明不测之号""圣人自是多能"，但更重要的是德性，"圣主于德"③，只要在德性上有一毫之失，则名实不相符："圣人万善皆备，有一毫之失，此不足为圣人。故大舜无一毫厘不是，此所以为圣人。不然，又安足谓之舜哉！"④在朱子之前，宋儒周敦颐将"诚"视为圣人的根本，凸显圣人道德义和人伦义，"诚者，圣人之本""圣，诚而已矣"⑤。朱子继承了周敦颐的观点，"诚"是圣人的"骨子"，"圣"是德之发见乎外者：

> 问："'至诚、至圣'如何分？"曰："'至圣、至诚'，只是以表里言。至圣，是其德之发见乎外者，故人见之，但见其'溥博如天，渊泉如渊，见而民莫不敬，言而民莫不信'，至'凡有血气者莫不尊亲'，此其见于外者如此。至

①　黎靖德编，王星贤点校：《朱子语类》，北京：中华书局，1986年，第959页。
②　王懋竑：《朱熹年谱》，北京：中华书局，1998年，第75页。
③　黎靖德编，王星贤点校：《朱子语类》，北京：中华书局，1986年，第958页。
④　黎靖德编，王星贤点校：《朱子语类》，北京：中华书局，1986年，第232页。
⑤　周敦颐：《周敦颐集》，北京：中华书局，1990年，第15页。

诚，则是那里面骨子。经纶大经，立大本，知化育，此三句便是骨子；那个聪明睿知却是这里发出去。至诚处，非圣人不自知；至圣，则外人只见得到这处。"①

圣人的聪明睿智来源于"骨子"里"至诚"。所谓"至诚"，是沟通天道和人道的桥梁，成己成物、自立立人的前提，包含对天道的信仰和对自我的超越。圣德以诚为贵，这意味着无一丝虚伪夹杂其中。朱子以虞舜为例，虞舜之所以是圣人，在于心体浑然天理，不杂人欲之私。舜父母及弟象欲借穿井杀死舜，舜则但知为人子应爱亲、为人兄应友爱其弟，"一心所慕，惟知有亲。看是甚么物事，皆是至轻。施于兄弟亦然"②。可以说圣人一言一行，一动一静，无非天理，"圣人一动一静，莫非妙道精义之发，亦天而已，岂待言而显哉"③。总之，朱子认为圣人的根本在于德性，"以百里而王天下，德之盛也。行一不义、杀一不辜而得天下有所不为，心之正也。圣人之所以为圣人，其本根即目之大者，惟在于此。于此不同，则亦不足以为圣人"④。纵有天子之位，有周公之才智，无仁义之心，则不能参赞天地，化育万物，开万世之太平，正如孔子所说，"如有周公之才之美，使骄且吝，其余不足观也已"（《论语·泰伯》）。

朱子圣人观集智者、治者和有德者于一体，他认为德性诚明是聪明睿智、德治教化之根本。究其原因，朱子更注重内圣，内圣是主体的道德生命实践，有内圣才有外王的修齐治平、成己成

---

① 黎靖德编，王星贤点校：《朱子语类》，北京：中华书局，1986年，第1594页。
② 黎靖德编，王星贤点校：《朱子语类》，北京：中华书局，1986年，第1357页。
③ 朱熹：《四书章句集注》，北京：中华书局，1983年，第180页。
④ 朱熹：《四书章句集注》，北京：中华书局，1983年，第234页。

人之功，内圣是外王根基。朱子穷经讲学，追求孔、颜之乐，体现了他对圣人之德的追求，"既以自乐，间亦笔之于书，以与学者共之，且以待后世之君子而已，此外实无毫发余念也"[①]。

二、"得天地清明中和之气"和"圣人本天"

在朱子看来，圣人是人伦典范。从道德实践层面而言，圣人之所以为圣人，在于展现了天赋的道德性命：

> 圣人之心，莹然虚明，无纤毫形迹。一看事物之来，若小若大，四方八面，莫不随物随应，此心元不曾有这个物事。且如敬以事君之时，此心极其敬。当时更有亲在面前，也须敬其亲。终不成说敬君但只敬君，亲便不须管得！事事都如此。圣人心体广大虚明，物物无遗。[②]

圣人之心莹然虚明，没有任何杂念，清如明镜，所以圣心随物随应，不掺杂人欲之私。当其"事君之时"，此心唯敬其君；当其事亲时，唯敬其亲。圣人之心广大虚明，体物无遗。然而圣人为何能如此？圣人"生知安行，不待学而能"[③]如何成立？圣人之性和众人之性有何区别？面对这些人性论难题，朱子借助了"气质之性"和"天地之性"等概念。

朱子认为圣人和众人所禀赋天地之性无有不同，即天赋的仁义之性人人皆同，唯气质之性不尽相似：

---

① 王懋竑：《朱熹年谱》，北京：中华书局，1998 年，第 75 页。

② 黎靖德编，王星贤点校：《朱子语类》，北京：中华书局，1986 年，第 348—349 页。

③ 黎靖德编，王星贤点校：《朱子语类》，北京：中华书局，1986 年，第 66 页。

> 人性虽同，禀气不能无偏重。有得木气重者，则恻隐之
> 心常多，而羞恶、辞逊、是非之心为其所塞而不发；有得金
> 气重者，则羞恶之心常多，而恻隐、辞逊、是非之心为其所
> 塞而不发。水火亦然。唯阴阳合德，五性全备，然后中正而
> 为圣人也。①

气质之性即人的气禀，这是从"生之谓性"角度上使用气质之性
一词，"'生之谓性'。性即气，气即性，生之谓也。人生气禀，
理有善恶，然不是性中元有此两物相对而生也"②。气禀不同，
导致后天品性差异，或贤或愚，或善或恶。从朱子所持宇宙论而
言，人之形源于气，人之性源于理，理气和合而化生万物。所赋
之理人人相同，所禀之气则有清薄之分，故人生而有善恶之别，
"有自幼而善，有自幼而恶，是气禀有然也"③。圣人禀气清明
纯粹，所以能为圣人，"圣人得天地清明中和之气"，"唯阴阳合
德，五性全备，然后中正而为圣人也"。

圣人和众人禀气差别，自孩童时已显露：

> 人性虽同，而气秉或异。自其性而言之，则人自孩提，
> 圣人之质悉已完具，……善端所发，随其所秉之厚薄，或仁
> 或义或孝或悌，而不能同矣。④

这就是为什么后稷生而聪明，教民稼穑，树艺五谷，而越椒生
而有"熊虎之状，而豺狼之声"（《左传·宣公四年》），长大作

---

① 黎靖德编，王星贤点校：《朱子语类》，北京：中华书局，1986年，第74页。
② 朱熹，吕祖谦：《近思录》，上海：上海古籍出版社，2000年，第31页。
③ 朱熹，吕祖谦：《近思录》，上海：上海古籍出版社，2000年，第31页。
④ 朱熹：《四书或问》，《朱子全书》第6册，上海古籍出版社、安徽教育出版社，
第596页。

乱灭族，"后稷之克岐克嶷，子越椒始生，人知其必灭若敖氏之类"①。为了更好理解禀气差别，朱子用"宝珠在清冷水中"和"珠在浊水中"譬喻，"禀气之清者，为圣为贤，如宝珠在清冷水中；禀气之浊者，为愚为不肖，如珠在浊水中"②。

借助气质之性或曰气禀的不同，朱子论述了圣人和众人之别。从资禀上论圣人，是朱子圣人观的一大特征。这也是为何朱子感叹"圣人难为"，因气禀差异就是先天差异，"某十数岁时读孟子，言圣人与我同类者，喜不可言，以为圣人亦易做，今方觉得难"③。但朱子并不否认成圣可能，只是说成圣难。朱子知道神化圣人只会令学者望而却步，"不要说高了圣人。高后，学者如何企及。越说得圣人低，越有意思"④。这样一来，学者可以通过后天学习改变气禀清浊，从而下学上达：

> 圣希天，贤希圣，士希贤。伊尹、颜渊，大贤也。伊尹耻其君不为尧舜，一夫不得其所，若挞于市。颜渊"不迁怒，不贰过"，"三月不违仁"。志伊尹之所志，学颜子之所学，过则圣，及则贤，不及则亦不失于令名。⑤

下学学人事，上达达天理，盈科而进，学不躐等。在下学上达过程中，朱子注重格物穷理工夫，"学者须是真知，才知得是，便泰然行将去也"，格物穷理才能带来真认知，才能有真正道德实践。

---

① 朱熹，吕祖谦：《近思录》，上海：上海古籍出版社，2000 年，第 31 页。
② 黎靖德编，王星贤点校：《朱子语类》，北京：中华书局，1986 年，第 73 页。
③ 黎靖德编，王星贤点校：《朱子语类》，北京：中华书局，1986 年，第 2611 页。
④ 黎靖德编，王星贤点校：《朱子语类》，北京：中华书局，1986 年，第 1140 页。
⑤ 朱熹，吕祖谦：《近思录》，上海：上海古籍出版社，2000 年，第 36 页。

另外，朱子圣人观的另一层面是"圣人本天"。圣人与众人之异在气禀，其同则是天命之性理。"圣人本天"一语出自程颐："《书》言天叙，天秩。天有是理，圣人循而行之，所谓道也。圣人本天，释氏本心。"① 其大意为：天理是宇宙本体，圣人遵循天理而行，这就是天道。圣人本于天道，佛教本于心。我们知道，宋明理学根基是天理，天理是宇宙运行的法则、万物存在的根据，人物之生无不禀赋此理，"人物之性本无不同，而气禀则不能无异耳。……然性只是理……只是随气质所赋之不同，故或有所蔽而不能明耳，理则初无二也"（《答徐元聘》）② 。儒家学者批判道家"以无为本"和佛教"以空为宗"学说，其背弃君臣父子夫妇之道，破坏人伦纲常，造成传统社会极大混乱。"圣人本天"从形而上维度确立了天理绝对性和人伦典范，是朱子攘辟佛老重要理论，"佛老之学不待深辨而明。只是废三纲五常，这一事已是极大罪名！其他更不消说。"

从攘辟佛教立场而言，朱子"圣人本天"有力地捍卫了儒家道德学说。道家以无为宇宙本体，"天下万物生于有，有生于无"（《老子》第四十章），但又无法否认理的存在，这便自相矛盾，"无者无物，却有此理；有此理，则有矣。老氏乃云'物生于有，有生于无'，和理也无，便错了"③ 。道家以无为本，尚不否认有的存在，佛教则以天地为幻妄，比道家更彻底、更纯粹。朱子指出道家的无、佛教的空是没有实质内容的空体，对道德实践没有任何帮助，是消极避世学说：

---

① 程颐，程颢：《程氏遗书》，上海：华东师范大学出版社，2010年，第344页。

② 《全宋文》第246册卷5508，上海辞书出版社、安徽教育出版社，2006年，第70—71页。

③ 黎靖德编，王星贤点校：《朱子语类》，北京：中华书局，1986年，第2531页。

> 释老称其有见，只是见得个空虚寂灭。真是虚，真是寂
> 无处，不知他所谓见者见个甚底？莫亲于父子，却弃了父
> 子；莫重于君臣，却绝了君臣；以至民生彝伦之间不可阙
> 者，它一皆去之。所谓见者见个甚物？ ①

道家、佛教抛弃了人伦道德，其所谓的真知真谛不过是妄想而已。与之相反，儒家的天理是最高的本体，充实而广大，"一性之中，万善完备"②：

> 吾儒所养者是仁义礼智，他所养者只是视听言动。儒者
> 则全体中自有许多道理，各自有分别，有是非，降衷秉彝，
> 无不个具此理。③

明天理才能明是非、辨公私、定正邪。天理是宇宙万物的本源，道德人伦的依据，如果不能肯认天理，那么圣人修道设教，人文化成，就根本没有意义，"圣人'穷理尽性以至于命'，便能赞化育"④。

"圣人本天"和"圣人得天地清明中和之气"是朱子圣人观中最重要的两个维度。一方面，气禀差异解释了人性为何有"自幼而善""自恶而恶"，圣人自孩提时"圣人之质悉已完具"，因其"得天地清明中和之气"；另一方面，圣人、众人虽然气禀有异，但仁义之性却无不相同，这就为成圣成贤提供了理论依据。朱子圣人观包含了下学上达、格物致知、民生彝伦等积极内容，

---

① 黎靖德编，王星贤点校：《朱子语类》，北京：中华书局，1986年，第3014页。
② 黎靖德编，王星贤点校：《朱子语类》，北京：中华书局，1986年，第1386页。
③ 黎靖德编，王星贤点校：《朱子语类》，北京：中华书局，1986年，第3022页。
④ 黎靖德编，王星贤点校：《朱子语类》，北京：中华书局，1986年，第1360页。

体用兼备，不为空谈，影响深远。

三、"论性不论气，不备；论气不论性，不明"

朱子圣人观，建立在思考人性基础之上。他认识到传统人性论的问题所在：

> 荀扬韩诸人虽是论性，其实只说得荀子只见得不好人底性，便说做恶。扬子见半善半恶底人，便说善恶混。韩子见天下有许多般人，所以立为三品之说。就三子中，韩子说又较近。他以仁义礼智为性，以喜怒哀乐为情，只是中间过接处少个"气"字。[1]

朱子认为荀子性恶论是基于人性恶的一面，而忽视了善的一面，从而得出了似是而非的观点，更重要的是荀子性恶论将使儒家主张仁政成为空谈，天的神圣至善也会丧失。至于扬雄的性善恶混说，则只是看到了人性有善有恶的一面，未睹人性之全。韩愈性情三品说"上焉者，善焉而已矣；中焉者，可导而上下也；下焉者，恶焉而已矣"[2]，亦未解释恶的来源。因此，如果不对人性来源、善恶问题做出彻底解释，圣人如何得以可能？面对这些人性论难题，朱子进行了深入的思考：

朱子认为孟子性善论并不完备。孟子以心言性，以四端之心论本性，确立了性善学说，但孟子将恶的来源归结于本心的"陷

① 黎靖德编，王星贤点校：《朱子语类》，北京：中华书局，1986年，第78页。
② 韩愈著，刘真伦、岳珍校注：《韩愈文集汇校笺注》，北京：中华书局，2010年，第47页。

溺"。在《告子上》篇，孟子以水之就下比喻人性之善："今夫水，搏而跃之，可使过颡；激而行之，可使在山。是岂水之性也哉？其势则然也。人之可使为不善，其性亦犹是也。"其意为人之所以为恶在于其势使然。论及"富岁子弟多赖；凶岁子弟多暴"时，孟子又说"非天之降才尔殊也，其所以陷溺其心者然也"，可见孟子将人性恶的来源归结于本心的陷溺。朱子认为孟子的"陷溺"说算不上完备的理论：

> 此理却只是善。既是此理，如何得恶？所谓恶者，却是气也。孟子之论，尽是说性善至有不善说是陷溺。是说其初无不善，后来方有不善耳。若如此却似"论性不论气"有些不备。①

孟子无法解释为何有些人"自幼而恶"，汉代王充曾指出孟子人性学说问题所在：商纣、食我在孩童之时，已经显露为恶的征兆；尧、舜的后代丹朱、商均，纵使生于良好的环境，仍长为不肖之徒（见《论衡·本性篇》）。那么性善论又如何成立呢？所以在朱子弟子陈淳看来，孟子不论气禀，这是最大问题，开启后世争端，"不曾发出气禀一段，所以启后世纷纷之论，盖人之所以有万殊不齐，只缘气秉不同"②。

　　同样，朱子也反对荀子性恶论。荀子认为"人性恶""人之性恶，其善者伪也"，人性生来便恶，善是后天人为。朱子认为荀子人性论过于偏颇，只看到恶人之性，就认为人性恶，"荀子只见得不好人底性，便说做恶"。荀子人性论问题在于论气而不论性，

---

① 黎靖德编，王星贤点校：《朱子语类》，北京：中华书局，1986年，第65页。
② 陈淳：《北溪字义》，北京：中华书局，1983年，第7页。

从气上论人性，"饥而欲饱，寒而欲暖，劳而欲休"（《荀子·性恶》），因此朱子否定了其观点，"只一句'性恶'，大本已失"。

至于扬雄性善恶混说，朱子也持批判态度。扬雄认为人性有"好善恶恶"的一面，"人之所好而不足者，善也；人之所丑而有余者，恶也"（《太玄·玄摛》）。由于个体心灵操舍存亡的不同，遂展现出"善不足而恶有馀"的结果。善恶是"性之所之"，是性表现出来的结果，不能将其当作"性之所有"，因此不能说性善或者性恶，只能说性包含了为善为恶的可能，即人性中既包含了向善的可能，又包含了向恶的可能。朱子认为扬雄性善恶混说，只是看到了"半善半恶人底性"，同荀子一样，扬雄也是"'论气而不论性'，故不明。既不论性，便却将此理来昏了"[1]。荀、扬人性论的问题，在于未认识到人有气质之性和天命之性，故朱子拒斥其大本已失，谈何仁义，"孟子性善，是论性不论气。荀扬异说，是论气则昧了性"[2]。

在反思传统人性论基础上，朱子提出了论人性必须兼论气、性。朱子认为，人性来自天，人性之善来自天理本善，"人受天地之中以生，其未感也纯粹至善，万理具焉，所谓性也"[3]。至善纯一的天理是超越的、独立的、不随人的生死而变化，理超越于气而存在，"性者理而已矣，不可以聚散言；其聚而生，散而死者，气而已矣。所谓精神魂魄有知有觉者，皆气所为也。故聚则有，散则无，若理则初不为聚散而有无也"[4]。朱子从形而上维度建立了人性基础，肯定了人所禀赋的天地之性至善纯一，而

---

[1] 黎靖德编，王星贤点校：《朱子语类》，北京：中华书局，1986年，第65页。
[2] 黎靖德编，王星贤点校：《朱子语类》，北京：中华书局，1986年，第1388页。
[3] 《朱子大全》，文渊阁四库全书第721册，第127页。
[4] 《朱子大全》，文渊阁四库全书第721册，第435页。

气质之性则有善有恶，故人性之恶来自气。气是材质，决定了人的贤愚、善恶，"有自幼而善，有自幼而恶，是气禀有然也。"[①]通过天命之性和气质之性的逻辑建构，朱子的圣人观以更严密形式得以呈现。如果说孟子、荀子和扬雄因为忽略了气禀不同而无法解释为何有人"自幼而善"，有人"自幼而恶"，朱子的人性学说则很好地解决了这个存在千年之久的问题，并以严密的理学体系整合、重铸了儒家道德学说。

圣人如何可能，关键在于如何看待人性。在朱子看来，圣人"生而知之""不待学而能"，如果只强调人性善而不论气质之性，那么仅可以说"人皆可以为尧舜"，不能解释为何人生或为尧舜，或为商纣、越椒、食我（《论衡·本性篇》）；同样，荀子性恶论主张"故圣人也者，人之所积也"，拒绝了天的至善，人性也就没有形而上根基；至于扬雄、韩愈的人性论，或"气昧了性"或"性昧了气"，这些都是传统儒家人性论问题，在面对强盛的佛老学说时自然会败下阵来。朱子从气、性角度解释人性，不仅弥补了传统儒家人性论缺陷，而且为学者学以致圣打开了一条途径。

四、结　语

钱穆先生曾说："在中国历史上，前古有孔子，近古有朱子，此两人，皆在中国学术思想及中国文化史上发出莫大声光，留下莫大影响。旷观全史，恐无第三人堪与伦比。"[②] 朱子是理学集

---

① 朱熹，吕祖谦：《近思录》，上海：上海古籍出版社，2000 年，第 31 页。

② 钱穆：《朱子学提纲（代序）》，《朱子新学案》，北京：九州出版社，2011 年，第 1 页。

大成者，他以缜密的逻辑体系整合、重铸了儒家传统圣人观。与孔孟相比，朱子圣人观更强调"有德者"层面，智者和治者都是以有德者为依据而展开，正如他论"至圣"和"至诚"的关系："至圣，是其德之发见乎外者，……至诚，则是那里面骨子。"德性诚明是聪明睿智、德治教化之根本。同时，朱子又从"圣人本天"和"圣人得天地清明中和之气"两个维度，解释了圣人如何可能这一问题，他认识到"论性不论气，不备；论气不论性，不明"，传统人性论存在缺陷，引入理气范畴为儒家道德学说奠定了形而上基础。杜维明指出："儒家学说所关心的中心问题是成为圣人的过程，即完全实现成为一个真实的人的过程。"[1] 朱子推崇"圣贤气象""孔颜之乐"要求学者在道德实践中体认天理，体会圣贤的乐趣所在，对中华文明产生了深远的影响。

第二节　儒学在当代英语世界的回应
——以儒家君子观念为核心[2]

君子是儒家推崇的理想人格，代表了仁义、温良、谦逊等美德，是儒学核心观念之一。在日常生活中，我们常使用"君子不器""谦谦君子""君子成人之美"等成语赞美他人，用"伪君子""小人""乡愿"来形容口是心非、伪善欺世之人。可以说，儒家君子观念潜移默化地影响着国人的道德评判与价值追求。不

---

[1]　杜维明：《仁与修身》，《杜维明全集》第 4 卷，武汉：武汉出版社，2002 年，第 25 页。

[2]　本文已发表于《汉籍与汉学》2022 年第 2 期，原题目为《回归原典：当代英语世界对儒家君子观念的解读——以柯雄文、芬格莱特、安乐哲为中心》。

惟如此，儒家君子对西方世界同样意义重大。西方汉学家认为儒家君子观念中包含的身心一体、家国同构等思想，对西方世界长期流行的身/心、理论/实践、事实/价值的二元论，具有积极的借鉴意义。故本节选取了西方汉学世界中的代表学者——柯雄文、芬格莱特和安乐哲，阐释他们对儒家君子观念的理解。可以看到，柯雄文、芬格莱特和安乐哲的阐释，努力摆脱基督化、东方化[①]，回归儒家原典，他们做出的去西方中心主义的努力，对当下学术研究和发展不无启示。

一、"一盏明灯"：柯雄文美德伦理学视域下的君子诠释

柯雄文对儒家君子的论述，主要集中在其遗著——《君子与礼：儒家美德伦理学与处理冲突的艺术》一书。在此书中，他回顾了西方学界对君子的三种不同译法：superior man、noble man or person 和 gentleman。第一种"superior man"译法以理雅各（James Legge）、陈荣捷（Wing-tsit Chan）、德效骞（Homer H. Dubs）、威利（Arthur Waley）、刘殿爵（D. C. Lau）与华生（Burton Watson）等人为代表；第二种"noble man or person"译法以翟理斯（Lionel Giles）、芬格莱特（Herbert Fingarette）、史华兹（Benjamin I. Schwartz）和狄培理（William Theodore de Bary）

---

① 基督化和东方化是安乐哲提出的概念，用以形容西方世界对儒家经典诠释的两种倾向。基督化，以理雅各布（H. E. James Legge）为代表，他以基督教思想理解儒家；东方化，以顾立雅（H. G. Greel）为代表，他对儒家的理解陷入东西方对立思维，认为西方代表着理性，东方代表着神秘与宗教。鉴于此，安乐哲尝试摆脱前人研究模式，致力于还原儒家思想。在柯雄文、芬格莱特的著作中，我们同样可以看到这种精神，下文详述。

为代表；第三种"gentleman"是常见的传统译法。这三种译法，柯雄文并不是很满意。第一种译法"superior man"，虽凸显了君子是美德之人，"凸显了君子是一位具有卓越、优异的美德与态度的人"①，而第三种译法"gentleman"，虽也凸显了"君子和他行为之文化背景的关系"②，但二者包含的"man"带有男性色彩，所以他认为中性词"individual"或"person"会更恰当："我们会偏好诸如'individual'或'person'这类中性（gender-neutral）的词汇。"③第二种译法"noble man or person"，柯雄文认为仍无法传递儒家精神，因此他采取的方式是不翻译，"既然在英文里没有'君子'的对应词汇，那么，不翻译它是最好的处理方式"④。这直接体现在其书名中，"Junzi and Rites：Confucian Virtue Ethics and Art of Dealing with Conflicts"。从根本上来说，柯雄文之所以采取不翻译的策略，与他对儒家君子的理解密不可分。

柯雄文更关注的是美德的主体——君子，而不是美德主体的行为。在他看来，儒家的君子呈现了一种光辉的道德生命活动。这种呈现本身要比呈现的行为活动，更为重要。呈现，不提供规则、规范或指导，它是道德生命的显露与发扬，而呈现的行为活动，则往往代表一种规则或规范。换而言之，君子之所以高

① 柯雄文：《君子与礼：儒家美德伦理学与处理冲突的艺术》，李彦仪译，台北：国立台湾大学出版中心，2017年，第24页。
② 柯雄文：《君子与礼：儒家美德伦理学与处理冲突的艺术》，李彦仪译，台北：国立台湾大学出版中心，2017年，第24页。
③ 柯雄文：《君子与礼：儒家美德伦理学与处理冲突的艺术》，李彦仪译，台北：国立台湾大学出版中心，2017年，第20页。
④ 柯雄文：《君子与礼：儒家美德伦理学与处理冲突的艺术》，李彦仪译，台北：国立台湾大学出版中心，2017年，第17页。

贵，因为他（她）是美德的主体。即使君子没有展现出具体的道德行为，其本身内在的道德情操就足以令人敬畏。柯雄文反对事实、价值相分的二元论，他认为事实背后的价值之源更为关键，这就是为何他一再强调德行背后的美德主体——君子更为重要。停留在事实层面寻找美德的本质，往往变成概念化的认知与理解，这并不符合美德伦理学的精神。为了更清晰呈现君子的意义，柯雄文将君子比喻为"主旋律""明灯"："他（君子）体现了一种理想的主旋律，这主旋律更像是一盏明灯，而非行为的规范。"[1]"主旋律""明灯"没有强烈的规范色彩，甚至可以说不提供规范意义，更多的是表示接引意义："理想主旋律与理想规范的不同之处，在于前者并不为行为提供规箴、规矩、指导或者原则。对于富有使命感的行动者而言，它们是重要的指点。"[2]柯雄文对儒家君子的阐释，意欲摆脱理论＼应用、事实＼价值的二分，可以说是美德伦理学的一贯宗旨。

与此同时，柯雄文反对以分解的方式理解儒家君子。所谓分解的方式，就是对君子——美德者进行解析，哪些行为构成了美德的本质或必要条件等等。这种分解式的解读，将君子理解为若干道德行为的集合体，并尝试寻找其本质属性，在柯雄文看来并不符合儒家精神："儒家的'君子'概念并无意用作对伦理学词汇进行概念分析的基础，而是著重在教诲'仁'或道德关怀，以及从其他坚定奉献者的典范生命中，学习成为仁人的概

---

① 柯雄文：《君子与礼：儒家美德伦理学与处理冲突的艺术》，李彦仪译，台北：国立台湾大学出版中心，2017年，第70页。

② 柯雄文：《君子与礼：儒家美德伦理学与处理冲突的艺术》，李彦仪译，台北：国立台湾大学出版中心，2017年，第37页。

念。"① 儒家的君子是合内外的美德者，既有内在的德性，又有外显的德行。内在的德性虽然包含一种理性结构，但不可将其视为理性本身，否则对君子的尊敬就变成了"对理性作为或自我决定（self-determination）之一般特质的尊敬"②，而对外显的德行如言语、行为的分析，同样不可将其视为包含普遍原则的伦理命题或行为，因为它们"并没有提供一套可以用作实践推理之前提的原则或规箴"③。恰恰相反，儒家君子传递的是"力量与生机"（force and vivacity）④，感动他人并使之效仿。

此外，柯雄文围绕如美德、良心等德性概念阐释儒家君子，而非正确、责任、义务等义务论概念。这与柯雄文所持的观点有关："儒学强调个人美德修养的思想历史久远。儒家伦理似乎可以被恰当地视作一种美德伦理。"⑤ 美德伦理主张个体内在的道德品质是道德实践的关键，义务、责任等普遍规则或规范需要进一步的内化才具有实践意义。在诠释儒家"仁""忠""恕"等德目时，柯雄文采取了一种现象学方法，描绘出道德主体的意向结构，如"仁"是指"关怀人类的主旋律（ideal theme）"⑥，"忠"是

---

① 柯雄文：《君子与礼：儒家美德伦理学与处理冲突的艺术》，李彦仪译，台北：国立台湾大学出版中心，2017 年，第 105 页。

② 柯雄文：《君子与礼：儒家美德伦理学与处理冲突的艺术》，李彦仪译，台北：国立台湾大学出版中心，2017 年，第 104 页。

③ 同上。

④ 柯雄文：《君子与礼：儒家美德伦理学与处理冲突的艺术》，李彦仪译，台北：国立台湾大学出版中心，2017 年，第 105 页。

⑤ Antonio S. Cua, Encyclopedia of Chinese Philosophy, Confucianism: Ethics, New York: London, 2003, Routledge. P. 73.

⑥ 柯雄文：《君子与礼：儒家美德伦理学与处理冲突的艺术》，李彦仪译，台北：国立台湾大学出版中心，2017 年，第 37 页。

指"独守行为举止的一项自治标准"①，"恕"是指"对他人的
体贴关心"②。这些具体德目的诠释，构成了柯雄文的儒家君子
观念研究的核心。在他看来，儒家君子的意义并不是提供了一种
"模仿或仿效的模范"，而是"'仁'之内在驱力的榜样"："君子
是'仁'之内在驱力的榜样，而非模仿或仿效的模范"③。"内在
驱力的榜样"是指君子对仁德的渴望和追求，凸显的是道德主体
内在的人格特质。这就是为何柯雄文反对将君子定义为理性之人
（reasonableness），而主张通情达理之人（reasonable）："君子有
可能会被认为是，而不是理性的（reasonableness）人。可以说，
儒家伦理学有一个重要的概念，即通情达理（reasonableness），王
阳明的思想中特别展示了这点。通情达理者的某些特质，已经隐
含在'义'的附从美德（诸如'公心''仁心'），以及'义'德的
分寸感之中。"④理性（reasonableness）与通情达理（reasonable）
差别在于理性象征一种规范、规则或秩序，而通情达理则代表一
种主体的内在品质。

需要注意的是，柯雄文主张美德伦理学但并不拒斥规范的重
要性，他明确指出儒家伦理具有规范和秩序意义："儒家对各种
美德的中心地位的强调，表示（assumes）我们可以将'德'翻
译为'virtue'。其次，我们稍后会看到的是，这样的强调并不贬

① 柯雄文:《君子与礼：儒家美德伦理学与处理冲突的艺术》，李彦仪译，台北：国立台湾大学出版中心，2017年，第40页。
② 柯雄文:《君子与礼：儒家美德伦理学与处理冲突的艺术》，李彦仪译，台北：国立台湾大学出版中心，2017年，第41页。
③ 柯雄文:《君子与礼：儒家美德伦理学与处理冲突的艺术》，李彦仪译，台北：国立台湾大学出版中心，2017年，第102页。
④ 柯雄文:《君子与礼：儒家美德伦理学与处理冲突的艺术》，李彦仪译，台北：国立台湾大学出版中心，2017年，第81页。

低那些受规则制约之行为举止的重要性，或者贬低对于基础概念的原则式诠释（the principled interpretation of basic notions）。"①儒家的君子是"一盏明灯"，其本身也蕴含着规范和秩序。只不过不能将这种规范与秩序理解为本质性的（substantive），而应该将其看作是程序性的（procedural）②。美德的实践需要主体进行一系列程序性的活动，而不能直接化约为本质性的一种结构。柯雄文所说的程序性，突出了儒家伦理追求的是不断的自我修养，包含着情感、意志、认知等多种内容："从儒家伦理学的观点来看，学习成为一位模范而自主的道德行动者———一位君子，是一个持续不断的自我修养（'修身'）过程。这个过程包含对既有文化传统的学习与批判性诠释，它被视为是对人类福祉关怀（'仁'）的体现、对恰当行为规矩（'礼'）的熟悉，以及关联着特殊情景的恰当审慎判断（reasoned judgment）（'义'）。"③总之，柯雄文认为儒家君子传递伦理关切、彰显道德意志，是个体委身于道德之典范，他的诠释彰显了美德伦理学的精神。

二、"一樽神圣的礼器"：芬格莱特去心理学化的君子诠释

芬格莱特是一位美国学者，他著述颇丰，出版过《转化中的自我》（*The Self in Transformation*，1963）、《犯罪精神病的意义》

① 柯雄文：《君子与礼：儒家美德伦理学与处理冲突的艺术》，李彦仪译，台北：国立台湾大学出版中心，2017年，第27页。
② 柯雄文：《君子与礼：儒家美德伦理学与处理冲突的艺术》，李彦仪译，台北：国立台湾大学出版中心，2017年，第44页。
③ 柯雄文：《君子与礼：儒家美德伦理学与处理冲突的艺术》，李彦仪译，台北：国立台湾大学出版中心，2017年，第87页。

（*The Meaning of Criminal Insanity*，1972）、《酗酒：酒精中毒症的神化》（*Heavy drinking：The myth of Alco-holism as a disease*，1988）、《死亡：哲学的探测》（*Death：Philosophical Soundings*，1996）等作品。芬格莱特对儒家君子观念的研究，主要集中在《孔子：即凡而圣》（*Confucius：the secular as sacred*，1998）一书。在书中，他尝试摆脱西方哲学传统，打破身／心、个体／社会二元论逻辑，努力探索儒学原貌，他对儒家君子的论述可以说是其哲学方法论的集中展现。

《孔子：即凡而圣》的君子译法，主要有以下几种：the spiritually noble man[1]、the truly noble man[2]、the noble man[3]、a noble man[4]。其核心译法是 the noble man，其他可视为变式。在英语中，noble 既表示"地位高贵"，又有"情操高尚"之意，分别对应着"君子"的"位"与"德"。芬格莱特没有选择传统译法 gentleman（顾立雅），因为在他看来，gentleman 译法过于心理主义。gentle 本身表示的是个体的心理倾向，如温和、和善、友好、宽容等等，并不能很好地揭示君子的内涵。那么，在芬格莱特看来，儒家君子的内涵有哪些？

儒家君子的特质是礼学精神。所谓礼学精神，芬格莱特之意是指君子能熔铸社会规范（礼）和原生态（raw）个人于一体：

---

[1]　Fingarette, Herbert, Confucius: The Secular As Sacred, 1998, Prospect Heights, Ⅲ.Waveland Press, p.20.

[2]　Fingarette, Herbert, Confucius: The Secular As Sacred, 1998, Prospect Heights, Ⅲ.Waveland Press, p.21.

[3]　Fingarette, Herbert, Confucius: The Secular As Sacred, 1998, Prospect Heights, Ⅲ.Waveland Press, p.39.

[4]　Fingarette, Herbert, Confucius: The Secular As Sacred, 1998, Prospect Heights, Ⅲ.Waveland Press, p.73.

"孔子所说的精神的贵族也就是君子，就是那种为把社会规范（礼）和原生态（raw）个人的存在熔铸在一起而辛勤劳作的"炼金术士"（alchemy），他们以这样一种潜移默化的方式，把原生态的个人转化成为实现人所持有的美德或力量的德性的存在。"①换而言之，君子之所以为君子，在于通过对社会规范（礼）转化而使自身成为德性的存在。

君子的礼学精神并非是对个体心理的描述。芬格莱特认为，儒家之礼在人伦日用层面的展开，虽以敬重、敬畏等心理情感的形式表现出来，但切不可将礼学精神还原为个体心理。若将礼学精神等同于个体自我的心理状态，并没有揭示礼的"人际性"（man-to-man-ness）："人的道德是在人际交往的具体行为中实现的，这些行为都具有一个共同的模式。这些模式具有某些一般的特征，所有这些模式的共同特征在于'礼'：它们都是'人际性'（man-to-man-ness）的表达，都是相互忠诚与相互尊重的表达。"②礼的"人际性"（man-to-man-ness）表现为公共价值。儒家修齐治平观念代表着对公共价值的追求："君子的存在体现了公共的价值。正是由于君子尽善尽美地将这些公共价值个性化，也正是由于他是个性和人类社群的结晶，因此，君子在其他人当中唤起了尊敬、快乐以及分享其生命形式的意愿。"③儒家君子追求修齐治平，其道德实践具有"人际性"（man-to-man-ness），公共价值便在此基础上得以诞生。

---

① ［美］赫伯特·芬格莱特：《孔子：即凡而圣》，彭国翔译，南京：江苏人民出版社，2002年，第7页。

② 同上。

③ ［美］赫伯特·芬格莱特：《孔子：即凡而圣》，彭国翔译，南京：江苏人民出版社，2002年，第158页。

正是在这种"人际性"（man-to-man-ness）下，君子获得了自我实现（man realize himself[①]）。君子的自我实现不是西方哲学意义上理性主体的自我实现，而是人逐渐认识到自我价值、并去实现自我。芬格莱特使用"realize"一词，而没有采用 being oneself 或者 self-actualized，是为了避免陷入理性主义，凸显君子对客观世界的参与、肯认，所以他说："正是在这种与那些在终极的意义上类似于自己的他人的美好、庄严、共享以及公开的参与中，人才会获得自我的实现。"[②] 在此意义上，他反对西方学者柳无忌和顾立雅理解的儒家君子。柳无忌在《孔子的生平与时代》一书中说道："正是孔夫子无与伦比的天才睿智，发现了伦理个体……个体之人现在作为一种社会的存在被高扬至新高度……在人类历史上，个体尊严第一次得到了肯定。"[③] 柳无忌将儒家的贡献视为个体价值的确立，同样，顾立雅也认为儒家凸显了个体的尊严和价值[④]。在芬格莱特看来，柳无忌和顾立雅的解释，仍是以西方传统思维来解读儒家："西方人是以其本能的或直觉的方式来解读《论语》的，而且还不自觉地受到了用基督教术语、用欧洲思想的术语来思维的束

---

①　Fingarette, Herbert, Confucius: The Secular As Sacred, 1998, Prospect Heights, Ⅲ.Waveland Press, p.20.

②　[美]赫伯特·芬格莱特：《孔子：即凡而圣》，彭国翔译，南京：江苏人民出版社，2002年，第15页。

③　Liu Wu-Chi, Confucius, His Life and Time, New York; Philosophical Library, 1955, p.155—156.

④　H.G.Creel, Confucius and the Chinese Way, New York: Harper&Brothers, 1960, p.136—138.

缚。"① 这种"个体—社会"式解读，并没有理解儒家的君子观念，更别说揭示出儒家美德的实质。

儒家提倡的美德具有一种公共性，并不单纯地指向主体的心理结构。芬格莱特极力反对近代流行的心理学解释，这种解释将美德还原为个体的特性、情感和态度②："我们切不可把《论语》中孔子的术语心理学化。第一要认识到，'仁'以及与之相关的'德'和'礼'，在原典中都与用来表示'意志''情感'和'内在状况'的语言无关。我们从'仁'表示具体的人，'由此'进而认为'仁'表示人内在的精神或心理状态或过程，但是在《论语》中无法找到与此相对应的思想。"③ 这种解读方式意欲揭示自我的理性结构，建立在理性主体的基础之上，并不契合儒家思想。不难猜想，芬格莱特之所以强调君子的礼学精神，甚至说"君子是一樽神圣的礼器"④，因为君子呈现的道德生命活动，展现了一种公共性、开放性精神。

尽管芬格莱特意欲摆脱西方传统哲学的解释路径，但在有些地方仍留有西方哲学的影子⑤，例如，他将孔子提倡的类比于基

---

① ［美］赫伯特·芬格莱特：《孔子：即凡而圣》，彭国翔译，南京：江苏人民出版社，2002年，第2页。

② ［美］赫伯特·芬格莱特：《孔子：即凡而圣》，彭国翔译，南京：江苏人民出版社，2002年，第37页。

③ ［美］赫伯特·芬格莱特：《孔子：即凡而圣》，彭国翔译，南京：江苏人民出版社，2002年，第43页。

④ ［美］赫伯特·芬格莱特：《孔子：即凡而圣》，彭国翔译，南京：江苏人民出版社，2002年，第78页。

⑤ 顾立雅认为芬格莱特反对以心理主义、理性主义等解读儒家，但其观点却恰恰是西方的。详见 Herrlee Glessner Creel, Discussion of Professor Fingarette on Confucius, Journal of the American Academy of Religion, 1980, p.410.

督教的兄弟关系（brotherhood），未必是妥帖的[1]。但总体上来说，芬格莱特对西方学界的影响颇大，葛瑞汉[2]甚至认为芬格莱特做出的去西方中心化的努力深刻影响了西方汉学的发展。

三、道德生命的自我呈现：安乐哲去实体主义的君子诠释

安乐哲将君子翻译为"exemplary person"（典范）或"junzi"，他并没有采取传统译法如"the superior man"（高尚、高位之人）或"gentleman"（绅士）。这两种译法的代表者分别是理雅各（H.E.James Legge）和顾立雅（H.G.Greel）。在理雅各翻译的儒家典籍中，君子的译法有二十余种[3]，其经典译法是"the superior man"和"superiors"。"superior"在英文中既包含高尚之意，又有高位之意。理雅各采取这种译法，其目的是凸显君子是有德操、有地位之人。"gentleman"译法以顾立雅（H.G.Greel）为代表，顾立雅认为："在孔子那里，'君子'表示道德意义上的绅士（gentleman）（理雅各翻译为'高尚、高位

---

① "人类完美的社群——对于基督教兄弟关系（brotherhood）的孔子的类似物——就成为神圣崇拜的一种不可摆脱的部分和主要方面——这又成为耶稣所教导的核心律责（the central law）的类似物。"（［美］赫伯特·芬格莱特：《孔子：即凡而圣》，彭国翔译，南京：江苏人民出版社，2002年，第15页）

② 葛瑞汉认为芬格莱特是最早试图摆脱西方传统哲学影响并阐释孔子思想的哲学家，并承认芬格莱特启发了他："孔子对当代哲学的可能的意义关联最早被专业哲学家芬加雷特意识到，他的《孔子：神圣即凡俗》（1972年）激发了我们对这位圣人的思考"详见［英］葛瑞汉着：《论道者：中国古代哲学论辩》，张海晏译，北京：中国社会科学出版社，2003年，第30页。

③ H.E.James Legge，The Chinese Classics.Taipei：SMC pulishing Inc，1991.

之人'），除此之外没有任何其他含义。"①显然，顾立雅对理雅各的译法并不认可，为了凸显君子的道德内涵，顾立雅翻译为"gentleman"。

在安乐哲看来，理雅各与顾立雅对君子一词的翻译及其所采取的翻译策略，并没有很好地揭示儒家文化的核心要义。他反思西方世界对儒家经典的翻译和解读，认为存在"基督化"与"东方化"两种错误倾向："中国哲学为我们西方读者所熟悉，起初是通过使之基督教化，然后更近代的时候是通过使之东方化。"②"基督化"指理雅各，理雅各是英国伦敦宣道会宣教士，其自身带有的宗教身份，致使他在翻译儒家经典时常常流露出强烈的宗教意识，因而遭到安乐哲与其他学者批评③。"东方化"指顾立雅，安乐哲认为："H.G.克里尔（按：顾立雅）完全否认'君子'有政治涵义……这样的讲法掩盖了个人修养和政治责任、教育和社会——政治秩序之间的两极关系。"④顾立雅将东西方纳入对立的两极，西方象征理性、心灵的、民主的，而东方

---

① Creel, Herrlee Glessner, The Origins of Statecraft in China, Chicago: University of Chicago, 1970, p.335—362.

② ［美］江文思、安乐哲编：《孟子心性之学·序言》，北京：社会科学文献出版社，2005年。

③ 当代学者吉瑞德（Norman J.Girardot）同样认为，理雅各布在翻译儒家经典时采取了一种宗教立场："将中国人引向理解基督教的上帝的最好方法，就是对儒家经典中已经就上帝进行过言说的部分加以'补充'，这一行为，也反映出犹太《旧约》中的基督的完整性。"吉瑞德（Norman J.Girardot）着：《朝觐东方：理雅各布评传》（The Victorian Translation of China: James Legge's Oriental Pilgrimage），段怀清、周俐玲译，桂林：广西师范大学出版社，2011年，第193页。

④ ［美］郝大维、安乐哲：《孔子哲学思微》，蒋弋为、李志林译，南京：江苏人民出版社，1996年，第139—140页。

象征神秘的、宗教的、专制的。顾立雅对儒家经典的翻译和解读，在安乐哲看来是一种西方价值观的体现。从根本上来说，理雅各和顾立雅都代表了一种"盎格鲁 - 欧洲思想的实体主义"①。"盎格鲁 - 欧洲思想的实体主义"，即将人类预设为理性存在，导致在阐释儒家思想时，会预设一个绝对的、理性的自我："盎格鲁 - 欧洲超验语言与必须根据'实体'解释（人类社会更是如此）是直接关联的。因此，借助超验原理的任何诠释都不可避免要导向'自我'（self）的实体观念。……这种定性使得行动者成为一种实体性存在——即，一个拥有'实质'，一种实体之'质'的存在物。"② 要想摆脱西方思维，就必须认识到在儒家学说中，人之所以为人，取决于自身的行为，而非预设的理性实体。这就是为什么安乐哲将君子翻译为"exemplary person"，"exemplary"意为典范，"exemplary person"进一步凸显了个体生命的活动过程，典范之人通过生命活动呈现自我，并不预设一个先验的理性主体。

　　为了避免在解读儒学经典时陷入"盎格鲁 - 欧洲思想的实体主义"，安乐哲提出了语境化解读方法。所谓语境化解读方法，是指通过语境理解语言，通过系统研究儒家经典，从而更深入理解儒家思想。"在重译《论语》时，我就试图通过提供对以下术语的详尽解释来转述《论语》的世界观。这些术语包括：仁、义、礼、乐、信、心、知、天、圣人、君子、和、道、德、正、

---

① ［美］郝大维、安乐哲：《通过孔子而思》，何金莉译，北京：北京大学出版社，2005年，第17页。

② ［美］郝大维、安乐哲：《通过孔子而思》，何金莉译，北京：北京大学出版社，2005年，第17页。

孝、命、性、恕、忠、中庸等等。"① 通过这种诠释方法，安乐哲认为君子是一个动态性概念。君子不是指具有道德情操的人或具有某种身份地位之人，君子是 human becomings（人是其所为之人），而不是 human beings（人类）。human beings 指人类，这一概念本身就已经预设了类属性，而 human becomings 是指人是其所为之人，人是自身塑造的对象和结果。从安乐哲的阐释可以看到，他并未给出一个具体的定义，将君子定义为理性或道德的行动者，而是采用了一种现象学的方法，描述个体在特定环境下的行为活动。安乐哲认为这才符合儒家精神，因为儒家并更关注现实的、具体的行为本身，而不是抽象的、脱离现实的美德本质："儒学却表征为一种现象本体论，而非实体本体论。理解人类现象不需要借助'质料''属性'或'特性'。因此，儒家不考虑抽美德的实质，他们更关注对特定语境中个体行为的诠释。"②

儒家君子观念不仅有动态性，还具有生成性。安乐哲认为，儒家所说的人或自我，并没有西方哲学预设的"一般本体论"（ontologia generalis）或"普遍原理的科学"(Scientia universalis)。儒家的自我不是单独的个体，而是一个整体，这个整体是人我关系的统一，呈现在自我与他人的双重关系中："将作为焦点的个人与他将要造成的、反过来又被其塑造的环境融为一体"③。因此儒家君子观念具有生成性，通过具体环境的具体行为得以呈

---

① ［美］安乐哲：《差异比较与沟通理解——当代西方学者研究中国哲学的倾向及障碍》，张燕华译，《时代与思潮》1998 年辑刊。

② ［美］郝大维、安乐哲：《通过孔子而思》，何金莉译，北京：北京大学出版社，2005 年，第 17 页。

③ ［美］郝大维、安乐哲：《汉哲学思维的文化探源》，施忠连译，南京：江苏人民出版社，1999 年，第 79 页。

现。至于这种生成性的根源，安乐哲认为来自孔子。孔子是儒家精神的奠基者，他将人类行为的活动意义奠定于人类自身之上，人自身就是意义的创造者，不是来自超越的存在："而孔子却认为，创造活动'内在地'存在于自然世界中，人们按照其对特定社会环境的秩序所产生的影响来估价它们，创造活动根本不是模仿某种超人间力量的有意识的封闭活动。"①

安乐哲揭示了儒家君子观念具有动态性和生成性。他反思西方世界长期盛行的实体主义，反对预设的理性主体，认为儒家君子代表的美德秩序不是来源于某种超验的逻辑形式如上帝意志，而是由人自身来实现和完成。在当代英语世界中，安乐哲是儒学研究的标杆，他系统反思西方学术传统，翻译大量儒家经典，深入探究儒家思想，为我们理解儒家提供了崭新的域外视角。

四、结　语

在汉语语境中，我们常用君子来赞美那些道德高尚之人，君子观念寄托着我们对美德的认可与追寻。那么应该如何理解君子？柯雄文、芬格莱特与安乐哲对儒家君子观念的阐释，为我们理解儒家道德提供了新的思路。柯雄文从美德伦理学的角度出发，他更强调君子——美德的主体，而非君子的行为。他反对以分解的方式理解儒家君子，拒绝将君子理解为若干道德行为的集合体。柯雄文的阐释最大特点是围绕如美德、良心等德性概念阐释儒家君子，而非正确、责任、义务等义务论概念。芬格莱特

---

① ［美］郝大维、安乐哲：《孔子哲学思微》，蒋弋为、李志林译，南京：江苏人民出版社，1996年，第9页。

的研究体现了一种去心理学化的特征。他反对将君子理解为理性主体，他认为君子具有一种动态的、生成的意义，包含人逐渐认识到自我价值、并去实现自我的过程。芬格莱特强调君子的礼学精神，他甚至将君子比喻为礼器，"一樽神圣的礼器"，这与其主张君子追求公共价值的观点相契合。安乐哲同样认为儒家君子具有一种动态性的、生成性意义。君子不是指具有道德情操的人或具有某种身份地位之人，君子是 human becomings（人是其所为之人），而不是 human beings（人类）。human beings 是指人类，这一概念本身就已经预设了类属性，而 human becomings 是指人是其所为之人，人是自身塑造的对象和结果。总之，柯雄文、芬格莱特与安乐哲在阐释儒家君子观念时，都拒绝身／心、个体／社会的二元论，强调回归儒家原典，虽然他们每个人的侧重点有所不同，但他们努力摆脱西方传统哲学的影响是一致的。

第三节　儒家君子观念与社会共同体建设

在 2014 年 9 月召开的纪念孔子诞辰 2565 周年国际学术研讨会暨国际儒学联合会第五届会员大会开幕会上，习近平总书记强调："优秀传统文化是一个国家、一个民族传承和发展的根本，如果丢掉了，就割断了精神命脉。我们要善于把弘扬优秀传统文化和发展现实文化有机统一起来，紧密结合起来，在继承中发展，在发展中继承。"这充分体现了继承与发展中华优秀传统文化的重要性。当下全球迈入后疫情时代，世界各国都面临前所未有的危机，在这一背景下探讨中华君子文化的价值定位、挑战以及应对策略，对促进中华优秀传统文化的传承与发展，增强文化自觉与坚定文化自信，以及建设中国特色社会主义事业具有积极意义。

一、新时代中华君子文化的价值定位

中华君子文化是中华优秀传统文化的重要组成部分，是中华民族在漫长的历史发展过程中孕育的智慧结晶，具有深厚的人文传统与积极的现代价值。在历史上，中华君子文化激励着无数仁人志士自强不息、昂扬进取，造就了勇于担责、博爱奉献的中华民族性格特征与讲究和睦、友善宽容的社会风气。当前我国正处在转型时期，伴随着社会矛盾的放大与激化，中华传统美德正面临前所未有的挑战。当此之时，对中华君子文化做出与时俱进的诠释①，给予其合理的价值定位，是传承与发扬中华优秀传统文化、构建新时代和谐社会的必要工作。

（一）中华君子文化是培育健全人格的优质沃土

中华君子文化博大精深、源远流长，是在历史发展的长河中积淀几千年之久的精神文明，具有深厚的感召力与影响力，铸造了中华民族自强不息、厚德载物的性格特征。中华君子文化为个体合理地认知自我、定位自我，更好地创造自我价值树立了典范。中华君子文化强调没有绝对的、孤立的个体，任何人都不能脱离社会关系而独立存在，自我认同、自我价值是在与他人的双

---

① 文化的生命力离不开时代诠释，只有将其纳入时代视域之中，回应时代议题，才能适应时代发展，正如学者所言："我们只有批判和继承传统，才能够有所突破和创新，从而建构一种既适应时代前进的步伐，又不失传统文化特质与合理命题的民族新文化。"参见徐仪明编：《中国文化论纲》，开封：河南大学出版社，1992年，第40页。

向互动中建立，离开他人就无法实现成己成物、达己达人的崇高理想。在自我认同的基础上，中华君子文化强调由"格物、致知、正心、诚意"的内圣之学实现"齐家、治国、平天下"的外王之路[①]，通过自我管理实现整个社会秩序的和谐稳定。在社会转型时期，面对新型冠状病毒与人类共存化、社会防疫工作常态化，中华君子文化是促进人类理性地自我认知、自我定位，实现人与自我、人与他人、人与自然关系和谐共生的重要助缘。中华君子文化蕴含的内省、慎独精神，有助于个体深化自我认知，培养深厚的责任感与使命感，积极履行社会责任，推动社会和谐发展。中华君子文化凝聚的使命感和责任感，不仅有助于在社会转型时期展现良好的国民素质，更有助于社会共同体成员建立更深刻的文化认同。中华君子文化蕴含的刚健有为精神，是无数仁人志士通过伟大的生命实践铸就的，他们在逆境中以顽强的意志实践人生理想，这种精神对在新冠肺炎疫情下个体人格健全、社会讲信修睦与世界人民团结一致、砥砺前行具有积极意义。

（二）中华君子文化是新时代中华民族树立文化自信、形成价值共识的关键来源

中华君子文化蕴含忧国忧民的家国情怀、民胞物与的价值追求、天人合一的生态理念、和合包容的人文精神、内省慎独的精神向度、达观超然的生命气质，一直滋润着人心、促进着社会进步，是新时代中华民族树立文化自信、形成价值共识的关键来源。中华君子文化是中华优秀传统文化代表之一，是中华民族独

---

① 张立文指出内圣外王不仅是中国哲学理论思维的重要原理，更寄托了中华民族对真善美的追求，是中华民族生生不息的推动力，参见张立文：《中国哲学元理·内圣外王论》，《学术界》2020 年第 6 期。

特的精神标识，习近平总书记强调："在5000多年文明发展中孕育的中华优秀传统文化，在党和人民伟大斗争中孕育的革命文化和社会主义先进文化，积淀着中华民族最深层的精神追求，代表着中华民族独特的精神标识。"[①] 中华君子文化之所以能成为文化自信的基石，与其强大的兼容并包、博采众长的特质息息相关。这种兼容并包特质促使在文化冲突中不断反思自我，吸收外来优秀文化，加深、加固自身的文化根基，使自身获得更大的包容性。在当代社会主义事业建设中，中华君子文化涵养社会主义核心价值观、促进文化认同，是可嫁接并开花结果的"老树新枝"[②]。作为中华民族的文化基因，更是连接世界华人华侨乃至全人类的黄金桥梁，助推社会共同体、人类命运共同体的建设。

（三）中华君子文化是推动国家治理体系和治理能力现代化的重要力量

中华君子文化是中华民族在长期的历史发展进程中创造的文化体系，具有丰厚的历史资源和深厚的人文底蕴，是推动国家治理体系和治理能力现代化的重要力量。习近平总书记指出："一个没有精神力量的民族难以自立自强，一项没有文化支撑的事业难以持续长久。"[③] 一方面，中华君子文化蕴含传统社会的法治智慧与传统政治的运行机制与治理制度等历史资源，国家治理体系的建设事业需要从中华优秀传统文化中汲取养分，获得强大的智力支撑，从而更快、更好地促进国家治理体系的现代化建

---

① 习近平：《在庆祝中国共产党成立95周年大会上的讲话》，《人民日报》2016年7月2日。

② 钱念孙：《君子文化与社会主义核心价值观》，《光明日报》2014年6月13日；《新华文摘》2014年第19期。

③ 习近平：《在同各界优秀青年代表座谈时的讲话》，《人民日报》2013年5月5日。

设。另一方面，国家治理能力现代化离不开中华优秀传统文化的滋养，现实中国家制度的运行效果取决于执政者，中华君子文化主张"君子惠而不费，劳而不怨，欲而不贪，泰而不骄，威而不猛"（《论语·尧曰》）的德治理念，对提高管理能效与执政水平具有不可或缺的作用。

（四）中华君子文化是化解当代国内矛盾、国际纷争的一剂良方

中华君子文化具有深厚的道德理性，有助于缓解国内矛盾与国际争端等问题，推动人类社会的和谐发展。中华君子文化历来推崇急人所难的奉献精神，"君子贵人贱己，先人而后己"（《礼记·访记》），这种亲仁善邻、博施济众的道德品质，打破了人与人之间利益关系的束缚，促进心灵的相互感通，展现了生命的尊严与价值，是中华民族强大凝聚力的来源，也是当今社会和谐发展的有效推力。目前我国正迈向特色社会主义事业建设新阶段，新冠肺炎疫情导致地域歧视现象增多、城乡矛盾加剧，不仅造成同胞感情淡漠，更影响中国特色社会主义事业的稳定建设。中华君子文化不是抽象的理论体系，而是无数圣贤君子在道德生命的实践中证成的，是经验的、具体的道德生命活动之彰显，具有充沛的生命力、感召力与影响力，能够积极、长久、深刻地影响个体生命活动。这对当下疫情造成的社会矛盾与国内外价值观撕裂问题，无疑具有积极的修复作用。要之，中华君子文化传递的仁爱、友善、谦和、礼貌等道德力量，是当下中国社会和谐发展的重要推动力，更是世界文明多元化发展背景下化解国际纷争的一剂良方。

二、新时代中华君子文化的应对策略

中华君子文化是中华优秀传统文化的重要组成部分,传承与发扬中华优秀传统文化是每一位中华儿女义不容辞的责任与使命。面对来势汹汹的新冠肺炎疫情,如何进一步推动中华君子文化的传承与发展,本节提出以下三条对策:第一,加强中华君子文化的传播,推进普及进程;第二,加强中华君子文化的研究,提高传播效果;第三,加快中华君子文化的体制建设,确保科学地传承与发展。

（一）加强中华君子文化的传播,推进普及进程

中华君子文化是中华民族的精神血脉与精神家园,具有积极的示范与引领作用,加强中华君子文化的传播,积极推广中华君子文化理念,有助于个体陶冶高尚情操,提高身心素质,促进身心健康发展。首先,鼓励公众传承并发扬中华君子文化,设立一套具体的奖励制度,对勇于承担国家责任与使命的个人或集体公开表扬并物质奖励,推动社会形成勇于承担国家使命与责任的良好风气。其次,中华君子文化进校园、进社区、进农村。在校园,编写中华君子文化的相关教材并设立教育课程,培养有责任、有担当的"现代君子",坚定学生对中华民族伟大复兴的信心,让中华君子文化成为学生潜在的精神动力与内在信念并转化为实际的爱国行为。在社区与农村,打造一支理论素养高的宣讲团队,加大中华君子文化的宣传力度。再次,丰富并拓展多种传播路径,增强中华君子文化的感召力、亲和力、凝聚力,激发中华君子文化的新时代活力。可以将最能代表中华君子文化的文学艺术、思想、书法等作品通过网络媒体进行宣传与推广,扩大中华君子文化的社会受众。最后,加强中华君子文化的海外传播。

邀请专家学者系统翻译中华君子文化系列丛书，建设君子文化的外译工程，加快文化输出，扩大海外影响力。

（二）加强中华君子文化的研究，提高传播效果

当前我国正处在社会转型时期，发挥中华优秀传统文化的重要作用，必须加强对中华君子文化的研究，夯实中华君子文化的发展基础。首先，明确中华君子文化的时代价值与定位。中华君子文化不仅仅是道德伦理层面的文化体系，更包含体育、卫生、教育、美学等内容，如何进行合理阐释以适应不同层面的建设目标，是顺利开展这一研究工作的前提。其次，系统的学术研究是传承与发扬中华君子文化的关键步骤。没有深入的学术研究，就无法对中华君子文化形成有效的认知，更无法为中华君子文化的系统工程建设提供强有力的智力支持。这就必须打造多层次、高质量的学术梯队，充分发挥学术团体的科研能力，建立内容丰富、方法多维的中华君子文化诠释体系。最后，加强中华君子文化的研究，将中华君子文化的理念与价值融入到社会生活之中，这不仅要大力推广普及工作，推动中华君子文化走向大众，让大众切身体会到优秀传统文化的魅力与价值，更要打造精品化工程。精品化是文化发展的终极目标，中华君子文化的精品系列必须是"思想精深、内涵丰富、艺术精湛"的传世作品。中华君子文化的精品化建设，要明确中华君子文化的时代价值与定位，形成独特的诠释体系：其一，展现社会主义核心价值观。中华君子文化的精品化应以社会主义核心价值观为灵魂，始终贯彻党的十八大提出的价值要求："倡导富强、民主、文明、和谐，倡导自由、平等、公正、法治，倡导爱国、敬业、诚信、友善。"其二，回应时代问题，表达时代关切。中华君子文化之所以得到官方与民众的大力支持与倡导，成为整个社会的焦点与热点，原因

在于中华君子文化具有回应时代问题、表达时代关切的人文精
神。习近平总书记指出："要坚持古为今用，以古鉴今，坚持有
鉴别的对待，有扬弃的继承，而不能搞厚古薄今、以古非今，努
力实现传统文化的创造性转化、创新性发展，使之与现实文化相
融相通，共同服务以文化人的时代任务。"① 中华君子文化的精
品化建设之路必须具有现实关怀，在回应时代的过程中不断丰富
自身从而取得突破发展。

（三）加快中华君子文化的体制建设，确保科学地传承与
发展

中华君子文化的体制建设是确保中华君子文化在长期的发
展进程中能够不断被继承与发展的有效机制。因此，应该按照文
化发展的科学规律，建设科学的中华君子文化发展机制，发挥中
华君子文化在新时代特色社会主义文明建设的效用。其一，制定
发展中华君子文化的方针与政策。建立学术研究机制、普及传播
机制，制定并完善短期或长期的发展规划，明确中华君子文化的
发展目标。其二，将地域文化传统与中华君子文化相结合。在不
同的地域文化中，中华君子文化呈现出不同特色，如关学盛行
"重礼贵行"的君子精神，浙学盛行"求真务实"的君子精神，
不同地域文化为建构中华君子文化提供了丰厚的历史资源，中华
君子文化的体制建设应当充分利用地域文化，因地制宜发展。其
三，中华君子文化的建设离不开社会资源的合理配置。中华君子
文化的体制建设是一项庞大而系统的建设工程，在政府的统领
下，灵活调配社会资源，推动中华君子文化体制建设的高效发

---

① 习近平：《在纪念孔子诞辰 2565 周年国际学术研讨会暨国际儒学联合会第五
届会员大会开幕会上的讲话》，《人民日报》2014 年 9 月 25 日。

展。引入社会资源，成立各类基金会，推动有助于中华君子文化
发展的各类平台，如中华君子文化广场、中华君子文化教育基
地、中华君子文化名人故居等平台，激发全社会参与共建君子文
化的活力。在政府的统筹规划下，资金雄厚的个人、企业、集团
共同发力，健全中华君子文化体制建设。

第七章　子夏思想的历史遗产

子夏传经的贡献不仅仅在保存了儒家文献、开启汉代经学，更在于其传经精神推动了中国社会人文精神的发展。推崇师道、讲究师承，这一风气对传统社会乃至现代社会形成尊师重道的向善风气具有重要意义。本章将以子夏传经事迹为切口，探究其传经理念对传统社会的师道传承、家风治理与文化创新的积极影响。具体围绕以下议题展开论述：第一，《毛诗序》是否阻碍中国文学的发展；第二，在经学衰落的当代，经学应该如何阅读；第三，儒家对传统家风家训建设的积极作用。

第一节　《毛诗序》是否阻碍中国文学发展？

按照通行说法，子夏传《诗》，其中《大序》由子夏而成，《小序》子夏、毛公合作而成，汉儒郑康成《诗谱》所说"大序子夏作，小序子夏毛公合作"[1]基本已是定论。目前学界存在一种批评声音，认为《毛诗序》之所以成为经典，乃是其中的儒家

---

① 《经义考》卷九十九，《诗》二，《钦定四库全书荟要》第239册，第288页。

话语霸权，使后代学者不得不遵守奉行，从而形成强大的文化惯性。这一批评声音认为《毛诗序》存在诸多问题，如：刻意将爱情诗政治化解读，譬如《静女》《氓》明明写的是男女之情，《毛诗序》牵强附会成刺时之作。与此同时，西汉之所以没有五言诗，因为在《毛诗序》的话语霸权下，文人丧失了创作民间俗文学—五言诗的勇气。在这样的文化压制下，文人们只好小心翼翼地创作那些合乎统治阶级趣味的四言诗。直到汉代统治阶级瓦解，儒家话语霸权松解，终于迎来了黄金时代，文人们可以自由创作，大胆流露情感，再也不必遵循《毛诗序》中所说"发乎情止乎礼"，从而有了传颂千古的《古诗十九首》。再者，《史记》记载《墨子传》仅寥寥数语，因为司马迁持有儒家立场，排挤异端。

笔者认为《毛诗序》是儒家追求治道理念的一个经典文本，不能简单地理解为儒家话语霸权。将《毛诗序》当作压抑文人自由创作的元凶，使得文人五言诗出现较迟，这一观点是典型的现代性焦虑问题。从论证的角度而言，如果要论证文人之间的创作与《毛诗序》存在消极关系，必须找到第一手资料说明两者之间的联系。笔者认为对待古典著作，应持有"同情之理解"，这一方面古代先贤已为我们做出了典范。从古至今有许多存在疏漏、错误的著作，古人如何对待前人著作，值得我们借鉴学习。《五臣注文选》这本书是唐代吕延济、刘良、张铣、吕向、李周翰五人为了疏通文义，为之作注，较李善注更加简明易晓。但是，

《五臣注文选》存在很多错误，宋人苏轼和洪迈都曾批评过 [1]，宋人姚宽在《西溪丛语》一书中也多有批评。明代学者田汝成重新刊刻《文选》，他的儿子田艺蘅罗列五臣注错误，《四库总目提要》盖棺定论：“今观所注，迂陋鄙俚之处，尚不止此。而以空疏臆见，轻诋诸儒，殆亦韩愈所谓蚍蜉撼树者欤？”[2] 但是《提要》最后又说道：“然其疏通文意，亦间有可采。唐人著述，传世已稀，固不必竟废之也。”[3] 所以对待古人的著作，应持以宽容平和之心，切忌以今适古，拿今人的价值标准衡量、评判古人。

再者，经学著作讲的是公理，讲的是规矩准绳，《四库提要》：“盖经者非他，即天下之公理也。”[4] 古往今来，经学著作之中，内容冲突者不知其数。如《公羊传》《左传》内容相悖者如牛毛，学者们不知道争论了多少年。举例来说，鲁哀公三年，卫灵公驱逐蒯聩而立辄一事，左氏和公羊氏各有争议。《公羊传》记载定公十四年，卫灵公驱逐了蒯聩，在临死之前立辄为太子。卫出公辄在位十二年，蒯聩入卫，辄出奔，蒯聩即位，是为卫庄公。蒯聩夺辄之位时，曼姑发兵拒之。《左传》记载蒯聩之所以被驱逐，因为蒯聩想谋杀南子，后被泄密，遭到灵公驱逐。

---

① 洪迈：“东坡诋《五臣注文选》，以为荒陋。予观选中谢玄晖和王融诗云：阽危赖宗衮，微管寄明牧。正谓谢安、谢玄。安石于玄晖为远祖，以其为相，故曰宗衮。而李周翰注云：宗衮谓王导，导与融同宗，言晋国临危，赖王导而破苻坚。牧谓谢玄，亦同破坚者。夫以宗衮为王导固可笑，然犹以和王融之故，微为有说，至以导为与谢玄同破苻坚，乃是全不知有史策，而狂妄注书，所谓小儿强解事也。惟李善注得之。”参见洪迈：《容斋随笔》，上海：上海古籍出版社，1978 年，第 7 页。

② ［清］永瑢等撰：《四库全书总目提要》，北京：中华书局，1965 年，第 1686 页。

③ 《四库全书总目提要》卷一百八十六，《总集类》一，第 1686 页。

④ 《四库全书总目提要》卷一，《易类》 ，第 1 页。

围绕着这一件事，左氏和公羊氏争论的曼姑发兵拒蒯聩是否正义，而不是蒯聩怎么被驱逐，蒯聩是无道（公羊语）亦或是因为泄密而遭驱逐（左氏语）。关于蒯聩为何被驱逐，那是史学；关于曼姑的行为是否正义，那是经学。公羊氏赞美曼姑，因为他为辄（子）发兵抗拒蒯聩（父），出于爱国忠君之心，所以董仲舒说："荀息死之，贵先君之命；曼姑拒之，亦贵先君之命。"① 而左氏则认为曼姑不义，为辄（子）抗拒蒯聩（父），有违忠臣义子之道。他们争锋相对之处，是谁持理更加合乎中正。他们关心的是大义，倘若有毫厘偏颇之处，必造成国家社会的诸多问题。汉代学者曾争论《左传》《公羊传》谁更契合《春秋》，而不仅仅只是字句的异同，"春秋文成数万，其旨数千"，"仲尼之作春秋也，上探正天端，王公之位，万物民之所欲，下明得失，起贤才，以待后圣"②。所以解经者不可以不慎重，经学关乎社会秩序。《后汉书·李育传》："尝读《左氏传》，虽乐文采，然谓不得圣人深意，以为前世陈元、范升之徒，而多引图谶，不据理体，于是作《难左氏义》四十一事。"③《贾逵传》："今《左氏》崇君父卑臣子，强干弱枝，劝善戒恶，至明至切，至直至顺。"④ 两个学派担忧的是家国安危，正如《毛诗序》传递的是治道理念，这是我们应该主要把握的地方，而不是用今人的标准去衡量、指责古人。

另外，朱子《诗集传》对《毛诗序》的反驳，属于经学内部的争论，不等同于简单的学术争论。经学关注的是社会秩序，这

---

① 《春秋繁露义证》卷第三，《玉英》第四，北京：中华书局，1992年，第81页。
② 《春秋繁露义证》卷第六，《俞序》第十七，第160页。
③ 《后汉书》第卷七十九下，《儒林列传》第六十九下，第2582页。
④ 《后汉书》卷三十六，《郑范陈贾张列传》第二十六，第1237页。

是我们理解经学的关键。初看，朱子《诗集传》存在大量反驳《毛诗序》例证，的确是在批评《毛诗序》错误。朱子说："愚之病此久矣，然犹以其所从来也远，其间或真有传授证验而不可废者，故既颇采以附传中，而复并为一编，以还其旧，因以论其得失云。"① 但朱子也不敢尽废《毛诗序》，所以仍然保留了一些原序。明代学者方鹏曾说："《诗大序》皆格言也，非圣人之徒不能作也。《小序》或有误，然去古未远，得诗人肯綮者实多，固不可以尽废之也。"② 他的话，最为中正公允。《毛诗序》或许有些疏漏错误，但《毛诗序》阻碍了中国文学的发展谈不上。再者，明代学者蒋悌说："朱子作《诗集传》，见其穿凿纰缪，恐其有误后学，故力排之，以为不足信。然排之恐有太过，使其中有可存录者，亦为纰缪陋者所累，而类如排斥之列，则其间或有圣贤之言而受汉儒之诬，诚为未妥。愚自幼读《诗》《书》，颇有惑于此，今细推之，诚有可疑者，非曰敢憯朱《传》之失，恐后学遂轻《小序》而忽易之，亦非所宜，故不得不详辨于左以俟后之君子正焉。"③ 古代学者的治学态度，值得今人学习。总之，朱子批评《毛诗序》基于其"舍序求诗"的立场，其价值立场鲜明，与今人职业化、专业化的治学方式不同，而将《毛诗序》当作是中国文学发展的阻碍，相信很多学者都不敢苟同。

---

① ［宋］朱熹集撰，赵长征点校：《诗集传》，北京：中华书局，2017年，第14页。
② 《经义考》卷九十九，《诗》二，《钦定四库全书荟要》第239册，第309页。
③ 《经义考》卷九十九，《诗》二，《钦定四库全书荟要》第239册，第308页。

第二节　经学中的"师道"

这一节，笔者想接着上面的话题，谈谈如何阅读经学著作。古代的著作，因为年代久远，人事淹隔，我们很难读懂其中的意思，所以我们通常犯的错误就是以今适古，拿今人的标准衡量古人。在哲学方面，有人说古代中国没有哲学，中国古人的著作无非是感性体验为主，而不是理性的推论；在文学方面，有人说中国古典文学的发展要落后于西方，他们的小说在十六世纪出版量要远远超过整个明代小说数量；在诗歌方面，有人说中国古代诗歌在形式上是诗，内容上不是诗，现代诗在形式上不是诗，内容上是诗。这些说法，不管他们的意图是什么，或许有人在真心关注中国文学命运，但这些话都流露出一股强烈的现代性焦虑。这些话都在抱怨古代中国发展太慢，人的觉醒太晚，所以理性不够壮大，因此哲学、文学乃至工业都要比其他国家落后。

经学的命运，要比哲学、文学更加凄惨。鲁迅曾说，读经救不了中国，那些热衷读经的士人们都在抱残守缺，开历史的倒车："我看不见读经之徒的良心怎样，但我觉得他们大抵是聪明人，而这聪明，就是从读经和古文得来的。我们这曾经文明过而后来奉迎过蒙古人满洲人大驾了的国度里，古书实在太多，倘不是笨牛，读一点就可以知道，怎样敷衍，偷生，献媚，弄权，自私，然而能够假借大义，窃取美名。"[1] 这段话出自《十四年的读经》，鲁迅说在经学中找不到富国强民的秘诀，也找不到工业化抵抗列强的法宝，那些热衷读经的人就像吞噬人体营养的大嗜

---

[1]　《十四年的读经》，《鲁迅全集》第三卷，北京：人民文学出版社，2015年第1版，第137页。

细胞一样，吞噬整个国家的健康。当代学者通常是把经学作为思想史资料，把经学看作是思想资料汇编时，就是把经学著作等同于博物馆里的藏品，只能供人参观。古董活在过去，它没有生命。但经学不是古董，至少在过去几千年时间里，跟人们的生活息息相关。经学的意义远远大于现代学科下的分类专业。汉代经师为了训诂一字，用上万言，因为经文有微言大义，否则是非善恶不明。对于古代经典，就像陈寅恪先生所讲的，应持有"同情之理解"态度，不能过分苛求古人。经学，寄托着人们对永恒价值的渴望与追寻。《隋书·经籍志》上说："夫经籍者……所以经天地，纬阴阳，实仁义之钧陶，道德之橐钥也。"[1] 太史公说："《易》著天地阴阳四时五行，故长于变；《礼》记人伦，故长于行；《书》记先王之事，故长于政；《诗》纪山川溪谷草木牝牡雌雄，故长于风；《乐》乐所以生，故长于和；《春秋》辨是非，故长于治人。是故《礼》以节人，《乐》以发和，《书》以道事，《诗》以达意，《易》以道化，《春秋》以道义。"[2] 经学，关乎如何成圣成贤、成就良善秩序，具有积极的社会意义。

但是，经学很难。《四库总目提要》上说："盖经者非它，天下之公理而已。"[3] 公理，最难的就是如何体知、如何躬行践履。通常，我们总以为经学不过讲的是仁义道德，稍微识字的人都能读得懂。尤其在这个没有文盲的时代，任何受过教育的人，都能读懂字面意义。但理解字意不等于理解字义。意是文字表面的意思，而义关乎社会秩序。在经学阅读上，我们应该

---

① ［唐］魏征等：《隋书》，北京：中华书局，1973年，第903页。
② 《史记》卷一百三十，《太史公自序》第七十，第3297页。
③ 《四库全书总目提要》卷一，《易类》一，第1页。

注意到古人认为存在一种神圣而令人敬畏的知识。这里以《大戴礼记·五帝德篇》为例，这则故事具有极强的穿透力和说服力，揭示了古典时代知识观。宰予请求孔子陈说黄帝、颛顼、帝喾、帝尧、帝舜、帝禹之事，孔子说完，宰予又转告给他人，孔子知道后大怒：

> 孔子曰："予！大者如说，民说至矣；予也，非其人也。"宰我曰："予也不足，诚也，敬承命矣。"他日，宰我以语人，有为道诸夫子之所。孔子曰："吾欲以颜色取人，于灭明邪改之；吾欲以语言取人，于予邪改之；吾欲以容貌取人，于师邪改之。"宰我闻之，惧，不敢见。

上古五帝之事，不过就是历史的传说。但是，孔子却对宰予说"大者如说，民说至矣"，意思说人事之大者莫大于此即五帝传说具有极高的价值。那么，其价值何在？宰我是孔子的高足，位列四科政事之首，而孔子却说"予也，非其人也"，连宰我这样资质聪明的高足，孔子都觉得他不配拥有这些知识，更何况中人呢？在宰予看来，五帝传说不过就是史料，所以他转而告诉了别人，但是在孔子看来，五帝传说关乎"道统"，而"道统"非其人不传，所以孔子对宰予的泄密非常不满，也不表达了孔子在宰予身上寄托了治道理想。再举一例，《孔子家语·好生篇》中记载："鲁人有独处室者，邻之厘妇，亦独处一室。夜暴风雨至，厘妇室坏，趋而托焉，鲁人闭户而不纳，厘妇自牖与之言：'何不仁而不纳我乎？'鲁人曰：'吾闻男女不六十不同居，今子幼吾亦幼，是以不敢纳尔也。'妇人曰：'子何不如柳下惠？然妪不建门之女，国人不称其乱。'鲁人曰：'柳下惠则可，吾固不可。吾将以吾之不可，学柳下惠之可。'孔子闻之曰：'善哉！

欲学柳下惠者，未有似于此者，期于至善而不袭其为，可谓智乎！'"①鲁人姓名已不可考证，孔子盛赞鲁人，因他具有强烈自警意识，不盲目附庸风雅。对于经学著作，同样应有自觉意识，持以古人为师的态度来阅读，即使不能以古人为师，也应该持有同情之理解尊重古人。

再者，经学著作的阅读应该遵从一定的传统。曾子说，"吾日三省吾身：为人谋而不忠乎？与朋友交而不信乎？传不习乎？"古人严守师说未必是坏事，从追求创新的现代意义未必是好事，当然我们应该理解古人，所以曾子反省自己"传不习乎"。南朝梁代学者皇侃《论语义疏》中说，"常恐传先师之言，不能习也。以古人言必称师也"②。古代社会讲究尊师重道，言必称师，既是学生的荣耀，也是师道的尊严。汉代学者学习经术，以严守师法为荣。汉代学者张禹从施雠学《易》，从王阳庸生学《论语》，在孝宣皇帝甘露中，儒生举荐张禹入仕，萧望之称赞他精于经术，有师法。《汉书·张禹传》："甘露中，诸儒荐禹，有诏太子太傅萧望之问。禹对易及论语大义，望之善焉，奏禹经学精习，有师法，可试事。"③汉代学者治经以违背师法为耻。《后汉书·鲁丕传》："说经者，传先师之言，非从己出，不得相让，相让则道不明，若规矩权衡之不可枉也。难者必明其据，说者务立其义，浮华无用之言不陈于前，故精思不劳而道术愈彰。法异者，各令自说师法，博观其义。"④鲁丕是后汉名重一方的经师，时人称之为"五经复兴鲁叔陵"。他上书章和皇帝说

---

① 《孔子家语》卷二，《好生》第十，《钦定四库全书》第695册，第24页。
② 《论语义疏》卷一，《学而》第一，第8页。
③ 《汉书》卷八十一，《匡张孔马传》第五十一，第3347页。
④ 《后汉书》卷二十五，《卓鲁魏刘列传》第十五，第884页。

"非从己出，不得相让"，意思是让学者严守师法，在辩论经义时，不得掺杂私说。那些严守师法的学者，往往受到褒扬。《后汉书·卓茂传》记载："茂，元帝时学于长安，事博士江生，习诗礼及历算，究极师法，称为通儒。"[①] 又《刘宽传》云："宽少学欧阳尚书，京氏易，尤明韩诗外传、星官、风角、算历，皆究极师法，称为通儒。"[②] 汉人有不远千里投其门下治经者。《后汉书·李固传》："李固貌状有奇表，鼎角匿犀，足履龟文。少好学，常步行寻师，不远千里。"[③] 他们不远千里求师问道，甚至不能亲见师父一面，"董仲舒下帷讲诵，弟子传以久次相授业，或莫见其面"[④]。我们处在便利的社会，随手可以从网络上下载任何时代的著作，不必如古人那样不远千里拜师学艺。但是，我们能离经学更近吗？似乎不一定。汉人治经，能矫正今人读经的许多问题。

第三节　传统师道与当代阅读伦理

带着问题读书，此道理人所共知。无论教师授课，抑或个人阅读，此种方法都堪称高效，因其便于找寻所需之内容，从而把握文章整体。但正因为此，它也饱受诟病。许多学者批评此种方

---

① 《后汉书》卷二十五，《魏刘列传》第十五，第869页。
② 《后汉书》卷二十五，《魏刘列传》第十五，第886页。
③ 《后汉书》卷六十三，《李杜列传》第五十三，第2073页。
④ 《汉书》卷五十六，《董仲舒传》第二十六，第2459页。

法败坏读书风气。① 目前学界对此有所争论，但是这些争论往往流为教学经验之谈，而缺乏学理。本节拟从教材谈起，继而论述阅读应有之准则，希冀对读者有所启示。

一、从教材之教材谈起

教材的问题得到了许多学者的反思，童庆炳在《高校教材问题谈》中批评："过去文科教材无非是概论和发展史两种，概论和发展史构成了文科教材的主流，这明显是受前苏联 50 年代教材的影响。"② 教材之教材，也值得反思。时下盛行的《教育学》作为教材之教材，相关理念值得反思。

在《教育学》第八章《教学》中，编者提出教师授课必须遵循教学规律，应以传授规律性知识为主：

> 知识是人们对客观世界的认识……要使知识的掌握真正促进智力的发展，必须具备如下条件：第一，从传授知识的内容上看，传授给学生的知识应是规律性的知识。只有掌握了规律性的知识，才能举一反三，触类旁通，才能实现知识的迁移，才能有已知推至未知。③

---

① 对高校师生来说，带着问题读书，乃阅读之基本能力，为科研能力之表现。但其后果便是，急于在文中寻找构成"问题"的材料。美国学者宇文所安提及国人研究风气，"（中国学者）喜欢使用摘要和节选，如今仍有大量参考资料性著作从各种类目繁多的原始资料中寻章摘句。"宇文所安所说的中国学者偏爱观念史研究，乃是一种以目的式的阅读方式，借以建构"问题谱系"，所以乐衷于检索资料。参见宇文所安《中国文论：英译与评论》之《中译本序》，王柏华、陶庆梅译，上海：上海社会科学院出版社，2003 年。

② 童庆炳等：《高校教材问题谈》，《大学出版》2006 年第 1 期。

③ 肖北方：《教育学》，北京：北京出版社，2010 年，第 180 页。

以传授规律性知识为主，是当下教育的主流模式，但应区分学习者在不同阶段的不同学习类型。概论，是传递规律性知识的代表。概论之长处，在于能够易于传递规律性、普遍性知识，而掌握了此种规律性知识的学生，便擅长宏观综论，如童庆炳所言"概论好的一面……大陆学生能从理论和宏观的角度阐释"[①]。因此，现今形形色色的概论书，仍十分受欢迎。概论之优点，不可否认。但概论之弊端，却也不容小觑。

《教育学》中提及的规律性知识，一是指经概念演绎而来的知识，二是指经验归纳的知识。"举一反三"乃前者之运用，如以定理推证命题，在数学几何中，以正弦定理推三角形各边角关系；"知识的迁移"乃后者之运用，以归纳的结论，迁移至适用的命题，如以细胞基本形态推测某一植物细胞结构。笔者以生活具体事件为例，笔者的侄子一直对鱼类饶有兴致，曾在生物课上习得"鱼类都是冷血动物"这一观念，但他却心存疑虑，有一天在报纸上看到存在一种恒温鱼类——月鱼（opah），兴奋至极，那么"鱼为冷血动物"这一普遍性命题将不再成立（《参考消息》2015 年 5 月 16 日《科学前沿》版）。所以传递普遍性知识，需要鼓励读者探寻反例，不然普遍性知识、体系化结构很容易走向封闭。这一结果实质上是科学万能主义造成的：

> 现代人已经变得极不愿意承认这样一个事实，即他们在知识上的构成性局限（constitutional limitations）实是他们不可能经由理性而建构社会整体的一个永恒的障碍。现代人之所以不愿意承认这个事实，主要是因为他们无限依赖

---

① 童庆炳等：《高校教材问题谈》，《大学出版》2006 年第 1 期。

科学所具有的力量。有关科学知识迅猛发展的信息如此之多,以至于人们渐渐感到,所有知识上的局限都注定会很快消失。①

退一步而言,假令"普遍性知识"指的是坎贝尔(Norman Campbell)所言"关于能够获得普遍一致的那些判断的研究"②,其尚且适用于自然科学。那么,至少也应区分此教育理念适用之对象:人文学科不同于自然学科③。人文学科很大程度关注价值,而自然科学在于追求事实。斯诺(C. P. Snow)在《两种文化》(The Two Cultures) 中谈到了这两种差别。

> 科学……它同自己的过去有着有机的、消除不了的联系。用伯斯汀的话说:"在科学中,对过去的洞察溶合于现在之中,正如我们祖先的遗传物质整合于我们躯体的组织构造之中。"……人文文化没有内在的进步。有变化,但是没有进步,没有一致意见的增加……它在许多地方接近于

---

① 哈耶克:《法律、立法与自由》,北京:中国大百科全书出版社,2000年,第12页。
② 李醒民:《科学是什么》,《湖南社会科学》2007年第1期。
③ 笔者所谈的人文学科和自然学科,指的是现代学科建制意义下的两类学科。这种区分实不得已,却又无可奈何。在古典世界中,这两类学科没有界限。华勒斯坦等人所著《开放社会科学》中提及"在整个十九世纪,对大学的复兴贡献至巨者并非自然科学家,而是历史学家、古典学者和民族文学学者,他们将大学当作一种手段,以争取国家对其学术工作的支持。他们把自然科学家也吸引到发展迅速的大学结构中去,并从自然科学家积极的一面获益甚多。不过,由此却产生出这样一个后果:从那时起,大学就成了文科(人文科学)和理科(自然科学)之间持续紧张的主要场所;人文科学和自然科学现在被界定为两种完全不同、对有些人来说甚至是截然对立的认识方式。"参见华勒斯坦:《开放的社会科学》,刘锋译,北京:生活·读书·新知三联书店,1997年,第9页。

我们的人性的自我，只要我们没有忘记抽象、求同精神是围绕着我们的最人性的事物之一就行。①

斯诺认为科学追求普遍性知识，因其本性就是追求事物的规律，目的是发现新知识，而人文学科追求的是价值，其目的不在创造新知识。带着问题读书很大程度上是现代性产物，与古典知识观无关。在这一观念下，知识的价值很大程度取决于是否为其所用。以文学专业为例，带着问题读书成为科研意识的体现，寻找文章作品中心思想②、人物形象变迁③、作品主题等等居然成了阅读的核心。

---

① 斯诺：《两种文化》，纪树立译，北京：生活·读书·新知三联书店，1994 年，第 123 页。

② 当下教育往往将"中心思想"和"中心"混为一谈。"中心"包括结构、语言、内容等，而"中心思想"只是其中一种。古人也谈论"中心"，但他们谈论章法、句法、风格等。当下谈论"中心思想"，涵盖了所有内容，有以偏概全之嫌。

③ 借形象分析以评判作品之优劣，当下盛行，比如批评《水浒传》的人物塑造仍未脱离"超人"气息。古之小说，乃史乘之馀，班固所言"小说家者流，盖出于稗官，街谈巷语，道听途说之所造也。"今之小说，乃一独立之文体。施耐庵既非小说专家，亦非有意写小说。金圣叹言"施耐庵只是饱暖无事，又值心闲，寻个题目，写出自家许多锦心绣口。"（《金圣叹全集·贯华堂第五才子书》，南京：江苏古籍出版社，1985 年，第 17 页）小说作为独立的文类，乃是现代发生的事情。吉列斯比《欧洲小说的演化》中提及小说的古今之变：现代意义上的小说 novel 与古典时代的小说 romance 的区别。"romance 这个词源自中世纪的副词 romanice；romanice 的意思就是用民间语言、而不是用学者的拉丁语来写作或讲话。"（第 5 页）"只是到了十九世纪，人们才开始使用 novel"（第 22 页）。即白话小说与今人谈论的"小说"之差别。可见小说古今之变，中外一理。见吉列斯比：《欧洲小说的演化》，胡家峦、冯国忠译，北京：生活·读书·新知三联书店，1987 年。

二、问题式阅读带来的专业化与局限性

带着问题阅读，并非坏事，许多学者谈及治学之道时，时常提及此方法。李泽厚做研究总是带着阅读目的，故而能节省精力，他谈到自己写《中国近代思想史论》时：

> 我独自住在楼顶上的一间阁楼里用功。我们的 1958 年出版的《康有为谭嗣同思想》一书，基本上是在当时写成的初稿。特别是当时很少有人整理资料，我利用藏书极为丰富的北大图书馆，翻阅、抄录了许多原始材料。直到在 1979 年出版的《中国近代思想史论》一书中的某些材料，仍是利用了当年所作的卡片。有的年轻人看我现在写起文章很快，以为这是"天分"，殊不知我也曾经下过大功夫的。[1]

但是研究和阅读之间有所不同。研究之目的，在于研究其学理，读书之目的，很大程度上是要安顿心灵。阅读可以令人涵泳性情，如卡夫卡所说，读书"是一把能劈开我们心中冰封大海的斧子"，而研究目的在于推进知识更新，对学生而言尤其应该分辨两者关系："（学生）不能或无需为人类知识添砖加瓦，而是要去获得更多我们已经拥有的知识。"[2]

"问题式"的阅读是专业化的象征，但也会带来局限性。刘易斯在《文艺评论的实验》一书中提到这个现象：

> 我想到外国大学里的不幸的学者们，他们除非不断地发表文章，在每篇文章中必须说出，或似乎能说出某部文学作

---

① 陈引驰：《学问之道》，杭州：浙江大学出版社，2008 年，第 50 页。
② C.S.路易斯：《切今之事》，上海：华东师范大学出版社，2015 年，第 168 页。

品的新内容，否则就难以保住饭碗；还有操劳过度的报刊评论家，尽其所能一本又一本快速地浏览小说，就像学生"准备功课"。对于这样的人，阅读经常只是工作。他们面前的文本不是出于自身的价值而存在，而仅仅被看成原材料。①

与此同时，以研究方式读书，在现代的学术机制下，往往产生有消极的影响：资料占有。在《隐之书》（Possession：A Romance）中，拜雅特（A.S.Byatt）描述了牛津大学文学研究助理罗兰研究大诗人艾许的过程：

> 罗兰就着译本，对照艾许的文字，顺手抄录了一些段落到卡片上……他喜欢将知识据为己有。普罗赛比娜是在二百八十八和二百八十九两页之间，然而在三百页底下，却又压了两张对折起来的完整稿纸。罗兰小心翼翼地打开，两张稿纸都是艾许用行书体写下的书信，抬头也都同样写着他位于罗素大街的住址，日期是六月二十一日……（两封信的内容）这些文字先是让罗兰感到深深的震撼，接着他的学术本能开始令他兴奋。这场与一位身份不明的女士未完成的对话，究竟是在何时何地呢？……这样的通信可有后续？如果有，这些书信现今在哪里？至于艾许那"无人理会、幽深难解、百转千回却意理清晰的诗义"，会不会有什么珍贵的资料隐藏在其中不能透露？学术界势必得将原本的定论重新评估一翻。②

---

① C.S.路易斯:《文艺评论的实验》,上海: 华东师范大学出版社,2008年,第4页。
② 拜雅特:《隐之书》,于冬梅、宋瑛堂译,三亚: 南海出版社,2008年,第50页。

现代学术可以说是纯粹的生产活动，成功的学者往往是资料的占有者。[①]列奥·斯特劳斯对此非常警惕，他认为现代学术已变质："学术本是文明社会用于防御野蛮的壁垒，却更经常成为回归野蛮时代的工具。"[②]总之，问题式阅读是效率的保证，但也值得深入反思。

三、虚心切己：古典学者读书启示

在《朱子读书法》中，朱熹告诫后人，虚心乃读书第一要义。

> 读书须是虚心切己。虚心，方能得圣贤意；切己，则圣贤之言不为虚说。

> 看文字须是虚心。莫先立己意，少刻多错了。又曰："虚心切己。虚心则见道理明；切己，自然体认得出。"

> 凡看书，须虚心看，不要先立说。看一段有下落了，然后又看一段。须如人受词讼，听其说尽，然后方可决断。

> 看前人文字，未得其意，便容易立说，殊害事。盖既不得正理，又枉费心力。不若虚心静看，即涵养、究索之功，一举而两得之也。[③]

[①] 尼采《善恶的彼岸》："现在的学者都是一幅自我陶醉、自负自夸、踌躇满志、春风得意的样子——这并不意味着自我吹嘘就发出香气。"（尼采：《善恶的彼岸》，朱泱译，北京：团结出版社，2001年，第125页）尼采所称的"我们学者们"，指的就是现代学科建制下，囿于自身专业的专家。在他们那里，知识不过是学术化的制造产品。

[②] 列奥·斯特劳斯：《古今自由主义》，马志娟译，南京：江苏人民出版社，2012年，第72页。

[③] ［宋］黎靖德编，王星贤点校：《朱子语类·卷第十一　学五·读书法下》，北京：中华书局，1986年，第179页。

不虚心于己终究无益，如刘易斯所言："多数人尽管有时也是
频繁的读者，却不太重视阅读，他们把阅读当作最后的救命稻
草，一旦有任何可以替换的娱乐活动出现，他们就欣欣然弃之
不顾。"①

另外，古典知识观告诫我们切记不要被时髦所左右。有学者
谈论文学民主，他们认为当读者再也不听从于作者，即读者和作
者之间出现平等对话时，文学就往前发展了一步，也就意味着文
学的民主化，同时又促进了社会的民主化。他们理想的读者，具
有独立的判断能力，甚至有批判精神。但阅读的起点，并非是带
着自身的判断，而是聆听作者。列奥斯特劳斯在谈论现代的民主
教育时，直指现代教育之弊，让学生带着自身的判断评判他人，
造就了大量的"裁决者"：

> 我们莫名其妙地相信自己的观点能高人一筹……使我
> 们蒙蔽于现实的谬论最终会得出以下结论：事实上我们比
> （或者能够比）史上最智慧的人还要聪明。因此，我们被
> 诱使成为指挥者或者驯狮人，而不是做专注温顺的聆听者。
> 我们必须直视我们所处的可怕境地，这是由于我们不满足
> 于做专注温顺的聆听者，而要做我们无法胜任的裁决者造
> 成的。②

从根源上说，一旦阅读成了工作、任务，读者很难不得不成为审

---

① C.S.路易斯：《文艺评论的实验》，徐文晓译，上海：华东师范大学出版社，2008年，第2页。
② 列奥·斯特劳斯：《古今自由主义》，马志娟译，南京：江苏人民出版社，2012年，第6页。

判者^①，这种知识观可能是非常危险的，这一切的症结都与现代社会的专业化、职业化、科层化密切相关。

第四节　望子成人：传统家训的德性期待 ②

传统家训是中华家文化的集中体现，凝结着中华民族的智慧，是人类精神文明的象征。在传统社会中，家作为血缘、责任和精神的共同体，承担着抚养子女、人文教化、保卫国家等功能，催生普遍的人伦道德，孕育着人文精神。传统家训的德性期待集中体现在子女的德性培育上，要求子女明察人伦，正确认识和处理物我、人己关系，反对脱离人伦日用空谈虚论，合理地生产、生活，成就内圣外王之道。在具体方法上，传统家训极为重视读书，认为读书是修德进业之基，同时还需立志中正、善养其志，方可养成温柔敦厚的君子人格。可以说，德性期待是中国传统家训一脉相承的理念。在新时代，传统家训涵养家国一体之情怀，成就修齐治平之事业的理念，对当下"文化中国"的建设仍具有积极作用。

中国传统社会历来重视家庭教育，家庭兴则国家盛。《大

---

① 马斯洛在《科学心理学》（马良诚等编译《科学心理学》，西安：陕西师范大学出版社，2010 年，第 60 页）中提到"我认为假设你所拥有的工具只有一个锤子时，你把所有的事物当作钉子来对待是很有吸引力的"。倘若一个人带着自身的判断阅读，那么他所见的，都是他所想见的，此足以说明读书虚心之重要。

② 本文已发表于《济南大学学报》2021 年第 2 期，原题目为《望子成人：传统家训的德性期待》。

学》云："身修而后家齐，家齐而后国治，国治而后天下平。"个人的修养、家庭的齐整、国家的治理、天下的安定，彼此息息相关、密不可分。在家庭教育中，子女德性的培育更是举足轻重，孔子曾对其子孔鲤说："不学《诗》，无以言。"孔子劝诫孔鲤学《诗》，并非仅仅为了"多识草木虫鱼之名"的知识教育，更多的是德性培养。孔子的德育观深刻影响了传统社会。晚清重臣曾国藩在其家书中，劝勉其年仅九岁的小儿子曾纪鸿做读书明理的君子："凡人多望子孙为大官，余不愿为大官，但愿为读书明理之君子。勤俭自持，习劳习苦，可以处乐，可以处约，此君子也。"① 可以说，子女德性的培育是中华传统社会家庭教育的核心理念。

对子女德性培育的重视，促进了中国传统社会的良好发展，是中华民族宝贵的精神财富。目前我国正处在社会转型期，社会的高速发展暴露了许多家庭问题，如亲子之间的冲突、知识和素质教育的矛盾等等。这些问题实质上都可以在家庭教育上找到根源，因此如何正确地展开家庭教育显得尤为迫切。这就需要深入地理解传统家训并对其进行现代解读，从中提炼经验、汲取智慧从而化解现代家庭的教育难题。

一、家：血缘与文化的共同体

在人类社会发展过程中，出现过氏族、部落、家庭、公社等不同形态的社会组织，每一种社会组织形态的建立都是为了适应当时社会形势的发展，反映了不同时期人们的精神诉求。中国传

---

① 曾国藩：《曾国藩全集》，长沙：岳麓书社，2012 年第 2 版，第 289 页。

统社会以农耕文明为主，家作为基本的社会组织，经历了漫长的发展过程，凝结着中华民族的智慧。家建立在血缘基础之上，同时又超越血缘关系是精神文明的象征。按照德国现代社会学家腾尼斯（Ferdin a nd Tönnies）对社会组织的描述，家可视为血缘共同体、地缘共同体和精神共同体的综合形态："血缘共同体作为行为的统一体发展为和分离为地缘共同体，地缘共同体直接表现为居住在一起，地缘共同体又发展为精神共同体，作为在相同的方向上和相同的意志上的纯粹的相互作用和支配。"[1]

　　从血缘意义上看，家是一种"亲亲"的血缘共同体。血缘是生物遗传标志之一，具有稳定的、客观的物质属性。血缘共同体建立在客观的物质属性基础之上，因而共同体的各个成员之间都具备天然的联系。任何生物都具有遗传属性，具备遗传基因，可以说生物种群皆可视为血缘共同体，但人类的血缘共同体在于"亲亲"精神，这是人物之别的本质特征，也是古代哲学家反复辩说的主题，如王船山说："诚仁、诚知、诚勇，以行乎亲、义、敬、别、信之中……是人之所以异于禽兽"[2]。在中国传统社会中，儒家主张爱有差等，"君子亲亲而仁民，仁民而爱物"，人伦道德是血缘情感上的延续。先秦儒家思孟学派将血缘情感视为道德伦理的根基，为传统道德观念奠定了理论基础。郭店楚简《语丛三》云"丧，仁之端也"[3]，亲丧之中的哀伤之情，是一种亲爱之情，最接近"仁"的道德情感。将这种情感

---

[1] ［德］费迪南德·腾尼斯：《共同体与社会：纯粹社会学的基本概念》，林荣远译，北京：商务印书馆，1999年，第65页。

[2] 王夫之：《读四书大全说》，北京：中华书局，1975年，第634—635页。

[3] 李零：《郭店楚简校读记》，北京：中国人民大学出版社，2009年，第193页。

推而广之，"爱亲则其施爱人"（《语丛三》）①，"亲而笃之，爱也。爱父，其继爱人，仁也"②（《五行》），就产生了道德行为。因此，家作为亲亲的血缘共同体，孕育着普遍的道德理念，是中国传统社会"家文化"的核心。家奠基于血缘基础之上，又催生普遍的人伦道德，所以西方哲学家黑格尔也将情感视作家庭的本质特征："作为精神的直接实体性的家庭，以爱为其规定，而爱是精神对自身统一的感觉。"③无论是古代儒家学者，还是西方哲学家，对家的"亲亲"精神都极为关切，因为这是作为共同体家的精神内核。

家是一种责任共同体，有着共同的价值目标，共同承担家庭责任并分享价值成果。在中国传统社会中，周文化是传统"家"观念的重要来源。周朝建立之初，周武王论功行赏，分封子弟及功臣。诸侯获得土地、人民和政治威信，其责任是管辖邦国和护卫周天子。士大夫受封于诸侯，享受一定的权利，同时承担相应的义务，其受封之土地与人民，统称之为"家"。在周文化中，"家"象征着权利和义务，这种理念一直被传承下来。就现代意义上的"家"而言，孟子所说的"百亩之田，匹夫耕之，八口之家足以无饥矣"，"五亩之宅，树之以桑，五十者可以衣帛矣"，与之较为接近，指一姓之家。另外，家也是国家治理的伦理主体。战国之后，随着井田制度的逐步瓦解，一家一户的小家经济逐渐发达，在此基础上建立的"编户齐民"制度使人们获得相同的政治身份，进而享有国家赋予的权利，同

---

① 李零：《郭店楚简校读记》，北京：中国人民大学出版社，2009年，第193页。

② 李零：《郭店楚简校读记》，北京：中国人民大学出版社，2009年，第102页。

③ ［德］黑格尔：《法哲学原理》，范扬、张企泰译，北京：商务印书馆，1961年，第175页。

时也承担保家卫国的职能。因而在传统社会中，家不仅仅象征着血缘亲情，更包含着责任、义务。现代意义上的家，也是责任、义务和权利融合的共同体，正如恩格斯所说："父亲、子女、兄弟、姊妹等称呼，并不是单纯的荣誉称号，而是代表着完全确定的、异常郑重的相互义务，这些义务的总和构成这些民族的社会制度的实质部分。"①

另外，家也是一种精神共同体。英国著名社会学家齐格蒙特·鲍曼（Zygmunt Bauman）曾指出共同体能给人带来归属感和安全感："共同体是一个'温馨'的地方，一个温暖而又舒适的场所。它就像是一个家(roof)，在它的下面，可以遮风避雨；在共同体中，我们能够互相依靠对方。如果我们跌倒了，其他人会帮助我们重新站立起来。"②中华文明特别注重家的凝聚力，"同姓则同心，同心则同德"，天然的血缘亲情能凝聚为强大的力量，所谓"兄弟同心，其利断金"。与此同时，家更是人道精神的体现，《礼记·大传》曰："人道亲亲也。"③人道精神通常是指关怀人、爱护人和尊重人的道德品质，但在传统观念看来，人道意味着家的精神之展现。人道是由近及远、推己及人，己欲立而立人，己欲达而达人，这一切源自家——亲亲之爱的推广，因而家就是人道精神的发源地。

总之，家是血缘、责任和精神的共同体。家建立在天然的血缘关系基础之上，共同承担责任、分享价值成果，具有强大的凝聚力、归属感和安全感。家是人道精神的起点，因此传统家训极

---

① 《马克思恩格斯选集》（第4卷），北京：人民出版社，1995年，第25页。
② ［英］齐格蒙特·鲍曼：《共同体》，欧阳景根译，南京：江苏人民出版社，2007年，第135页。
③ 阮元校刻：《十三经注疏》，北京：中华书局，2009年，第3270页。

其注重在家庭中人文精神的培养："在对仁特别是对亲人的感情中认识人生、理解生命……在无边的亲情世界中'成为人'。"①传统家训记录了亲代对子代的劝诫、规训和期待，这既是一种亲情的互动，也是人文化成的呈现。从现实角度而言，传统家训在指引人生和道德培育上作出了巨大贡献，是家庭建设的指南针。

二、"明理"：传统家训的主题

中国传统家训篇帙繁夥，内容丰富，主题多元，涉及日常起居、治田治业、婚丧嫁娶和人伦日用的方方面面。但毫无疑问，传统家训具有鲜明的核心精神：子女的德性培育。这是亲代对子代的寄托和期望，也是子代对亲代理想的继承和发扬。若翻检传统家训篇目，这类思想俯拾皆是，如唐代宰相崔玄暐一生清廉，得益于其母亲的教诲，其母反对"多财以奉亲"，却"不究所从来"②，崔玄暐继承并履行了母亲的志愿，为官清廉，为唐室立下汗马功劳，死后配享唐中宗庙庭，追赠太子太师，名列凌烟阁。这一事迹在古代家训中被反复提及并得到赞许，如宋代司马光《家范》、明代夏树芳《女镜》、明代吕坤《闺范》等，无不是在强调为人子女，当承韦母之教；为人父母，当继韦母之志："廉母多矣，未有如崔氏教子之明切者。吾取之，以为仕训。"③清代学者郑板桥以"做个明理的好人"一语，揭示了古往今来、浩瀚如烟的家训文献中的核心要义。那么，"做个明理

① 方朝辉：《"三纲"与秩序重建》，北京：中央编译出版社，2014年，第201页。
② 欧阳修，宋祁：《新唐书》，北京：中华书局，1975年，第4317页。
③ 楼含松主编：《中国历代家训集成》（四），杭州：浙江古籍出版社，2016年，第2719页。

的好人"具体指涉什么？概括起来，有以下三个层面。

其一，人之所以为人在于道德，明理即明此理。宋儒程颐曾指出道德是人之所以为人的根本，人必须遵循、发扬天赋的性理。性理是普遍的，不分贤愚，不论古今，人人相同，"理则天下只是一个理，故推至四海而准，须是质诸天地，考诸三王不易之理"①。性理恒存于宇宙之间，不为尧存，不为桀亡，因而人人可以成就光辉的道德生命。不唯宋儒，先秦儒家就已经为普遍的人性奠定了根基。孔子说"仁远乎哉？我欲仁，斯仁至矣"（《论语·述而》），即人可以呈现道德生命，不假外求，自我成就，这正是人之所以为人的根本所在。孔子之后，孟子认为仁义礼智是人之天爵，是人区别于禽兽的天命之几："恻隐之心，人皆有之；羞恶之心，人皆有之；恭敬之心，人皆有之；是非之心，人皆有之。恻隐之心，仁也；羞恶之心，义也；恭敬之心，礼也；是非之心，智也。仁义礼智，非由外铄我也，我固有之也，弗思耳矣。"（《孟子·告子上》）儒家学说奠定了传统社会的人性观念，为传统家训去恶扬善思想提供了理论基础。明代思想家薛瑄要求子女明察人伦、践行道德，就是典型的儒家思想代表："人之所以异于禽兽者，伦理而已……（五伦）者之天理是也。于伦理明而且尽，始得称为人之名，苟伦理一失，虽具人之形，其实与禽兽何异哉。……汝曹既得天地之理气凝合，祖父之一气流传，生而为人矣，其可不思所以尽其人道乎！"②那些"禽兽行""乱人伦"的不肖子孙，为历代家训作者所痛心疾首。

其二，具体而言，明理即明人伦道德的认知和实践不易。传

---

①　程颢、程颐：《二程集》，北京：中华书局，2004年第2版，第38页。

②　薛瑄：《文清公薛先生文集》，太原：三晋出版社，2015年，第435—436页。

统社会以父子、君臣、夫妇、长幼、朋友为五伦，虽皆为天赋的性理，然五伦分殊，各有不同，传统家训要求子女通情达理，本质上是在培养子女对自我和他人的正确认知。《中庸》言："天下之达道五，所以行之者三。曰：君臣也，父子也，夫妇也，昆弟也，朋友之交也，五者天下之达道也。知、仁、勇三者天下之达德也，所以行之者一也。"知、仁、勇象征着认知、情感和意志：没有认知则善恶莫辨，没有情感则虽善恶有辨却不能好善恶恶，没有意志则虽善恶有辨、好善恶恶，不能付诸实践。传统家训的伟大在于并不空谈道理，而是主张明理和集义并重，静存和动察并行："夫风化者，自上而行于下者也，自先而施于后者也。是以父不慈则子不孝，兄不友则弟不恭，夫不义则妇不顺矣。父慈而子逆，兄友而弟傲，夫义而妇陵，则天之凶民，乃刑戮之所摄，非训导之所移也。"[①] 父不慈则子不孝，兄不友则弟不恭，夫不义则妇不顺，若不能立身示范，空谈道义，则家训家规流于形式，失去劝善惩恶的作用。因而传统家训表现出强烈的实践性、示范性，问安视寝、昏定晨省、代躬耕耨等都是家训常见的内容，如《金城世孝堂颜氏家训十条》："凡吾子孙事父母，早起，必向父母问安，而后治他事。晚必俟父母寝，而后自卧。饮食必奉甘旨之物，衣服必应寒热之时。冬必进以暖具，夏必安于凉所。呼之必即应，有所使必从之，有所不许必不行。出必告以所往，反必告以所来。事无大小必请命。有疾必昼夜侍起居、奉汤药。岁时生日必具庆。"[②] 没有认知，道德是盲目的；

---

① 颜之推著，王利器撰：《颜氏家训集解》，北京：中华书局，1993年，第41页。

② 国家清史编纂委员会：《中国家谱资料选编》（第八册），上海：上海古籍出版社，2013年，第35页．

没有实践，道德是空洞的。历代家训对道德认知和实践的并重，是在强调德性的培养既不能流于说教，又不能流于形式，两者的结合才是合理的。

其三，传统家训要求子女做个"明哲"之人。"明哲"不是指谈玄论道，而是重视人伦日用、正视生死、反对鬼神迷信。儒家主张道即器、器即道，道器不离，因而道不离人伦日用，人伦日用亦不能离道。明代学者湛若水认为天道、性理就是人的生命本身，离开生命活动本身追求形而上之道，势必堕入佛老学说而不能自拔："器理一也，犹之手足持行也，性则持行之中正者也。故外气言性者，鲜不流于释。"① 其后，王夫之更进一步指出："道者器之道……治器者则谓之道，道得则谓之德，器成则谓之行，器用之广则谓之变通，器效之著则谓之事业。"② 道并非是悬空的、形上之理，道就是人伦日用，工作生产、生活事业，凡合顺于理，皆是道之治、德之行。这种理性主义精神，在传统家训中俯拾皆是，明儒许相卿在《许云村贻谋》中就严词告诫子女，合理生活，凡"好赌""好淫""好酒""好烧炼黄白""好造作风水"等丧德败家者，定要杜绝："家有好赌，好淫，好酒，好烧炼黄白，好造作风水，好妖妄技术，好奸欺书算，好逞势专利，好狠斗健讼，……凡丧德败家者，家长先痛绝其端，……务须委曲开喻，诚恻感动。"③ 传统家训主张尽人道之宜，身修家齐国治天下平被视为人生意义所在，颜之推告诫子女，"汝曹宜

---

① 湛若水著，钟彩均点校：《泉翁大全集》（第一册），台湾中央研究院中国文哲研究所，2004年，第12页。

② 王夫之：《周易外传》，北京：中华书局，1977年，第203页。

③ 许相卿：《许云村贻谋》，《丛书集成初编》第975册，上海：商务印书馆，1939年，第11页。

以传业扬名为务，不可顾恋朽壤以取湮没也"①。传统家训的人文精神在人伦日用方面体现得淋漓尽致，提倡薄葬、反对"好烧炼黄白""好造作风水""好妖妄技术"等理念，对传统家族的繁衍和治理起了积极的作用。

传统家训文献浩如烟海，种类之繁多，内容之博赡，实非三言两语所能概括而尽。然而贯穿传统家训的核心要义，可概括为一句："做个明理的好人"。传统家训凝聚着祖辈的智慧，承载着亲代对子代的期待，是儒家修齐治平、内圣外王之道的集中体现。

三、"做个好人"：传统家训的期待

"做个好人"就是"成人"。儒家历来重视成人之学，孔子说"志于道，据于德，依于仁，游于艺"，成人之学不仅是知识教育，更是德性教育。知识教育可以培养智者，但是修齐治平之士则非德性之教育不可能也。孔子之后，荀子更是大声疾呼"全而粹"的成人之学，"君子知夫不全不粹之不足以为美也，故诵数以贯之，思索以通之，为其人以处之，除其害者以持养之"（《荀子·劝学》），其成人观亦最终落脚于"德操"。"成人"意味着德性的养成，在传统家训中，这一方面笔墨犹重。

首先，做个好人要读书善学。《论语》一书以《学而》为首，《荀子》一书以《劝学》为始，无不启迪后人读书善学是修德进业之基。孔子教诲其子孔鲤学礼、学《诗》，"不学诗，无以言"，"不学礼，无以立"（《论语·季氏》），开创了"诗礼传

---

① 颜之推著，王利器撰：《颜氏家训集解》，北京：中华书局，1993年，第608页。

家"的人文传统，传统社会的耕读文化即源自于此。时至今日，"忠厚传家久，诗书继世长"的古训仍影响着社会主流。传统家训极其注重读书，通过读书明理而学以成人，可以说是古人的家庭信仰。读书的目的包括增加知识、增长智慧，如颜之推教育子女"所以学者，欲其多知明达耳"（《颜氏家训·勉学》），明达之学亦可谓之心性之学，追求自我心性的明朗、澄澈。因而古代家训对功利的读书持反对意见，康熙时名儒朱柏庐在其《朱柏庐先生劝言》中规劝子孙读书不仅为了考科举，更在于"做好人"："不但中举人进士要读书，做好人尤要读书。"又说："读书须先论其人，次论其法。……所谓人者，不但中举人进士要读书，做好人尤要读书。……要知圣贤之书，不为后世中举人进士而设，是教千万世做好人。"[1] 在传统家训中，读书善学可谓是永恒的主题，寄托着长辈对晚辈的期望。传统社会流行"万般皆下品，唯有读书高"的观念，对当下"文化中国"的建设仍具有积极影响。

其次，"做个好人"必先立品。宋代大儒陆九渊说："学者须先立志。"[2] 立品就是立志，立志中正，才能行道不偏。古代家训对立品非常重视，立品不正则有害于人格养成。清代张英在《聪训斋语》中反复申说立品的重要："思尽人子之责，报父祖之恩，致乡里之誉，贻后人之泽，唯有四事：一曰立品，二曰读书，三曰养身，四曰俭用。"他将立品列于读书之先，认识到读书明理固是学者第一要务，立志不存高远，则心性随时动摇，譬

---

①　楼含松主编：《中国历代家训集成》（四），杭州：浙江古籍出版社，2016年，第3877页。

②　陆九渊：《陆九渊集》，北京：中华书局，1980年，第401页。

如"脱有以淫朋匪友，阑入其侧，朝夕浸灌，鲜有不为其所移者"①。因此，立品中正至关重要。三国诸葛亮在其《诫子书》中说："夫君子之行，静以修身，俭以养德，非淡薄无以明志，非宁静无以致远。"②君子静专动直，得益于善养其志，诸葛亮譬喻为"温不增华，寒不改叶"③，可见坚贞独立的志向难能可贵。宋元之际大儒许衡在《训子》中，要求子女为人淳真诚实："大儿愿如古人淳，小儿愿如古人真。……身居畎亩思致君，身在朝廷思济民。但期磊落忠信存，莫图苟且功名新。"④立品不仅在于立志，还在于持志、守志，有所为有所不为，造次颠沛不改其志，方可成就德性。

最后，"做个好人"定要温良。"温良恭俭让"是子贡赞孔子之辞，也是儒家君子人格的内在气质。传统家训主张温良，和传统诗教的"温柔敦厚"主旨相似。《礼记·经解》载孔子语："其为人也：温柔敦厚，《诗》教也。"诗教的目的是化民成俗，和柔情性。传统家训和传统诗教都通过简洁、柔美的文字劝勉后人温柔敦厚、文质彬彬。宋代袁采在其创作的童蒙读物《袁氏世范》中娓娓道来、劝勉子女做"忠信笃敬"之人："言忠信，行笃敬，乃圣人教人取重于乡曲之术。盖财物交加，不损人而益己，患难之际，不妨人而利己，所谓忠也。有所许诺，纤毫必偿，有所期约，时刻不易，所谓信也。处事近厚，处心诚实，所谓笃也。礼貌卑下，言辞谦恭，所谓敬也。若能行此，非惟取重

---

① 楼含松主编：《中国历代家训集成》（七），杭州：浙江古籍出版社，2016年，第3956页。
② 诸葛亮：《诸葛亮集》，北京：中华书局，1960年，第28页。
③ 诸葛亮：《诸葛亮集》，北京：中华书局，1960年，第45页。
④ 许衡：《许衡集》，北京：中华书局，2019年，第49页。

于乡曲，则亦无人而不自得。"①清代文学家郑板桥晚年得子，却不失温柔敦厚之教，其家书情理允协："余五十二岁始得一子，岂有不爱之理！然爱之必以其道，虽嬉戏顽耍，务令忠厚悱恻，毋为刻急也。我不在家，儿子便是你管束。要须长其忠厚之情，驱其残忍之性，不得以为犹子而姑纵惜也。"②再如清代学者于成龙《于清端公治家规范》教育子女待人温和："居心不可刻薄，当处处以仁，存心纯是一团蔼然和气，福慧油然而生，为子孙存了多少地步。"清代蒋伊在其《蒋氏家训》中，要子孙做官为人"宁宽厚，勿刻薄"："子孙有出仕者，宜常看感应、劝善书及臣鉴录。慎刑察狱，宁郑重，勿轻忽；宁宽厚，勿刻薄。"诸如此类，不胜枚举。总之，传统家训对中华民族性格的形成过程中发挥了积极作用，辜鸿铭曾以"温良"概括国人性格，很大程度上得益于传统家训的教化之功："事实上在我看来，用一个词可以把典型的中国人所给你们的印象归纳出来，这就是'温良'。"③

四、结　语

中国传统家训中有许多宝贵的思想，时至今日仍无形中影响我们的生活，在人伦日用中发挥着积极的作用。我们耳熟能详的一些俗语、成语，如"免人怨恨，总要温良""学问勤中得，富裕俭中来""静以修身，俭以养德"等等，都渗透着传统家训的

① 楼含松主编：《中国历代家训集成》（七），杭州：浙江古籍出版社，2016年，第729页。
② 郑板桥：《郑板桥全集》，南京：凤凰出版社，2012年，第248页。
③ 辜鸿铭：《中国人的精神》，黄兴涛，宋小庆译，海口：海南出版社，1996年，第30页。

人文精神。不可否认，传统家训也存在诸多不符合现代文明的内容，如维护三纲五常、纳妾制度等等，但在重视个体德性的培育、家庭的治理、国家的安定等方面，对现代社会仍具有积极意义。总体上看，传统家训的德性期待建立在稳固的血缘和精神共同体之上，推崇明理之学，主张为善去恶，涵养家国一体之情怀，成就修齐治平之事业。在培育后代的德性上，古人已经认识到知识和德性教育存在冲突，知识的增加并不能促进德性的养成，唯有让德性涵摄知识，才能培育"温良"的君子。因而传统家训主张学行重在立品、守志，唯有如此才能立身明德、成善尽美。中国传统家训凝结着先人的经验和智慧，如周公、孔孟、诸葛亮、朱熹、曾国藩、梁启超等人著作都可视为教育子女的典范。总之，传统家训的核心理念是"做个明理好人"，这对当今社会道德文明建设仍有启迪和借鉴意义。

结　语

　　通过本书共七章的论述，笔者大致为读者描绘了子夏其人其说。首先，笔者论述了子夏的籍贯、家世、生卒年问题。子夏出生在魏国，先祖出于卜官，这就为他熟悉《易经》提供了优势，因此也就不难理解《孔子家语》中子夏能与孔子谈论易学之事。子夏拒绝入仕是反映时代风气的典型案例，子夏拒绝入仕看似个人选择，实则是时代洪流的裹挟。春秋士人可以凭借礼学步入仕途，但随着兼并战争的加剧，急功近利的诸侯为了扩大自己的领域，招募大量擅长诡辩、富强之术的士人，传统士子的命运就此改变。追述完子夏的生平事迹，本书又论述了子夏的传经谱系。子夏传经影响很大，在思想史中地位不亚于孟子、荀子。子夏传经的贡献不仅在保存了儒家文献、开启汉代经学，更在于其传经精神推动了中国社会人文精神的发展。

　　本书的不足之处也很明显。第一，在引言中提到充分利用出土文献挖掘子夏其人其学，但在行文中，出土文献的价值仍未得到充分体现；第二，论述子夏生平、年谱、籍贯等事迹时，没有突破前人的观点；第三，有些章节内容已经超出子夏论题。以上这三个问题，有待进一步深入研究和完善。其实研究子夏，还有许多值得研究的地方。在先秦儒学的演变过程中，子夏学派和其他七十子关系是非常值得思考的话题，本书虽然在第四章、第五章涉及了这一问题，但是仍觉研究不够深入。在以下这几个方面，笔者仍觉可以进一步开拓：

关于子夏学派和子游学派的冲突，事可见于《论语》。《子张》："子游曰：'子夏之门人小子，当洒扫应对进退，则可矣。抑末也，本之则无，如之何？'子夏闻之曰：'噫，言游过矣。君子之道，孰先传焉，孰后传焉。譬诸草木，区以别矣。君子之道，焉可诬也。有始有卒者，其惟圣人乎？'"①子游批评子夏学派，认为他们专注细枝末节，与圣人之道相去甚远，子夏反驳洒扫应对是学习圣人之道的起点。子游、子夏学派无疑是孔子殁后，最兴盛的儒门代表，汉儒刘歆说："仲舒遭汉承秦灭学之后，六经离析，下帷发愤，潜心大业，令后学者有所统一，为群儒首，然考其师友渊源所渐，犹未及乎游、夏。"②但按韩非子之说，孔子殁后，儒分为八，八派之中没有子夏和子游学派。刘歆的说法使我们可以肯定，不能因为韩非子没有提及子游、子夏，就否定子游、子夏学派的存在③。那么，这两个学派之间，到底发生了什么纷争？这个问题学界尚未有定论，而它的背后必定隐藏着孔子殁后儒家内部的矛盾激化与分流历史。

关于子夏学派和思孟学派之间的研究，出土文献研究是目前学术研究创新性之代表，但关于子夏与思孟学派思想之间关

---

① 《论语义疏》卷十，《子张》第十九，第496页。
② 《汉书》卷五十六，《董仲舒传》第二十六，第2526页。
③ 徐复观《两汉思想史》中说，三百年间《公羊春秋》只有五代传人，是在造假："戴宏所说的，由子夏下来的五代传承，只是出于因《公羊传》《左传》在东汉初的相互争胜，《公羊传》家为提高自己的地位，私自造出来的，以见其直接出于孔门的嫡系单传。"另外，由于韩非子在儒分为八一文中没有提到子夏，徐复观怀疑子夏学派真实性。见徐复观：《两汉思想史》（卷二），上海：华东师范大学出版社，2001年，第199页。

系论述较少。李学勤在《郭店楚简与儒家经典》和《荆门郭店楚简中的〈子思子〉》①指出《缁衣》《五行》《鲁穆公问子思》《尊德义》《性自命出》《成之闻之》属于《子思子》一书，这些文献代表了思孟学派的哲学观点。姜广辉《郭店楚简与〈子思子〉——兼谈郭店楚简的思想史意义》中，认为《唐虞之道》《缁衣》《五行》《性自命出》《鲁穆公问子思》《六德》和《穷达以时》《成之闻之》的前半部乃子思所作②。吕绍纲《性命说——由孔子到思孟》认为子思所谈的性命与孔子有所不同，子思启发了孟子"性善说"。这些学术成果为进一步了解思孟学派的基本面貌提供了桥梁。子夏与思孟学派的关联，笔者想通过"大一统"问题简短地进行论述。"大一统"或许可以为了解儒门分化的提供独特视角。

孟子所在之世，周天子尚在，因为孟子卒于周赧王之时③，虽然周天子已经丧失权威，但是作为周朝的象征，在士人心中仍具有地位。作为孟子之师④，子思在其所作《中庸》中，敬重周天子。《中庸》第二十八章云："今天下车同轨，书同文，行同伦。"按许慎《说文解字序》云："七国之时，车途异轨，律令异法，衣冠异制，言语异声，文字异形。"而子思却说"车同轨，书同文，行同伦"，似乎有错误。清代学者阎若璩认为这是出于

---

① 《郭店楚简研究》(《中国哲学》第二十辑)，沈阳：辽宁教育出版社，2000年。
② 同上。
③ 据清儒阎若璩考证，孟子卒于周赧王之时。见《孟子生卒年月考》，《四库存目》第81册，第5页。
④ 有一种说法认为孟子授业于子思，另一种说法认为孟子授业于子思徒弟，见《史记·孟子荀卿列传》。

287

"为尊者讳"的缘故，当时东周共主尚在，因此必须这么写①。然而，孟子并不避讳东周共主，而且直说周朝已经失去天下、失掉民心，孟子曾数次提到时局，"民之憔悴于虐政，未有甚于此时者也……万乘之国行仁政，民之悦之，犹解倒悬也"②。他希望诸侯能行仁政，一统天下。孟子的言外之意，似乎是周天子已经不能承担起天子的责任了，渴望新王兴起，一匡天下，"王者之不作，未有疏于此时者也"。更直接的证据是孟子说"王者之迹衰然后诗亡，诗亡然后春秋作"（《孟子·离娄下》），周平王东迁之后是王者之迹衰败的表现，其意昭然③。在"时王"东周共主面前，孟子并不回避"新王"将受命而兴起，受命而起的征兆就是百姓的依附，上天通过民心向背确立新王，所谓"天听自我民听，天视自我民视"。

孟子的观点，和公羊学派很相似。《汉书·眭弘传》记孝昭元凤三年，泰山、莱芜山南有石自立，昌邑有枯木复生，上林苑枯柳自生，董仲舒弟子眭弘上书"今大石自立，僵柳复起，非人力所为，此当有从匹夫为天子者"。奏上而伏诛。眭弘谨守师法，陈奏上书，却不幸被杀，因为在"时王"孝昭帝面前，而说"新王"将兴起，这是犯上作乱。但是董仲舒在《贤良对策》中，也曾暗示"新王"将会受命而兴起。董仲舒称孔子为"素王"，即有德无位之称，"孔子作《春秋》，先正王而系万事，见素王之文焉"，"孔子曰：'凤鸟不至，河不出图，吾已矣夫。'自悲可致此物，而身卑贱不得致也"。这样的暗示非常危险，因为这也

---

① 阎若璩：《四书释地》，《四库丛刊》第210册。
② 《孟子集注》卷三，《公孙丑章句上》，第229—230页。
③ 《孟子集注》卷八，《离娄章句下》，第300页。

就承认了汉代君主可能失去王位，"虽有继体守文之君，不害圣人之受命"[1]。宋代学者对孟子"大一统"说也表示怀疑，他认为"大一统"有犯上作乱之嫌："松尝问梭山云：有问松，孟子说诸侯以王道，是行王道以尊周室？行王道以得天位？当如何对。梭山云：得天位。松曰：却如何解后世疑孟子教诸侯篡夺之罪？梭山云：民为贵，社稷次之，君为轻。"[2]那么该如何理解《春秋公羊传》和孟子的大一统关系呢？这些问题，值得深究。子夏开创的公羊学派和思孟学派有着非常微妙的关系。他们之间如何相互影响？如何理解他们之间的差异？这种差异是经过怎样的派系传授产生的？出土文献中是否能找到相应的史料，印证思孟学派和子夏开创的公羊学派千丝万缕的关系？这些问题都有待深入挖掘。

---

① 《汉书》卷七十五，《眭弘传》第四十五，第 3154 页。
② 《陆九渊集》卷三十四《语录上》，中华书局，1980 年，第 424 页。

附　录

从子夏"不仕"看先秦士人的生存境遇[①]

马爱菊　　叶达

　　春秋战国是中国历史上的大动荡时期,也是中华文明起源的时期。在这段时期内,整个社会在急剧地发生转变,各种学说、思想不断地涌现,形成了百家争鸣的局面。诚如梁启超在《先秦政治思想史》中所说:"此时代全社会之变化,至迅且据,所以能孕育种种瑰伟思想者,半由于此。"[②]

　　在这样一个巨变的时代,士人的命运被裹挟进历史大潮流中。作为儒门十哲之一,子夏经历了从春秋末年到战国初期的局势转变,他看到了整个社会在急速地变化,他也认识到在这样的时代入仕,既充满诱惑又充满危险。诱惑是因为有着丰厚的俸禄,而危险则是为了迎合时君,不得不委曲求全。于是在这样的境遇下,子夏拒绝入仕,据《荀子·大略篇》记载:"子夏贫,衣若县鹑。人曰:子何不仕?曰:诸侯之骄我者,吾不为臣;大

---

① 本文系《从子夏"不仕"看先秦士人的生存境遇》,发表于《原道》2018年第2期,经作者同意收录至《附录》。
② 梁启超:《先秦政治思想史》,北京:东方出版社1996年,第72页。

夫之骄我者，吾不复见。柳下惠与后门者同衣而不见疑，非一日之闻也。争利如蚤甲而丧其掌。"①子夏拒绝入仕的背后②，寄寓着当时士族阶层对时局的不满和反抗。而他说"争利如蚤甲而丧其掌"，则意在劝讽追逐利益的士人们，切勿为了追求小利，而忘了大义。

一、守卫礼乐文化：礼学之士的时代

周朝是以礼乐文化是核心，血缘关系为纽带，分封制度为基础建立的国家。在周代的礼乐文明下，事无大小巨细，都需要遵循礼法制度。礼法制度制约着各个大小诸侯国，无论行军盟会乃至饮食宴乐都需要遵守礼仪。汉代学者贾谊曾说："道德仁义，非礼不成；教训正俗，非礼不备；分争辨讼，非礼不决；君臣、上下、父子、兄弟，非礼不定；宦学事师，非礼不亲；班朝治军、莅官行法，非礼威严不行；祷祠祭祀、供给鬼神，非礼不诚不庄。"③贾谊虽然生活在汉代，但他却道出了礼在周代的巨大效用。无论是班朝治军、莅官行法、祷祠祭祀、供给鬼神，还是教训正俗、分争辨讼，都离不开礼。孔子曾感慨周代礼乐文明的文质彬彬，他说："郁郁乎文哉，吾从周。"又云："圣王制礼取法于天地，故尊卑之礼明则人伦之序正，人伦之序正则乾坤得其位而阴阳顺其节，人主与万民具蒙福佑。尊卑者，所以正天地之

---

① 《荀子集解》卷十九，《大略》第二十七，上海：上海书店，1986年，第337页。
② 子夏并非一生都未入仕，他曾为魏文侯师，得到重用。据当代学者高培华的考证，子夏拒绝入仕的时间在他离开孔门和西河教授之间。见《卜子夏考论》，北京：社会科学文献出版社，2012年，第162页。
③ 贾谊：《新书》，《钦定四库全书》第695册，第425页。

位，不可乱也。"① 周代的礼乐文明，取法于天地，因"天尊地卑"而定人伦尊卑之分，因尊卑之分，然后礼仪有所成，人民得以措其手足。故孔子赞叹周代礼乐文化之伟大，以其因人之情性而设礼义，有文有质，郁郁生辉。

周代的礼乐文化体现在社会的方方面面。大至诸侯行军，小至朋友之交，不同身份地位的人必须遵守不同的礼。譬如诸侯行军打仗之时，则需要遵守军礼。如鲁庄公二十八年，《公羊传》记载："二十八年春，王三月甲寅，齐人伐卫，卫人及齐人战，卫人败绩。"② 按照周朝的礼制，不得攻击守丧的诸侯。鲁庄公二十八年，卫懿公正在守其父卫惠公之丧，齐桓公却出兵攻打卫国。孔子作《春秋》，讥刺不守礼法的国君，在叙述中寄寓褒贬。明明是"齐人伐卫"，却又说"卫人及齐人战"。这是因为《春秋》为了突显卫国在守丧时受到侵犯，以此贬刺齐桓公。这是诸侯行军作战时必须遵守的礼法。

除了国与国之交外，朋友之交亦须恪守礼法。《公羊传》记载鲁隐公和宋殇公之交：隐公四年，夏，公及宋公遇于清。隐公四年，宋殇公和鲁隐公在朝觐周天子之后，相遇于路途。《春秋》记载了一件看起来没有任何意义的事件，甚至连史料价值都谈不上。从字面上来讲，不过就是两位国君在路上相遇。但是公羊子在《传》中解释道，宋殇公和鲁隐公在路途相遇，并非平白无故遇见，而是"一君出，一君要之也。"两国之君在路上相遇，经过了礼义上的邀请，并非私底下见面。东汉学者何休

① 《汉书》卷八十六，《何武王嘉师丹传》第五十六，北京：中华书局，1962年，第3505页。

② 《春秋公羊传注疏》卷九，影印阮元校刻嘉庆刊本《十三经注疏》，北京：中华书局，2009年，第4865页。

注云："当春秋时，出入无度，祸乱奸宄多在不虞，无故卒然相要，小人将以生心，故重而书之，所以防祸原也。言及者，起公要之，明非常遇也。"也就是说，之所以书录这件看起来无关紧要的事情，因为"防祸原也"，意在告诫人们要言必称义，行必由礼。可见礼之重要，无礼则人伦相乱，上下无常。

周代的礼乐文化体现在社会的方方面面，如果不按照礼法的规定行事，简直寸步难行。为了处理事务，这就需要礼官。春秋战国之时，随着官学的衰落，私学的兴盛为士人们通往官僚系统打开了新的大门。士人们通过授学于私门，从而进入仕途者，不绝如缕。最具代表性的是孔门弟子，他们通晓礼学从在政治发挥巨大作用。

南宫敬叔是孔子弟子，他的父亲孟厘子在临终之际，告诫自己的两个儿子南宫敬叔和孟懿子，必须到孔子那里学礼，他曾因为不知礼而没有完成作为司空的职责。《史记·仲尼弟子列传》记载了这件事："今孔丘年少好礼，其达者欤？吾即没，若必师之。及釐子卒，懿子与南宫敬叔往学礼焉。"[①]孟釐子是鲁国的司空，在鲁昭公七年三月，孟釐子跟随鲁昭公去往楚国观赏章华台，这期间借道郑国，郑简公以礼相待。离开郑国后，到了楚国，楚共王待之以上宾。然而，孟釐子却不懂得君主交往之礼，不能以礼相答楚共王，有失国体。《左传·昭公七年》记载："三月，公如楚，郑伯劳之于师之梁，孟僖子为介，不能相仪。及楚，不能答郊劳。"孟僖子即孟釐子，谥号"僖"，故又称孟僖子。他因为不懂得邦国外交之礼，使得鲁昭公与郑简公、楚共王交接时，有失国君风范。从中可以看出，邦国之间的交

---

① 　《史记》卷四十七《孔子世家》，北京：中华书局，1959年，第1908—1909页。

往，如果没有知礼之士，邦国之间的关系则难以维系。而士人通过学礼，进入到政治生活，发挥巨大作用。

除了南宫敬叔外，子贡也是以知礼闻名。子贡通晓礼学，曾在政治上曾做出巨大贡献。鲁定公十五年之时，邾隐公朝觐鲁君，向鲁定公献上美玉，然而献玉却有骄色，其容仰，鲁定公受玉卑，其容俯。子贡认为邾隐公和鲁定公行为都不合乎礼法。据《左传·定公十五年》记载："春，邾隐公来朝，子贡观焉。邾子执玉高，其容仰，公受玉卑，其容俯，子贡曰：以礼观之，二君者皆有死亡焉。夫礼，死生存亡之体也，将左右周旋，进退俯仰，于是乎取之，朝祀丧戎，于是乎观之。今正月相朝，而皆不度，心已亡矣。嘉事不体，何以能久？高仰骄也，卑俯替也，骄近乱，替近疾，君为主其先亡乎。"[1] 是年，鲁定公薨。七年之后，即鲁哀公七年，鲁君讨伐邾国。这场战争的导火索就是邾隐公献玉时的傲慢。所以子贡说，夫礼死生存亡之体也，礼关乎国家的生死安危。又哀公十六年，鲁哀公为孔子作诔文："旻天不吊，不憗遗一老，俾屏余一人以在位，茕茕余在疚。呜呼哀哉！尼父，毋自律。"[2]

鲁哀公赞叹孔子之伟大，自他殁后，鲁国将难以为治。哀公诔文凄婉悲凉，悲痛忉怛，然而子贡认为不合乎礼法者有二：第一，孔子尚在之时，哀公不能重用，死而诔之，不合乎礼节；第二，"一人"之称，唯有天子可用，诸侯不能僭用。倘若在孔子在世之时，鲁哀公能重用孔子，或许不会闹出这样的笑话了。

---

① 《春秋左传正义》卷五十六，定公十五年，影印阮元校刻嘉庆刊本《十三经注疏》，北京：中华书局，2009年，第4673页。

② 《史记》卷四十七《孔子世家》，北京：中华书局，1959年，第1945页。

孟釐子因为不知礼而失职，他把希望寄托于两个儿子身上，让南宫敬叔和孟懿子向孔子学礼。子贡通晓礼学，又擅长辩论，借着出色的口才以及过人的胆识，为鲁国政治做出巨大贡献，如化解吴王夫差征百牢一事（见《左传·哀公七年》），以及存鲁破齐一事（见《史记·仲尼弟子列传》）。孟釐子劝学和子贡游说这几件事，均发生在鲁昭公、定公、哀公三世之间，此时已属于春秋晚期，然而士人们尚且能借助礼学在政治舞台上展露手脚。随着诸侯们追逐利益，谋求强权政治，周朝的礼乐文化逐渐消散在诸侯们争权夺利之中。在这样的世风之下，士人们越来越清晰地认识到"王纲解纽"的局势，他们知道要想进入仕途，必须改弦更张，迎合国君。战国游士苏秦悬梁刺股，学《太公阴符》，借权谋之术欲"取卿相之尊"（见《战国策·秦册一》），便是这个时期最典型的代表。

二、重利时代的号召：权谋之士的崛起

子夏生活的时代，正值春秋战国之交。子夏少孔子四十四岁，孔子生于鲁襄公二十二年[①]，子夏生于鲁定公三年，属于春秋的晚期。据清人陈玉澍的考证，子夏至少有一百零八岁[②]，而据近人钱穆先生的考证，子夏至少有八十四岁[③]。虽然两位学者都认为子夏的卒年不可考证，但子夏高寿必无可疑。他经历了春

[①] 孔子的生年，大抵有两种说法。其一，《公羊传》、《谷梁传》记孔子生年为鲁襄公二十一年；其二，《史记》记孔子生年为鲁襄公二十二年。学术界的传统是以孔子的生年为鲁襄公二十二年。

[②] ［清］陈玉澍《卜子年谱》，《丛书集成续编》第 259 册，第 479 页。

[③] 钱穆：《先秦诸子系年》，北京：商务出版社 2001 年，第 144 页。

秋诸侯争霸的场景，也目睹了战国诸侯兼并战争，他甚至亲眼看到了孔子殁后，儒门分裂的场面，《史记·儒林列传》记载："自孔子卒后，七十子之徒散游诸侯，大者为师傅卿相，小者友教士大夫，或隐而不见。故子路居卫，子张居陈，澹台子羽居楚，子夏居西河，子贡终于齐。如田子方、段干木、吴起、禽滑釐之属，皆受业于子夏之伦，为王者师。"① 这个分崩离析的场面，既是政治上"王纲解纽"，也是学术上的"道术为天下裂"。伴随着周朝礼乐文化的衰落，最终形成了天下混乱、诸侯割据的场面。从前的读书人，尚能凭借礼学参与到社会政治之中，然而随着周室的衰微，以及诸侯谋求强权政治，过去的时代一去不复返了。

战国时代，诸侯们为了争权夺利，开始重用权谋之士，希望他们能带来现实利益。商鞅是那个时代最具代表的士人。他曾三次进见秦孝公，第一次说以帝道，然而孝公不听；第二次说以王道，孝公还是不听；最后说以强国之道，孝公于是大悦。秦孝公不喜帝王之道，因为"贤君者，各及其身显名天下，安能邑邑待数十百年以成帝王乎？"② 当时各国诸侯，都在追求富国强兵，谁能在短时间内变得强大，谁就能吞并弱国，称霸中原。在这种世风之下，商鞅正是走在时代的最前端。秦孝公重用商鞅之后，商鞅便立即推行新法。这些法令如今可见于《商君书》，其中最重要的一项，是废除世袭制度："宗室非有军功论，不得为属籍。"③ 这项法令让秦国的宗室，不得依靠世袭的方式获得秩

---

① 《史记》卷一百二十一，《儒林列传》第六十一，北京：中华书局，1959 年，第 3116 页。

② 《史记》卷六十八，《商君列传》第八，北京：中华书局，1959 年，第 2228 页。

③ 《史记》卷六十八，《商君列传》第八，北京：中华书局，1959 年，第 2230 页。

禄与爵位。如此一来，原先不劳而获的贵族就再也没有办法尸位素餐了。这项法令伟大之处，在于避免了宗室势力独大，危害公室。另外，商鞅的伟大，还在于他颁布法令让庶民可以建立功业以取封侯，"有功者显荣，无功者虽富无所芬华"[①]，这项法令让庶民发奋进取，挤进上流。商鞅法令施行不久，短短几年之内秦国迅速变得强大，"居五年，秦人富强，天子致胙于孝公，诸侯毕贺。"[②] 因此可以说，商鞅是战国时代最具象征性的士人。那个时代，各国诸侯追求富强，像孟子那样传播仁义道德先王之道，则往往不被重视。

这就不难想象孟子会见梁惠王，却不受待见，因为当时各国君主都渴望得到现实利益。《孟子·梁惠王上》云：孟子见梁惠王，王曰：叟不远千里而来，亦将有以利吾国乎？孟子对曰：王何必曰利？亦有仁义而矣已。令人讽刺的是，梁惠王的祖父是魏文侯，魏文侯是子夏的学生，他文质彬彬，礼贤下士，并且传习经术，然而家学传统在梁惠王这一代断绝了。战国时代，士人们竞相奔走于豪门，背井离乡，远离宗国，为的是成就功名。在这样的时代，最受欢迎的是那些能给君主带来现实利益的士人。《史记·孟子荀卿列传》记载了战国时期，诸侯重用的士人，都擅长于合纵连横，精通于权谋之术。他们都是时代的佼佼者。"当是之时，秦用商君，富国强兵，楚、魏用吴起，战胜弱敌，齐威王、宣王用孙子、田忌之徒，而诸侯东面朝齐。天下方务于合从连横，以攻伐为贤，而孟轲乃述唐虞三代之德，是以所

---

① 《史记》卷六十八，《商君列传》第八，北京：中华书局，1959年，第2230页。
② 《史记》卷六十八，《商君列传》第八，北京：中华书局，1959年，第2232页。

如者不合。"①

　　春秋战国时代士人的转变，既与诸侯们追逐强权相关，也与周天子丧失威信有关。士人们目睹了周室违背礼制的行为，产生了无奈而又不满的复杂情绪。《春秋》贬周之文从商之质，讥讽周天子不守礼制的行为。如《公羊传》记载："文公九年春，毛伯来求金。"②鲁文公八年，周襄王薨。按照礼法，天王驾崩，诸侯若有财则送财，无则致哀可也。天子丧事不外求。所以《传》上说："毛伯来求金，何以书？讥，何讥尔？王者无求，求金非礼也。"周天子却向诸侯求丧礼钱，这极不合乎礼法。试想当天子都不遵守礼法时，又如何能让士人信服？士人又如何能尊周室，崇王道，化民成俗？战国时代盛产游士，游士无宗国，朝秦暮楚，传统人伦关系，日益受到这些崛起的术士挑战。

　　另外，周朝的世袭制度逐渐暴露弊端，世卿擅权，宗室独大，也令士人们重新思考入仕的条件。如鲁昭公二十三年，公元前519年，周室发生内乱。这场内乱的由来便是世卿擅权。先看《公羊传》记载隐公三年之事："隐公三年，夏四月尹氏卒。何休注：礼，公卿大夫士皆选贤而用之。卿大夫任用职大，不当世，为其秉政久，恩德广大，小人居之，必夺君之权威。"③汉代学者何休解释，之所以称尹氏，而不列名字，这是为了讥刺尹氏，他把职位传给自己的儿子，有倾覆公室的危险。之后发生的

①　《史记》卷七十三，《孟子荀卿列传》第十四，北京：中华书局，1959年，第2343页。

②　《春秋公羊传注疏》卷十三，影印阮元校刻嘉庆刊本《十三经注疏》，北京：中华书局，2009年，第4927页。

③　《春秋公羊传注疏》卷二，隐公三年，影印阮元校刻嘉庆刊本《十三经注疏》，北京：中华书局，2009年，第4784页。

事恰恰证明了世卿的危险。鲁昭公二十三年，尹氏立王子朝为周朝国储，从而引发了王朝内乱。子丐也想立为国君，于是同子朝争夺王位。最后国人立长子猛为国君，是为周悼王。子丐心有不甘，联合晋人攻打子朝，自立为王，是为周敬王。这场王室之乱，由尹氏引发，所以何休在《注》中抨击这种世袭制度，"贬言尹氏者，著世卿之权。尹氏贬，王子朝不贬者，年未满十岁，未知欲富贵，不当坐，明罪在尹氏。"①

　　士人们越发清晰地认识到周朝的政治危机，便越激发整个社会向往革新的环境。伴随着战国诸侯的强势崛起，旧有的体制越发凸显出它的弊端。荀子总结了周朝的政治危机，他说出了那个时代和士人命运息息相关的问题：以世举贤。即贵族的后代，无论贤不肖，都可以世袭获得官爵、秩禄。"乱世则不然：刑罚怒罪，爵赏踰德，以族论罪，以世举贤。故一人有罪，而三族皆夷，德虽如舜，不免刑均，是以族论罪也。先祖当贤，后子孙必显，行虽如桀纣，列从必尊，此以世举贤也。以族论罪，以世举贤，虽欲无乱，得乎哉。"②

　　和儒家对立的墨家，也在这个问题上达成了一致。墨子在《尚贤篇》中说道："今王公大人，有一衣裳不能制也，必借良工，有一牛羊不能杀也，必借良宰。故当若之二物者，王公大人，未知以尚贤使能为政也。逮至其国家之乱，社稷之危，则不知使能以治之。亲戚则使之，无故富贵，面目佼好，则使之。"③在这样的大环境下，一旦出现不思进取的王公贵族，那么，整个

---

① 《春秋公羊传注疏》卷二十四，昭公二十四年，影印阮元校刻嘉庆刊本《十三经注疏》，北京：中华书局，2009年，第5057页。
② 《荀子集解》卷十七，《君子篇》第二十四，上海：上海书店，1986年，第301页。
③ 《墨子间诂》卷二，《尚贤中》第九，上海：上海书店，1986年，第33页。

国家都会陷入混乱之中。虽然我们推测不出墨子所隐射何人何事，但是墨子所说，却道出了当时社会的尖锐矛盾。在位者借助权势，结党营私，朋党比肩，蚕食公室。在这样的环境之中，俊秀之士没法进入官僚系统，整个社会没法进行自我更新。

三、义、利之冲突：士风的蜕变

一个时代风气的转变，它可以通过个人的命运展现出来。不同的时代境遇，影响着人们的抉择，最终塑造不同人物的命运。春秋战国风气的转变，就体现在当时士人们的身上。鲁哀公曾问孔子当时的君子何以不行礼，这番对话揭示出了当时士风的转变：

> 哀公问于孔子曰：大礼何如？君子之言礼，何其尊也？孔子曰：丘也小人，何足以知礼？君曰：否！吾子言之也！孔子曰：丘闻之也，民之所由生，礼为大。非礼无以节事天地之神明也，非礼无以辨君臣上下长幼之位也，非礼无以别男女父子兄弟之亲、昏姻、疏数之交也，君子以此之为尊敬然。……哀公曰：今之君子，胡莫之行也？孔子曰：今之君子，好色无厌，淫德不倦，荒怠傲慢，固民是尽，忤其众以伐有道，求得当欲，不以其所。古之用民者由前，今之用民者由后。今之君子，莫为礼也！ [1]

结合上文提到的世卿擅权与诸侯任用智术之士寻求富强之

---

[1] 《大戴礼记补注》卷一，《哀公问于孔子》第四十一，北京：中华书局，2013年，第27—28页。

道，便能发现孔子所说言外之意。在那个礼崩乐坏的时代，在位者——君子们唯利是图，荒怠傲慢，不守礼法。当礼乐文化的守卫者不再维护自身所代表的价值文明，整个社会便如同没有轮毂的汽车，一旦转动势必分裂。孔子曾说名不正则言不顺，言不顺则事不成，事不成则礼乐不兴，世卿擅权，排挤异姓，贤才便得不到重用；诸侯任用智士，追求霸道，这样宗周室、尊王道、崇礼义的士子们就连入仕的机会都没有。那样一个急功近利的时代，任何机遇都只留给精通纵横之术、富强之道的智士们。追求仁义道德的君子，纵使想"致君尧舜上，再使风俗淳"，也只能是空想。难怪孟子游历诸国，遍干诸侯，仍然得不到重用。

孔门弟子的入仕境遇，是当时社会格局变动的最好写照。孔子弟子尊崇仁义，弟子们"皆入孝出悌，言为文章，行为仪表，教之所成也。"① 然而，孔门弟子入仕之后，沦为盗臣者亦有之。这是当时时代风气使然，士人们不得不为在位者谋求私利。《论语·先进篇》记载冉有为季氏横征暴敛：季氏富于周公，而求也为之聚敛而益附之。子曰：非吾徒也，小子鸣鼓而攻之可也。季氏是鲁国的权臣，富可敌国，但是冉有却为这样的权臣谋取私利，横征暴敛，鱼肉百姓。《左传·哀公十一年》记载得更清楚："季孙欲以田赋，使冉有访诸仲尼，仲尼曰：丘不识也。三发，卒曰：子为国老，待子而行，若之何子之不言也。仲尼不对，而私于冉有曰：君子之行也，度于礼，施取其厚，事举其中，敛从其薄，如是则以丘亦足矣。若不度于礼，而贪冒无厌，则虽以田赋，将又不足。且子季孙若欲行而法，则周公之典在，

---

① 《淮南子》卷二十，上海：上海书店，1986年，第357页。

若欲苟而行，又何访焉。弗听。"① 根据《左传》的记载，鲁国的税赋是一丘之内出马一匹，牛三头，但是季氏为了谋求私利，增加税收，打算再收一次田税，也就是一丘之内的民众，总共须出马二匹，牛六头。鲁国原先的税法，是按照田产和家产计算，而季氏为了扩大税收，将家产和田产分开计算，重新征收两次税。东晋学者杜预注云："丘赋之法，因其田赋，通出马一匹，牛三头。今欲别其田赋及家财，各为一赋，故言田赋。"季氏为了安抚国内，于是派冉有询问仲尼，三次问，孔子都不回答。后来，孔子私底下与冉有说，君子崇尚礼法正道，横征暴敛纵使能解燃眉之急，但并非天下正道，只会滋长贪欲，百姓永无安宁之日。但是，孔子的这番话阻止不了季氏横征暴敛。《左传》记载，哀公十二年春，用田赋。以冉有如此之贤才，不免沦为盗臣，何别说中人以下，其智不如冉有的了。子贡曾如此地称赞冉有："恭老恤孤，不忘宾旅，好学省物而不勤，是冉求之行也。孔子因而语之曰：好学则智，恤孤则惠，恭老则近礼，克笃恭以天下，其称之也，宜为国老。"②

冉有好学有智，恭老恤孤，有王佐之才，在孔门位列四科政事之首，而一入权臣之府，也只能沦为盗臣。孔门弟子都是知礼之士，所学欲令天下共尊周室，但是时局不得让他们改变初衷，冉有就是最好的例子。再来看名列于文学科的子夏。子夏虽然没有像冉有一样沦为盗臣的经历，但是在他身边发生的事情，足以让我们看清先秦时代士风蜕变的深层原因。

---

① 《春秋左传正义》卷五十八，哀公十一年，影印阮元校刻嘉庆刊本《十三经注疏》，北京：中华书局，2009 年，第 4707 页。
② 《大戴礼记补注》卷六，《卫将军文子》第六十，北京：中华书局，2013 年，第 121 页。

魏文侯是子夏最出色的弟子，他追随子夏研习经学，是继齐桓公之后最有影响力的诸侯。战国四公子之一孟尝君曾如是评价魏文侯：孟尝君问于白圭曰："魏文侯名过于桓公，而功不及五伯，何也？"白圭对曰："魏文侯师子夏，友田子方，敬段干木，此名之所以过于桓公也。卜相则曰：'成与黄庸可？'此功之所以不及王伯也。以私爱妨公举，在职者不堪其事，故功废，然而名号显荣者，三士翊之也，如相三士，则王功成，岂特霸哉！"①但是魏文侯重用宗室子弟，以魏成子为相，使得魏国失去崛起的机会。当时各路诸侯都招揽异邦贤士，如秦国聘用商鞅，商鞅魏人，吕不韦韩人，李斯楚人；楚悼王聘用吴起，吴起卫人。诸侯们为了扩大势力，以丰厚的俸禄劝诱这些士人，也给本国政治带来了革兴力量。

"七国虎争天下，莫不招致四方游士。然六国所用相，皆其宗族及国人，如齐之田忌、田婴，韩之公仲、公叔……独秦不然，其始与之谋国以开霸业者，魏人公孙鞅也。其它若楼缓赵人，张仪、魏冉、范雎皆魏人，蔡泽燕人，吕不韦韩人，李斯楚人。皆委国而听之不疑，卒之所以兼天下者，诸人之力也。"②而那些用宗室子弟为大臣的诸侯国，势力不如这些任用外邦人才的诸侯国。白圭一针见血，魏文侯功不如五霸，因为"在职者不堪其事"。在此之后，魏哀侯九年，楚相昭鱼为了削弱魏国，让谋士苏代劝诱魏哀侯以太子为相，是年魏国以太子为相。以宗族子弟为大臣，令公室陷入空虚，因为宗室子弟占据要位，贤才无路可进。诚如左思吟咏，《咏史》：世胄蹑高位，英俊沉下僚。

---

① 刘向：《新序》卷四《杂事》第四，《钦定四库全书》第696册，第212页。
② 洪迈：《容斋随笔》卷二，上海：上海古籍出版社，1978年，第23页。

当宗族垄断了公室，那么家国就易陷入危机。而这也就不难理解宋代学者洪迈所说，士人之所以涌向秦国，因为唯有秦国敢重用异邦人才，而其他诸侯国重用宗室子弟，让士人无路可进。

四、结　语

西晋文人潘越《西征赋》云："唯生与位，谓之大宝。生有修短之命，位有通塞之遇，鬼神莫能要，圣智弗能豫。"人无法预测自己的寿命和机遇。但一个时代的变化，却能通过人们的境遇展现出来。结合上文谈论的三章内容，我们很容易理解《荀子·大略篇》中记载子夏的这番话，也能理解子夏生活的那个时代，士人们的生存境遇："子夏贫，衣若县鹑。人曰：子何不仕？曰：诸侯之骄我者，吾不为臣；大夫之骄我者，吾不复见。柳下惠与后门者同衣而不见疑，非一日之闻也。争利如蚤甲而丧其掌。"[1] 虽然子夏贫困潦倒，衣服破旧得如同秃尾鹑鸟，但子夏不愿入仕，因为在这样争权夺利的环境之下，入仕就意味着降志辱身，势必苟合取容。春秋战国时代，激烈的社会格局变动，造就了独特的士林风貌。早期士人凭借礼学得以在社会政治中展露手脚，如孔门弟子参与社会政治，然而随着愈演愈烈的兼并战争打响，士人们为了谋求发展，于是开始注重富国强兵之术。商鞅、吴起等人是整个时期的代表。从另一个角度来说，先秦士人展现出的不同境遇，恰恰证明了先秦既是充满危机又是充满机遇的时代。任何一个想要脱颖而出的士人，都必须清晰地认识到那个时代的核心问题，并努力去解决这个问题。

---

① 《荀子集解》卷十九《大略》，上海：上海书店，1986年，第337页。

参考文献

古代典籍

1.［春秋］左丘明撰，徐元诰集解，王树民、沈长云点校：《国语集解》，北京：中华书局，2002 年。

2.郭人民著，孙顺霖补正：《战国策校注系年补正》，郑州：中州古籍出版社，2020 年。

3.［汉］司马迁：《史记》，北京：中华书局，1959 年。

4.［汉］班固：《汉书》，北京：中华书局，1962 年。

5.［南朝］范晔《后汉书》，北京：中华书局，1965 年。

6.［唐］魏征：《隋书》，北京：中华书局，1973 年。

7.［汉］贾谊：《新书》，影印文渊阁《四库全书》第 695 册，台湾商务印书馆，1986 年。

8.［汉］卫宏：《汉旧仪》，《续修四库全书》第 746 册。

9.［汉］董仲舒：《春秋繁露义证》，北京：中华书局，1992 年。

10.《孔子家语》，影印文渊阁《四库全书》第 695 册，台湾商务印书馆，1986 年。

11.《孔丛子校释》，北京：中华书局，2011 年。

12.［汉］刘向《新序》，影印文渊阁《四库全书》第 696 册，台湾商务印书馆，1986 年。

13. [汉] 韩婴撰，许维遹校释：《韩诗外传集释》，北京：中华书局，1980 年。

14. [三国魏] 嵇康著，戴明扬校注：《嵇康集校注》，北京：中华书局，2014 年。

15. [三国魏] 阮籍著，陈伯君校注：《阮籍集校注》，北京：中华书局，2012 年第 2 版。

16. [三国] 诸葛亮：《诸葛亮集》，北京：中华书局，1960 年。

17. 卫绍生辑校：《竹林七贤集·向秀集》，郑州：中州古籍出版社，2021 年。

18. [南北朝] 刘勰：《文心雕龙》，上海：上海古籍出版社，1989 年。

19. [南北朝] 郦道元：《水经注校证》，北京：中华书局，2007 年。

20. [南北朝] 颜之推著，王利器撰：《颜氏家训集解》，北京：中华书局，1993 年。

21. [唐] 韩愈：《昌黎文集校注》，上海：上海古籍出版社，1986 年。

22. [唐] 杜佑：《通典》，杭州：浙江古籍出版社，2000 年第 2 版。

23. [唐] 林宝：《元和姓纂》，北京：中华书局，1994 年。

24. [唐] 陆德明：《经典释文》，北京：中华书局，1983 年。

25. [宋] 朱熹撰：《四书章句集注》，北京：中华书局，1983 年。

26. [宋] 洪迈：《容斋随笔》，上海：上海古籍出版社，1978 年。

27. [宋] 陆九渊：《陆九渊集》，北京：中华书局，1980 年。

28. [宋] 家铉翁：《春秋详说》，影印文渊阁《四库全书》第 158 册，台湾商务印书馆，1986 年。

29. [宋] 刘敞：《公是集》，影印文渊阁《四库全书》第 1095 册，台湾商务印书馆，1986 年。

30. [宋]《朱子语类》，四库全书第 701 册。

31. [宋]《朱子大全》，四库全书第 721 册。

32.〔宋〕朱熹、吕祖谦:《近思录》,上海:上海古籍出版社,2000 年。

33.〔宋〕朱熹:《四书或问》,四库全书第 197 册。

34.〔宋〕朱熹:《朱子全书》,合肥:安徽教育出版社,2010 年。

35.〔宋〕朱熹撰:《四书章句集注》,北京:中华书局,1983 年。

36.〔宋〕黎靖德编,王星贤点校:《朱子语类》,北京:中华书局,1986 年。

37.〔宋〕朱熹集撰,赵长征点校:《诗集传》,北京:中华书局,2017 年。

38.〔宋〕欧阳修,宋祁:《新唐书》,北京:中华书局,1975 年。

39.〔宋〕程颢、程颐:《二程集》,北京:中华书局,2004 年第 2 版。

40.〔宋〕陆九渊:《陆九渊集》,北京:中华书局,1980 年。

41.〔元〕许衡:《许衡集》,北京:中华书局,2019 年。

42. 李修生主编:《全元文》,南京:江苏古籍出版社,1998 年。

43.〔明〕凌迪知:《万姓统谱》,影印文渊阁《四库全书》第 957 册,台湾商务印书馆,1986 年。

44.〔明〕王夫之:《船山全书》,长沙:岳麓书社,2011 年。

45.〔明〕丘濬:《大学衍义补》,丛书集成三编第 12 册。

46.〔明〕冯梦龙:《论语指月》,合肥:安徽人民出版社,2012 年。

47.〔明〕薛瑄:《文清公薛先生文集》,太原:三晋出版社,2015 年。

48.〔明〕湛若水著,钟彩钧点校:《泉翁大全集》,台湾中央研究院中国文哲研究所,2004 年。

49.〔明〕许相卿:《许云村贻谋》,《丛书集成初编》第 975 册,上海:商务印书馆,1939 年。

50.〔清〕孔广森:《大戴礼记补注》,北京:中华书局,2013 年。

51.〔清〕陈玉澍:《卜子年谱》,《丛书集成续编》第 259 册。

52.〔清〕《四库全书总目提要》,北京:中华书局,1965 年。

53.［清］朱彝尊：《经义考》,《钦定四库荟要》第239册，长春：吉林出版集团，2005年。

54.［清］王闿运：《尚书大传补注》,《续修四库全书》第55册。

55.［清］崔述：《崔东壁遗书》，上海：上海古籍出版社，1983年。

56.［清］李光地：《四书释地》，影印文渊阁《四库全书》第210册，台湾商务印书馆，1986年。

57.［清］阮元：《经籍籑诂》,《续修四库全书》第199册。

58.［清］孔广森：《大戴礼记补注》，北京：中华书局，2013年。

59.［清］庄存与撰，辛智慧笺：《春秋正辞笺》，北京：中华书局，2020年。

60.［清］严可均编：《全上古三代秦汉三国六朝文》，北京：中华书局，1958年。

61.［清］戴震撰，赵玉新点校：《戴震文集》，北京：中华书局，1980年。

62.［清］永瑢等：《四库全书总目》，北京：中华书局，1965年。

63.［清］郑板桥：《郑板桥全集》，南京：凤凰出版社，2012年。

64.［清］阎若璩：《孟子生卒年月考》,《四库存目》第81册。

65.［清］阎若璩：《四书释地》,《四库丛刊》第210册。

66.［清］曾国藩：《曾国藩全集》，长沙：岳麓书社，2012年第2版。

67.［清］皮锡瑞撰，吴仰湘编：《郑志疏证》，北京：中华书局，2015年。

68.《十三经注疏》，中华书局影印嘉庆刊本，2009年。

　　［魏］何晏集解、［宋］邢昺疏：《论语注疏》。

　　［东汉］赵岐注、［宋］孙奭疏：《孟子注疏》。

　　［晋］杜预注、［唐］孔颖达正义：《春秋左传正义》。

　　［东汉］何休解诂、［唐］徐彦疏：《春秋公羊传注疏》。

〔汉〕毛亨传、〔汉〕郑玄笺、〔唐〕孔颖达正义：《毛诗正义》。

〔汉〕郑玄注、〔唐〕贾公彦疏：《周礼注疏》。

〔汉〕郑玄注、〔唐〕贾公彦疏：《仪礼注疏》。

〔汉〕郑玄注、〔唐〕孔颖达正义：《礼记正义》。

69.《诸子集成》，上海书店，1986 年。

〔汉〕高诱注：《吕氏春秋》。

〔汉〕高诱注：《淮南子》。

〔清〕孙诒让：《墨子间诂》。

〔清〕王先谦：《荀子集解》。

〔清〕王先慎：《韩非子集释》。

〔清〕刘宝楠：《论语正义》。

〔清〕焦循：《孟子正义》。

现当代著作

1. 王国维：《王国维全集》，杭州：浙江教育出版社，2009 年。

2. 梁启超：《先秦政治思想史》，北京：东方出版社，1996 年。

3. 辜鸿铭：《中国人的精神》，黄兴涛，宋小庆译，海口：海南出版社，1996 年。

4. 钱穆：《先秦诸子系年》，上海：商务印书馆，1935 年。

5. 钱穆：《朱子新学案》，北京：九州出版社，2011 年。

6. 钱穆：《钱宾四先生全集》，台湾联经出版公司，1998 年。

7. 钟泰：《中国哲学史》，上海：商务印书馆，1929 年。

8. 鲁迅：《鲁迅全集》，北京：人民文学出版社，2005 年。

9. 胡适：《中国哲学史大纲》，北京：东方出版社，1996 年。

10. 侯外庐：《中国思想通史》，北京：人民出版社，1957年。

11. 谢无量：《中国哲学史》，上海：中华书局，1916年。

12. 梁漱溟：《东西文化及其哲学》，北京：商务印书馆，1999年。

13. 牟宗三：《牟宗三全集》，台湾联经出版公司，2003年。

14. 冯友兰：《中国哲学史》，上海：商务印书馆，1934年。

15. 冯友兰：《中国哲学史新编》，北京：人民出版社，1962年。

16. 冯友兰：《三松堂全集》，郑州：河南人民出版社，2001年。

17. 侯外庐、赵纪彬等：《中国思想通史》，北京：人民出版社，1957—1960年。

18. 任继愈编：《中国哲学史》，北京：人民出版社，1963。

19. 杜维明：《杜维明全集》，武汉：武汉出版社，2002年。

20. 余英时：《犹记风吹水上鳞》，台北：三民书局，1991年。

21. 李零：《郭店楚简校读记》，北京：中国人民大学出版社，2009年。

22. 李零：《简帛古书与学术源流》，北京：生活·读书·新知三联书店，2008年第2版。

23. 李零：《丧家狗：我读论语》，太原：山西人民出版社，2007年。

24. 陈引驰：《学问之道》，杭州：浙江大学出版社，2008年。

25. 方朝辉：《"三纲"与秩序重建》，北京：中央编译出版社，2014年。

26. 晁福林：《春秋战国的社会变迁》，北京：商务印书馆2011年。

27. 钱杭：《周代宗法制度史研究》，上海：学林出版社，1991年。

28. 钱杭：《周代宗法制度史研究》，上海：学林出版社，1991年。

29. 徐在国、黄德宽编：《古老子文字编》，合肥：安徽大学出版社，2007年。

30. 刘钊：《郭店楚简校释》，福州：福建人民出版社，2005年。

31. 丁四新：《郭店楚墓竹简思想研究》，北京：东方出版社，2000年。

32. 许建良：《魏晋玄学伦理思想研究》，北京：人民出版社，2003年。

33. 赵新:《君子的世界——先秦儒家的诗教与欲望》，长春：吉林大学出版社，2014 年。

34. 梁涛:《郭店楚简与思孟学派》，北京：中国人民大学出版社，2008 年。

35. 曾昭旭:《王船山哲学》，台北：远景出版事业有限公司，1983 年。

36. 颜炳罡:《整合与重铸——牟宗三哲学思想研究》，北京：北京大学出版社，2012 年。

37. 杨泽波:《孟子评传》，南京：南京大学出版社，1998 年。

38. 李绂:《朱子晚年全论》，北京：中华书局，2000 年。

39. 陈荣捷:《朱学论集》，上海：华东师范大学，2007 年

40. 陈来:《朱子哲学研究》，上海：华东师范大学出版社，2000 年；

41. 陈来:《宋明理学》，北京：北京大学出版社，2020 年。

42. 张立文:《朱熹评传》，南京：南京大学出版社，1998 年。

43. 蒙培元:《朱熹哲学十论》，北京：中国人民大学，2010 年。

44. 杨天石:《朱熹：孔子之后第一儒》，北京：东方出版社，2019 年。

45. 李启谦:《孔门弟子研究》，济南：齐鲁书社，1987 年。

46. 李启谦、王式伦编:《孔子弟子资料汇编》，济南：山东友谊出版社，1991 年。

47. 高专诚:《孔子·孔子弟子》，太原：山西人民出版社，1989 年。

48. 高专诚:《孔子和他的弟子们》，北京：新华出版社，1993 年

49. 李廷勇:《孔门七十二贤》，西安：三秦出版社，2000 年。

50. 高专诚:《卜子夏与三晋儒学》，太原：山西人民出版社，2001 年。

51. 侯丕烈编著:《史话春秋：卜子夏在孝义》，太原：山西古籍出版社，2006 年。

52. 高培华:《卜子夏考论》，北京：社会科学文献出版社，2012 年。

53. 吕相国:《子夏易传导读》，北京：华龄出版社，2019 年。

54. 张弛、金士编：《孔子七十二弟子图谱》，北京：中国和平出版社，1991 年。

55. 中国孔子研究院编：《孔门七十二贤像传》，北京：中国画报出版社，2010 年。

56. 陈桐生：《七十子后学散文研究》，广州：暨南大学出版社，2011 年。

57. 楼含松主编：《中国历代家训集成》，杭州：浙江联合出版集团、浙江古籍出版社，2016 年。

58. 国家清史编纂委员会：《中国家谱资料选编》，上海：上海古籍出版社，2013 年。

59. 《郭店楚简研究》（《中国哲学》第二十辑），沈阳：辽宁教育出版社，2000 年。

60. 武汉大学：武汉大学中国文化研究院编《郭店楚简国际学术研讨会论文集》，武汉：湖北人民出版社，2000 年。

61. 《马克思恩格斯选集》，北京：人民出版社，1995 年。

62. ［古罗马］奥古斯丁：《驳朱利安》，石敏敏译，北京：中国社会科学出版社，2010 年。

63. ［古罗马］奥古斯丁：《论信望爱》，许一新译，北京：生活·读书·新知三联书店，2009 年。

64. ［英］哈耶克：《法律、立法与自由》，北京：中国大百科全书出版社，2000 年。

65. ［英］斯诺：《两种文化》，纪树立译，北京：生活·读书·新知三联书店，1994 年。

66. ［英］拜雅特：《隐之书》，于冬梅、宋瑛堂译，三亚：南海出版社，2008 年。

67. ［英］Alan Isaacs 主编：《牛津物理学词典》，上海：上海外语教育出版社。

68.［英］C.S. 路易斯:《文艺评论的实验》,徐文晓译,上海:华东师范大学出版社,2008 年。

69.［英］齐格蒙特·鲍曼:《共同体》,欧阳景根译,南京:江苏人民出版社,2007 年。

70.［德］尼采:《善恶的彼岸》,朱泱译,北京:团结出版社,2001 年。

71.［德］黑格尔:《法哲学原理》,范扬、张企泰译,北京:商务印书馆,1961 年。

72.［德］康德:《纯粹理性批判》,邓晓芒译,北京:人民出版社,2004 年。

73.［德］康德:《实践理性批判》,韩水法译,北京:商务印书馆,2009 年。

74.［德］康德:《单纯理性限度内的宗教》,李秋零译,北京:商务印书馆,2012 年。

75.［美］华勒斯坦:《开放的社会科学》,刘锋译,北京:生活·读书·新知三联书店,1997 年。

76.［美］柯雄文:《君子与礼:儒家美德伦理学与处理冲突的艺术》,李彦仪译,台北:国立台湾大学出版中心,2017 年。

77.［美］赫伯特·芬格莱特:《孔子:即凡而圣》,彭国翔译,南京:江苏人民出版社,2002 年。

78.［美］江文思、安乐哲编:《孟子心性之学》,北京:社会科学文献出版社,2005 年。

79.［美］郝大维、安乐哲:《孔子哲学思微》,蒋弋为、李志林译,南京:江苏人民出版社,1996 年。

80.［美］安乐哲:《差异比较与沟通理解——当代西方学者研究中国哲学的倾向及障碍》,张燕华译,《时代与思潮》1998 年辑刊。

81.［美］郝大维、安乐哲:《通过孔子而思》,何金莉译,北京:北京大学出版社，2005 年。

82.［美］郝大维、安乐哲：《汉哲学思维的文化探源》，施忠连译，南京：江苏人民出版社，1999 年。

83.［美］列奥·斯特劳斯：《古今自由主义》，马志娟译，南京：江苏人民出版社，2012 年。

84.［美］马斯洛：《科学心理学》，马良诚等编译，西安：陕西师范大学出版社，2010 年。

85.［德］费迪南德·腾尼斯：《共同体与社会：纯粹社会学的基本概念》，林荣远译，北京：商务印书馆，1999 年。

86.［美］宇文所安《中国文论：英译与评论》，王柏华、陶庆梅译，上海：上海社会科学院出版社，2003 年。

87. Fingarette, Herbert, Confucius: The Secular As Sacred, 1998, Prospect Heights, Ⅲ.Waveland Press.

88. Liu Wu-Chi, Confucius, His Life and Time, New York; Philosophical Library, 1955.

89. H.G.Creel, Confucius and the Chinese Way, New York: Harper&Brothers, 1960.

90. H.E.James Legge, The Chinese Classics.Taipei: SMC pulishing Inc, 1991.

91. Creel, Herrlee Glessner, The Origins of Statecraft in China, Chicago: University of Chicago, 1970.

92. Fingarette, Herbert, Confucius: The Secular As Sacred, 1998, Prospect Heights, Ⅲ.Waveland Press.

期　刊

1. 顾颉刚:《"圣""贤"观念和字义的演变》,《中国哲学》第 1 辑,北京:生活·读书·新知三联书店,1979 年。

2. 姜亮夫:《"中"形形体分析及其语音演变之研究——汉字形体语音辩证的发展》,《杭州大学学报（增刊）》1984 年第 14 期。

3. 郑吉雄:《先秦经典"中"字字义分析——兼论《保训》"中"字》,《简帛·经典·古文》,上海:上海古籍出版社,2013 年。

4. 杨儒宾:《论孟子的践形观——以持气养志为中心展开的工夫论面相》,新竹:《国立清华大学学报》第 20 卷,第 1 期。

5. 匡钊:《孟子的性命之辩与"践形"说》,《国际儒学论丛》,2019 年第 1 期。

6. 李学勤:《荆门郭店楚简中的〈子思子〉》,《中国哲学》第 20 辑。

7. 曹峰:《清华简〈心是谓中〉的心论与命论》,《中国哲学史》2019 年第 3 期。

8. 王传富、汤学锋:《荆门郭店一号楚墓》,《文物》1997 年第 7 期。

9. 李醒民:《科学是什么》,《湖南社会科学》2007 年第 1 期。

10. 刘彬:《子夏与〈归藏〉关系初探—兼及帛书〈易经〉卦序的来源》,《孔子研究》2007 年第 4 期。

11. 韩高年:《战国中山遗址出土文献与子夏"诗教"》,《山西大学学报（哲学社会科学版）》2021 年第 4 期。

12. 张树国:《"安大简"〈诗经〉为子夏西河〈诗钞〉》,《中原文化研究》2020 年第 5 期。

13. 刘彬:《子夏与〈归藏〉关系初探——兼及帛书〈易经〉卦序的来源》,《孔子研究》2007 年第 4 期。

14. 赵四方:《孔门传经弟子的形象重塑与清代经学转型——以子夏

为中心》，《江海学刊》2022 年第 4 期。

15. 王齐洲：《子夏"乐教"与〈大司乐〉的由来》，《暨南学报（哲学社会科学版）》2022 年第 6 期。

16. 王鹭：《"绘事后素"中"后素"与"后于素"再辩》，《河北学刊》2021 年第 6 期。

17. 杨柳青：《〈玉函山房辑佚书〉之〈子夏易传〉〈丁氏易传〉〈韩氏易传〉考辨》，《中国典籍与文化》2020 年第 1 期。

18. 马腾：《礼学传承与君权政治——子夏氏之儒对法思想史的影响》，《华东政法大学学报》2016 年第 2 期。

19. 谭家健：《关于〈国语〉的成书时代和作者问题》，《河北师院学报》1985 年第 2 期。

20. 许景昭：《禅让、世袭与革命: 战国诸子之古代帝王更替观——与出土文献综合比较述论》，《诸子学刊》2009 年第 1 期。

子夏研究目录索引

[1] 张磊：《"小道"不小：子夏实践本位治学思想及其当代启示》，《三门峡职业技术学院学报》2022 年第 2 期。

[2] 王齐洲：《子夏"乐教"与〈大司乐〉的由来》，《暨南学报 (哲学社会科学版)》2022 年第 6 期。

[3] 刘明园：《子夏"西河"设教传经考辨》，《商丘师范学院学报》2022 年第 5 期。

[4] 张晚林、杜燕：《论子夏之学及其在后世的影响与流变》，《管子学刊》2022 年第 1 期。

[5] 侯悦、杨玮：《子夏"西河设教"文献遗存刍议》，《山西青年职业学院学报》2021 年第 34 期。

[6] 韩高年：《战国中山遗址出土文献与子夏"诗教"》，《山西大学学报 (哲学社会科学版)》2021 年第 4 期。

[7] 李记芬、向世陵：《从孟、告"生之谓性"之辩看物性与人性》，《中国人民大学学报》2020 年第 6 期。

[8] 纳秀艳：《子夏其人及治学观》，《青海师范大学学报 (哲学社会科学版)》2020 年第 6 期。

[9] 龙文玲先：《秦两汉载录子夏事迹之文献考索》，《南宁师范大学学报 (哲学社会科学版)》2020 年第 5 期。

[10] 张树国：《"安大简"〈诗经〉为子夏西河〈诗钞〉》，《中原文化

研究》2020 年第 5 期。

　　[11] 张树国：《清华简组诗为子夏所造魏国歌诗》，《杭州师范大学学报 (社会科学版)》2020 年第 4 期。

　　[12]《三晋儒学第一人子夏》，《前进》2020 年第 7 期。

　　[13] 杨柳青：《〈玉函山房辑佚书〉之〈子夏易传〉〈丁氏易传〉〈韩氏易传〉考辨》，《中国典籍与文化》2020 年第 1 期。

　　[14] 邹皓、杨宜霖：《谷梁子"受经于子夏"之说不可信》，《中州学刊》2019 年第 12 期。

　　[15] 马爱菊：《从子夏"不仕"看先秦士人的生存境遇》，《原道》2018 年第 2 期。

　　[16] 张继军、段澜涛：《从子夏问〈诗〉看〈论语〉中所见文质观——兼论先秦儒家道德哲学的价值转向》，《中国哲学史》2018 年第 4 期。

　　[17] 徐润润、徐楠：《从子夏学诗看孔子究其"精微"的〈诗〉教思想》，《上饶师范学院学报》2018 年第 5 期。

　　[18] 孙忠厚：《子夏传〈诗〉辨——从孔门弟子学〈诗〉谈起》，《贵州社会主义学院学报》2018 年第 1 期。

　　[19] 李存山：《中韩儒学的"性情之辨"与"人物性同异之辩"》，《道德与文明》2017 年第 5 期。

　　[20] 高专诚：《子夏的思想成就和历史贡献》，《中原文化研究》2017 年第 4 期。

　　[21] 陈赟：《人性与物性之辨：朱熹思想的内在张力与船山的检讨》，《贵阳学院学报 (社会科学版)》2017 年第 4 期。

　　[22] 黄辉明：《子夏对晋儒转法的贡献及其学派地位》，《北方论丛》2017 年第 4 期。

　　[23] 高培华：《子夏传经弟子考略——子夏弟子丛考之五》，《寻根》

2017 年第 4 期。

[24] 吕文郁：《子夏与孔学》，《名作欣赏》2017 年第 16 期。

[25] 高培华：《子夏教授西河的原因及其意义》，《名作欣赏》2017 年第 16 期。

[26] 高培华：《子夏德行弟子考略——子夏弟子丛考之四》，《寻根》2017 年第 1 期。

[27] 唐根希：《子夏的反讽与孔子的批评——〈论语〉"贤贤易色""君子不重则不威"两章解诂》，《南京邮电大学学报（社会科学版）》2016 年第 4 期。

[28] 吴健健：《上承孔丘，下启荀况——浅谈子夏对儒家学说的继承与发扬》，《文教资料》2016 年第 33 期。

[29] 高培华：《文武俱佳的魏成子、吴起——子夏弟子丛考之三》，《寻根》2016 年第 5 期。

[30] 崔云胜：《〈诗小序〉作于子夏——张澍〈诗小序翼题辞〉述评》，《河西学院学报》2016 年第 4 期。

[31] 王天然：《子夏除丧哀已忘辨》，《经学文献研究集刊》2016 年第 1 期。

[32] 侯丕烈：《卜子夏开创了影乐先河》，《中国木偶皮影》2016 年第 2 期。

[33] 高培华：《"悝、克二人说"驳议——子夏弟子丛考之二》，《寻根》2016 年第 3 期。

[34] 马腾：《礼学传承与君权政治——子夏氏之儒对法思想史的影响》，《华东政法大学学报》2016 年第 2 期。

[35] 程洁如：《〈子夏易传〉流传与版本考》，《国学学刊》2016 年第 1 期。

[36] 刘毓庆、唐婷：《韩愈颠覆"子夏作〈序〉"与宋代〈诗〉学格

局的确立》,《南京师大学报（社会科学版）》2016 年第 1 期。

[37] 马银琴：《子夏的思想特征及其家学渊源》,《文学评论》2016 年第 1 期。

[38] 高培华：《魏文侯："以霸王道杂之"的先驱——子夏弟子丛考之一》,《寻根》2016 年第 1 期。

[39] 马银琴：《子夏的思想特征及其家学源渊——兼论子夏思想与三晋文化精神的契合（初稿）》,《诗经研究丛刊》2015 年第 1 期。

[40] 马银琴：《子夏的思想特征及其家学源渊——兼论子夏思想与三晋文化精神的契合（初稿）》,《诗经研究丛刊》（第二十六辑）, 2015 年。

[41] 金好贵：《子夏"学"的思想对当代教育的启示》,《时代教育》2015 年第 12 期。

[42] 李如密：《子夏：孔门中以文学著称的弟子——"教育家孔子和他的弟子们"之五》,《江苏教育》2015 年第 19 期。

[43] 刘敏：《子夏之"学"说》,《佳木斯职业学院学报》2014 年第 9 期。

[44] 吕友仁：《一部开创七十子研究的力作——读高培华〈卜子夏考论〉》,《史学月刊》2014 年第 8 期。

[45] 李小鹏：《子夏"学而优则仕"本义考释——以先秦儒家学派的学习观为中心》,《齐鲁师范学院学报》2014 年第 3 期。

[46] 周春兰、马德邻：《论子夏对孔子之"学"的继承与发展》,《广西社会科学》2014 年第 1 期。

[47] 姚中秋：《子夏及其门人与郡县制之构建》,《原道》2012 年第 2 期。

[48] 高培华：《〈礼记·檀弓上〉曾子责子夏考辨——兼谈孔门弟子是"和而不同"的君子群体》,《史学月刊》2013 年第 2 期。

[49] 高培华：《子夏传〈诗〉续说》,《寻根》2012 年第 6 期。

[50] 高培华:《李克生平业绩考——子夏弟子丛考之一》,《南阳师范学院学报》2012 年第 12 期。

[51] 高培华:《子夏传授〈春秋〉考》,《寻根》2012 年第 5 期。

[52] 高培华:《子夏家乡地望与国籍归属考》,《郑州大学学报 (哲学社会科学版)》2012 年第 5 期。

[53] 高培华:《子夏传〈易〉考》,《寻根》2012 年第 4 期。

[54] 高培华:《子夏传授〈礼〉〈乐〉考》,《寻根》2012 年第 3 期。

[55] 田俊杰:《子路 "侠义之勇" 与子夏 "仁知之勇" 比较研究》,《西南农业大学学报 (社会科学版)》2012 年第 4 期。

[56] 高培华:《子夏传授〈诗〉〈书〉考》,《寻根》2012 年第 2 期。

[57] 郑晓华、步如飞:《试论子夏对儒学的贡献》,《管子学刊》2012 年第 1 期。

[58] 陈鸿森:《〈子夏易传〉臧庸辑本评述》,《齐鲁文化研究》2011 年第 1 期。

[59] 王红霞:《论早期儒学发展的两个向度——从子夏、曾子思想差异说起》,《孔子研究》2011 年第 6 期。

[60] 付星星、张启成:《〈子夏序〉为虚托之十证》,《诗经研究丛刊》2011 年第 1 期。

[61] 王克霞、步如飞:《子夏弟子考述》,《兰台世界》2011 年第 11 期。

[62] 彭蕾:《文质兼备,仁礼双彰——从 "子夏问诗" 看儒家修身之学》,《现代语文 (文学研究)》2011 年第 5 期。

[63] 高培华:《子夏孔门求学三事考辨》,《齐鲁学刊》2011 年第 1 期。

[64] 邢丽菊:《朝鲜儒者南塘的人物性异论及对朱熹理论的新发展》,《社会科学战线》2011 年第 1 期。

[65] 郑晓华、步如飞:《试论子夏的性格特征》,《管子学刊》2010 年第 4 期。

[66] 田耀农：《中国古代音乐的功能及其实现方式——"子夏论乐"新考》，《美育学刊》2010 年第 1 期。

[67] 高培华：《子夏为官与孔门武艺勇德考》，《史学月刊》2010 年第 9 期。

[68] 马银琴：《子夏居西河与三晋之地〈诗〉的传播》，《北京大学学报 (哲学社会科学版)》2010 年第 5 期。

[69] 付星星、张启成：《〈子夏序〉为虚托之十证》，《诗经研究丛刊》2011 年第 1 期。

[70] 陈伟文：《今本〈子夏易传〉即唐张弧伪本考论》，《周易研究》2010 年第 2 期。

[71] 杨秋梅：《卜子夏教育思想探微》，《纪念〈教育史研究〉创刊二十周年论文集（2）——中国教育思想史与人物研究》2009 年。

[72] 谢耀亭：《子夏故里温邑考——兼与"卫国说"者商榷》，《社会科学评论》2009 年第 2 期。

[73] 刘贡南：《朱熹释子夏"先传后倦"》，《人文杂志》2009 年第 3 期。

[74] 胡义成：《子夏定稿〈诗经〉于关中说》，《南通大学学报 (社会科学版)》2009 年第 1 期。

[75] 强光伦：《对〈论语·子夏问曰〉课本注释的质疑》，《语文学习》2009 年第 1 期。

[76] 张步学：《孔子编诗子夏传》，《诗经研究丛刊》2008 年第 2 期。

[77] 邢丽菊：《朝鲜朝时期"人物性同异"论争的理论来源及其差异——巍岩李柬与南塘韩元震之人物性同异论比较》，《哲学研究》2008 年第 11 期。

[78] 张步学：《孔子编诗子夏传》，《诗经研究丛刊》2008 年第 2 期。

[79] 谢耀亭：《子夏在儒学发展史上的贡献》，《运城学院学报》2008 年第 3 期。

[80] 王红霞：《子夏思想述析》，《孔子研究》2008 年第 3 期。

[81] 冯建辉：《子夏考论》，中共中央党校博士学位论文，2008 年。

[82] 张耀南：《第一则 子夏"学而优则仕"》，《新闻与写作》2008 年第 2 期。

[83] 刘红霞、罗祖基：《子夏之"小人儒"探析》，《合肥师范学院学报》2008 年第 1 期。

[84] 郑晓华、步如飞：《子夏与〈乐〉的传授》，《管子学刊》2007 年第 4 期。

[85] 吕世宏、师瑞萍：《卜子夏"西河设教"辩》，《吕梁高等专科学校学报》2007 年第 3 期。

[86] 王红霞：《子夏传述六经的历史贡献》，《文史知识》2007 年第 9 期。

[87] 刘彬：《子夏与〈归藏〉关系初探——兼及帛书〈易经〉卦序的来源》，《孔子研究》2007 年第 4 期。

[88] 步如飞：《子夏及其学派研究》，山东大学博士学位论文，2007 年。

[89] 管芙蓉：《卜子夏儒学教育思想浅议》，《运城学院学报》2006 年第 6 期。

[90] 刘大钧：《今、古文易学流变述略——兼论〈子夏易传〉真伪》，《周易研究》2006 年第 6 期。

[91] 袁传璋：《子夏教衍西河地域考论》，《安徽师范大学学报（人文社会科学版）》2006 年第 6 期。

[92] 步如飞、郑晓华：《子夏里籍考》，《管子学刊》2006 年第 4 期。

[93] 张宝书：《浅论子夏"学""仕"结合的教育思想》，《陕西教育（理论）》2006 年第 10 期。

[94] 王红霞：《子夏生平考述》，《北方论丛》2006 年第 4 期。

[95] 付长珍：《试论朱熹的二重化人格境界》，《华东师范大学学报

（哲学社会科学版）》2006 年第 4 期。

[96]《子夏的"自胜"与西门豹、董安于的自警》，《新作文（高考在线）》2006 年第 3 期。

[97] 刘彬：《子夏易学考》，《周易研究》2006 年第 3 期。

[98] 谢耀亭：《子夏法思想论析》，《运城学院学报》2006 年第 1 期。

[99] 刘毓庆、郭万金：《子夏家学与〈诗大序〉——子夏作〈诗大序〉说补证》，《山西大学学报（哲学社会科学版）》2006 年第 1 期。

[100] 宋一梅：《子夏"学""仕"相结合的继续教育思想探微》，《继续教育研究》2005 年第 6 期。

[101] 刘彬：《子夏易学初探》，《易学与儒学国际学术研讨会论文集（易学卷）》，2005 年。

[102] 吴玉伦：《怀川先哲卜子夏的教育情结》，《焦作大学学报》2005 年第 2 期。

[103] 裴传永：《论子夏在中国经学史上的地位——从〈史记·孔子世家〉"六艺"的本义说起》，《中国哲学史》2005 年第 1 期。

[104] 高培华：《子夏教育思想简论》，《河北师范大学学报（教育科学版）》2004 年第 5 期。

[105] 高培华：《子夏的孔门求学时期》，《史学月刊》2004 年第 9 期。

[106] 高培华：《关于子夏的几个问题——与〈中国教育通史〉作者商榷》，《教育研究》2004 年第 8 期。

[107] 刘毓庆、郭万金：《子夏家学与〈诗大序〉——子夏作〈诗大序〉说补证》，《第六届诗经国际学术研讨会论文集》，2004 年。

[108] 李景旺：《论子夏在儒学发展史上的地位》，《新乡师范高等专科学校学报》2004 年第 4 期。

[109] 丁鼎：《子夏与〈丧服传〉关系考论》，《江苏大学学报（社会科学版）》2004 年第 1 期。

[110] 万俊人：《人为什么要有道德？（上）》，《现代哲学》2003 年第 1 期。

[111] 侯文学：《齐宋郑卫之音的东夷文化特征 —— 兼论季札、子夏、师乙的审美观》，《克山师专学报》2002 年第 4 期。

[112] 王齐洲：《孔子、子夏诗论比较 —— 兼论上海博物馆藏战国楚竹书〈诗论〉之命名》，《华中师范大学学报（人文社会科学版）》2002 年第 5 期。

[113] 杨朝明：《子夏及其传经之学考论》，《孔子研究》2002 年第 5 期。

[114] 张继峰、王建忠：《卜子夏故里考》，《中州今古》2001 年第 6 期。

[115] 张继峰：《纪念卜子夏大会在温召开》，《中州今古》2001 年第 6 期。

[116] 杨朝明：《子夏传经之学考述》，《第五届诗经国际学术研讨会论文集》，2001 年。

[117] 徐鸿修：《孔子高足　学术大师——谈子夏的历史贡献》，《孔子研究》2001 年第 1 期。

[118] 周培清：《子夏改造思想的启示》，《党建研究》2000 年第 11 期。

[119] 黄武强：《浅谈孔子所说的"天"和"故艺"的"艺"——兼论孔子、子夏与商鞅对科技的影响》，《广西社会科学》1999 年第 6 期。

[120] 孔祥骅：《子夏与〈周易〉的传授》，《华东师范大学学报（哲学社会科学版）》1998 年第 3 期。

[121] 刘玉建：《〈子夏易传〉真伪考证》，《山东大学学报（哲学社会科学版）》1995 年第 4 期。

[122] 葛志毅：《孔子、子夏与早期经学说略》，《齐鲁学刊》1993 年第 1 期。

[123]《孔子、子夏问对》,《理论学刊》1991 年第 1 期。

[124] 孔祥骅:《子夏氏"西河学派"再探》,《学术月刊》1987 年第 7 期。

[125] 金德建:《〈史记·儒林传〉"禽滑厘受业于子夏"考》,《史林》1986 年第 3 期。

[126] 孔祥骅:《子夏氏"西河学派"初探》,《学术月刊》1985 年第 2 期。

[127] 黄巩:《子夏曰仕而优则学学而优则仕》,《船山学报》1936 年第 1 期。

[128] 陈鸿森:《"子夏易传"考辨》,《中央研究院历史语言研究所集刊》1985 年第 2 卷。

[129] 杨永英:《"小道"与"大志"——兼论子夏"致远恐泥"的真正意义》,《中国语文》1999 年第 5 期。

[130] 张金鉴:《卜子夏评传》,《中原文献》1978 年第 3 卷。

[131] 徐芹庭:《周易子夏学导论》,《国文学报》1972 年第 1 卷。

[132] 刘锦贤:《子夏之学行述论》,《兴大中文学报》2014 年第 35 期。

[133] 简淑慧:《子夏其人及其所传之经学》,《孔孟月刊》1988 年第 5 期。

[134] 李周龙:《子夏易传考辨》,《孔孟学报》1990 年第 59 卷。

[135] 洪干佑:《子夏的文学》,《逢甲学报》1983 年第 16 卷。

[136] 卓秀岩:《子夏礼学》,《成功大学学报》1993 年。

[137] 诸桥辙次、千祥:《论语弟子考(3)——子夏》,《孔孟月刊》1963 年。

[138] 施之勉:《读史记会注考证札记:子夏经学、汉武帝初名彘七岁为皇太子改名彻》,《大陆杂志》1987 年第 5 期。

[139] 朱元珍:《论语"子夏之门人"章评注》,《中国语文》2019 年。

[140] 吕芳:《"厚重翻译"视角下"仁"字新诠:以出土文献"仁"字五形为据——子夏曰:"切问而近思,仁在其中矣"》,《广译》2017 年。

[141] 简淑慧:《子夏及其所传之经学浅探》,《万能商学学报》2009 年。

[142] 张鹏飞:《孔子乎? 子夏乎? 子羔乎? ——上博藏战国楚竹书"孔子诗论"作者研究综述》,《孔孟月刊》2004 年第 2 期。

[143] 姜永超:《试论荀子对子张、子夏和子游三派后学的思想批判》,《孔孟月刊》2021 年第 59 卷。

[144] 王红霞:《论子夏与荀子的学术传承》,《鹅湖》2017 年。

[145] 徐照:《孔门卜商传经论》,《台湾教育》1955 年。

[146] 侯怡利:《米芾与欧阳询〈卜商读书帖〉》,《故宫文物月刊》2009 年。

[147] 张循:《儒、法之间的过渡环节:战国时代三晋地区的儒学》,《鹅湖》2017 年。

[148] 李锐:《从近出〈尚书〉类文献论孔子删〈书〉》,《哲学与文化》2021 年第 48 卷。

[149] 朱心怡:《论战国时期儒家心性之学的发展》,《成大中文学报》2005 年。

[150] 林庆彰:《顾颉刚论〈诗序〉》,《应用语文学报》2001 年第 3 卷。

日韩研究

[151] 伊與田覺:《論語の対話 (103) 子夏 (しか) と曽子 (そうし)》,《理念と経営:中小企業を活性化し、成功を探求する経営誌》,コスモ教育出版,2014 年。

[152] 伊與田覺:《論語の対話 (その 33) 徳行には顔淵・閔子騫・冉

伯牛・仲弓、言語には宰我・子貢、政事には冉有・季路、文学には子游・子夏》,《理念と経営：中小企業を活性化し、成功を探求する経営誌》,コスモ教育出版,2008 年。

[153] 俣野太郎:《論語にみえる諸弟子の記述第一（上）子夏と子張》,《東洋研究》,大東文化大学東洋研究所, 1982 年。

[154] 俣野太郎:《論語にみえる諸弟子の記述第一（下）子夏と子張》,《東洋研究》,大東文化大学東洋研究所, 1983 年。

[155] 木村英一:《孔門の若き秀才たち -- 子游・子夏・子張・曽子について》,《日本中國學會報》, 日本中国学会, 1972 年。

先秦两汉子夏资料整理与汇编

《论语》

子夏曰："贤贤易色，事父母，能竭其力；事君，能致其身；与朋友交，言而有信。虽曰未学，吾必谓之学矣。"（《学而》）

子夏问孝。子曰："色难。有事，弟子服其劳；有酒食，先生馔。曾是以为孝乎？"（《为政》）

子夏问曰："'巧笑倩兮，美目盼兮，素以为绚兮。'何谓也？"子曰："绘事后素。"曰："礼后乎？"子曰："起予者商也，始可与言《诗》已矣。"（《八佾》）

子谓子夏曰："女（汝）为君子儒，无为小人儒。"（《雍也》）

德行：颜渊、闵子骞、冉伯牛、仲弓。言语：宰我、子贡。政事：冉有、季路。文学：子游、子夏。（《先进》）

司马牛忧曰："人皆有兄弟，我独亡！"子夏曰："商闻之矣：'死生有命，富贵在天.君子敬而无失，与人恭而有礼，四海之内，皆兄弟也。'君子何患乎无兄弟也？"（《颜渊》）

樊迟问仁。子曰："爱人。"问知（智）。子曰："知人。"樊迟未达。子曰："举直错诸枉，能使枉者直。"樊迟退，见子夏，曰："乡也，吾见于夫子而问智，子曰：'举直错诸枉，能使枉者直。'何谓也？"子夏曰："富哉言乎！舜有天下，选于众，举皋

陶，不仁者远矣。汤有天下，选于众，举伊尹，不仁者远矣。"（《颜渊》）

子夏为莒父宰，问政。子曰："无欲速，无见小利。欲速则不达，见小利则大事不成。"（《子路》）

子夏之门人，问交于子张。子张曰："子夏云何？"对曰："子夏曰：'可者与之，其不可者拒之。'"子张曰："异乎吾所闻：'君子尊贤而容众，嘉善而矜不能。'我之大贤与，于人何所不容？我之不贤与，人将拒我，如之何其拒人也？"

子夏曰："虽小道，必有可观者焉，致远恐泥，是以君子不为也。"

子夏曰："日知其所亡，月无忘其所能，可谓好学也已矣！"

子夏曰："博学而笃志，切问而近思，仁在其中矣。"

子夏曰："百工居肆以成其事，君子学以致其道。"

子夏曰："小人之过也必文。"

子夏曰："君子有三变：望之俨然，即之也温，听其言也厉。"

子夏曰："君子信而后劳其民；未信，则以为厉己也，信而后谏；未信，则以为谤己也。"

子夏曰："大德不逾闲，小德出入可也。"

子游曰："子夏之门人小子，当洒扫应对进退，则可矣，抑末也；本之则无，如之何？"子夏闻之曰："噫！言游过矣！君子之道，孰先传焉？孰后倦焉？譬诸草木，区以别矣。君子之道，焉可诬也？有始有卒者，其惟圣人乎！"

子夏曰："仕而优则学，学而优则仕。"（以上《子张》）

《国语》

季康子问于共父文伯之母曰："主亦有以语肥也。"对曰："吾能老而已，何以语子。"康子曰："虽然，肥愿有闻于主。"对曰："吾闻之先姑曰：'君子能劳，后世有继。'"子夏闻之，曰："善哉！商闻之曰：'古之嫁者，不及舅姑，谓之不幸。'夫妇，学于舅姑者也。"（《国语·鲁语下》）

《墨子》

子夏子徒问于子墨子曰："君子有斗乎？"子墨子曰："君子无斗。"子夏之徒曰："狗狶犹有斗，恶有士而无斗矣？"子墨子曰："伤矣哉！言则称于汤文，行则譬于狗狶，伤矣哉！"（《墨子·耕柱》）

《孟子》

公孙丑问曰："夫子加齐之卿相，得行道焉，虽由此霸王不异矣。如此则动心否乎，"孟子曰："否。我四十不动心。"曰："若是，则夫子过孟贲远矣。"曰："是不难，告子先我不动心。"曰："不动心有道乎，"曰："有。北宫黝之养勇也，不肤挠，不目逃，思以一毫挫于人，若挞之于市朝。不受于褐宽博，亦不受于万乘之君。视刺万乘之君，若刺褐夫。无严诸侯，恶声至，必反之。孟施舍之所养勇也。曰：'视不胜，犹胜也。量敌而后进，虑胜而后会，是畏三军者也。舍岂能为必胜哉，能无惧而已矣。'孟施舍似曾子，北宫黝似子夏。夫二子之勇，未知其孰贤，然而孟施舍守约也。昔者曾子谓子襄曰：'子好勇乎，吾尝闻大勇于夫子矣。自反而不缩，虽褐宽博，吾不惴焉；自反而缩，虽千万人，吾往矣。'孟施舍之守气，又不如曾子之守约也。"

曰："敢问夫子之不动心，与告子之不动心，可得闻与，""告子曰：'不得于言，勿求于心，不得于心，勿求于气。''不得于心，勿求于气'，可；'不得于言，勿求于心'，不可。夫志，气之帅也；气，体之充也。夫志至焉，气次焉。故曰持其志，无暴其气。""既曰志至焉，气次焉，又曰持其志，无暴其气者，何也，"曰："志壹则动气，气一则动志也。今夫蹶者趋者，是气也，而反动其心。""敢问夫子恶乎长，"曰："我知言，我善养吾浩然之气。""敢问何谓浩然之气，"曰："难言也。其为气也，至大至刚，以直养而无害，则塞于天地之间。其为气也，配义与道，无是，馁也。是集义所生者，非义袭而取之也。行有不慊于心，则馁矣。我故曰告子未尝知义，以其外之也。必有事焉而勿正，心勿忘，勿助长也。无若宋人然。宋人有闵其苗之不长而揠之者，芒芒然归，谓其人曰：'今日病矣，予助苗长矣。'其子趋而往视之，苗则槁矣。天下之不助苗长者寡矣。以为无益而舍之者，不耘苗者也；助之长者，揠苗者也。非徒无益，而又害之。"

"何谓知言？"曰："陂辞知其所蔽，淫辞知其所陷，邪辞知其所离，遁辞知其所穷。生于其心，害于其政，害于其事。圣人复起，必从吾言矣。"

"宰我子贡，善为说辞；冉牛闵子颜渊，善言德行，孔子兼之，曰：'我于辞命，则不能也。'然则夫子既圣矣乎，"曰："恶，是何言也，昔者子贡问于孔子曰：'夫子圣矣乎，'孔子曰：'圣则吾不能。我学不厌而教不倦也。'子贡曰：'学不厌，智也；教不倦，仁也。仁且智，夫子既圣矣。'夫圣，孔子不居。是何言也？""昔者窃闻之，子夏子游子张，皆有圣人之一体；冉牛闵子颜渊，则具体而微，敢问所安，"曰："姑舍是。"曰："伯夷、伊尹何如？"曰："不同道。非其君不事，非其民不使，治则进，乱则退，伯夷也。何事非君，何使非民，治亦进，乱亦进，伊尹也。可以仕则仕，可以止则止，可以久则久，可以速则速，孔子也。皆古圣人也，吾未能有行焉。乃所愿，则学孔子也。""伯夷伊尹于孔子，若是班乎，"曰："否。自有生民以来，未有孔子也。"曰："然则有同与，"曰："有。得百里之地而君之，皆能以朝诸侯有天下。行一不义，杀一不辜，而得天下，皆不为也。是则同。"曰："敢问其所以异，"曰："宰我子贡有若，智足以知圣人，污不至阿其所好。宰我曰：'以予观于夫子，贤于尧舜远矣。'子贡曰：'见其礼而知其政，问其乐而知其德，由百世之后，等百世之王，莫之能违也。自生民以来，未有夫子也。'有若曰：'岂惟民哉，麒麟之于走兽，凤凰之于飞鸟，泰山之于丘垤，河海之于行潦，类也。圣人之于民，亦类也。出于其类，拔乎其萃。自生民以来，未有盛于孔子也。'"

"尧以不得舜为己忧，舜以不得禹、皋陶为己忧。夫以百亩之不易为己忧者，农夫也。分人以财谓之惠，教人以善谓之忠，为天下得人者谓之仁。是故以天下与人易，为天下得人难。孔子曰：'大哉尧之为君！惟天为大，惟尧则之，荡荡乎民无能名焉！君哉舜也！巍巍乎有天下而不与焉！'尧舜之治天下，岂无所用其心哉？亦不用于耕耳。"

"吾闻用夏变夷者，未闻变于夷者也。陈良，楚产也。悦周公、仲尼之道，北学于中国。北方之学者，未能或之先也。彼所谓豪杰之士也。子之兄弟事之数十年，师死而遂倍之。昔者孔子

没，三年之外，门人治任将归，入揖于子贡，相向而哭，皆失
声，然后归。子贡反，筑室于场，独居三年，然后归。他日，子
夏、子张、子游以有若似圣人，欲以所事孔子事之，强曾子。曾
子曰：'不可。江汉以濯之，秋阳以暴之，皜皜乎不可尚已。'今
也南蛮鴃舌之人，非先王之道，子倍子之师而学之，亦异于曾子
矣。吾闻出于幽谷迁于乔木者，未闻下乔木而入于幽谷者。《鲁
颂》曰：'戎狄是膺，荆舒是惩。'周公方且膺之，子是之学，
亦为不善变矣。"（《孟子·滕文公上》）

《荀子》

弟陀其冠，衶禫其辞，禹行而舜趋：是子张氏之贱儒也。正
其衣冠，齐其颜色，嗛然而终日不言、是子夏氏之贱儒也。偷儒
惮事，无廉耻而耆饮食，必曰君子固不用力：是子游氏之贱儒
也。彼君子则不然：佚而不惰，劳而不僈，宗原应变，曲得其
宜，如是然后圣人也。（《荀子·非十二子》）

子夏家贫，衣若县鹑。人曰："子何不仕？"曰："诸侯之
骄我者，吾不为臣；大夫之骄我者，吾不复见。柳下惠与后门
者同衣，而不见疑，非一日之闻也。争利如蚤甲，而丧其掌。"
（《荀子·大略》）

《韩非子》

子夏见曾子，曾子曰："何肥也？"对曰："战胜故肥也。"
曾子曰："何谓也？"子夏曰："吾入见先王之义则荣之，出见
富贵之乐又荣之，两者战于胸中，未知胜负，故臒。今先王之义

胜，故肥。"是以志之难也，不在胜人，在自胜也。故曰："自胜之谓强。"（《韩非子·喻老》）

势不足以化则除之。师旷之对，晏子之说，皆合势之易也而道行之难，是与兽逐走也，未知除患。患之可除，在子夏之说春秋也。善持势者蚤绝其奸萌，故季孙让仲尼以遇势，而况错之于君乎？是以太公望杀狂矞，而臧获不乘骥。嗣公知之，故不驾鹿。薛公知之，故与二栾博。此皆知同异之反也。故明主之牧臣也，说在畜乌。（《韩非子·外储说右上》）

齐景公之晋，从平公饮，师旷侍坐，始坐，景公问政于师旷曰："太师将奚以教寡人？"师旷曰："君必惠民而已。"中坐，酒酣，将出，又复问政于师旷曰："太师奚以教寡人？"曰："君必惠民而已矣。"景公出之舍，师旷送之，又问政于师旷，师旷曰："君必惠民而已矣。"景公归，思，未醒，而得师旷之所谓。"公子尾、公子夏者，景公之二弟也，甚得齐民，家富贵而民说之，拟于公室，此危吾位者也，今谓我惠民者，使我与二弟争民邪？"于是反国发廪粟以赋众贫，散府馀财以赐孤寡，仓无陈粟，府无馀财，宫妇不御者出嫁之，七十受禄米，鬻德惠施于民也，已与二弟争。居二年，二弟出走，公子夏逃楚，公子尾走晋。（《韩非子·外储说右上》）

子夏曰："春秋之记臣杀君，子杀父者，以十数矣，皆非一日之积也，有渐而以至矣。"凡奸者，行久而成积，积成而力多，力多而能杀，故明主蚤绝之。今田常之为乱，有渐见矣，而君不诛。晏子不使其君禁侵陵之臣，而使其主行惠，故简公受其祸。故子夏曰："善持势者蚤绝奸之萌。"（《韩非子·外储说右上》）

《吕氏春秋》

非独国有染也。孔子学于老聃、孟苏夔、靖叔。鲁惠公使宰让请郊庙之礼于天子，桓王使史角往，惠公止之，其后在于鲁，墨子学焉。此二士者，无爵位以显人，无赏禄以利人，举天下之显荣者必称此二士也。皆死久矣，从属弥众，弟子弥丰，充满天下，王公大人从而显之，有爱子弟者随而学焉，无时乏绝。子贡、子夏、曾子学于孔子，田子方学于子贡，段干木学于子夏，吴起学于曾子。禽滑厘学于墨子，许犯学于禽滑厘，田系学于许犯。孔、墨之后学显荣于天下者众矣，不可胜数，皆所染者得当也。（《吕氏春秋·仲春纪·当染》）

且天生人也，而使其耳可以闻，不学，其闻不若聋；使其目可以见，不学，其见不若盲；使其口可以言，不学，其言不若爽；使其心可以知，不学，其知不若狂。故凡学，非能益也，达天性也。能全天之所生而勿败之，是谓善学。子张，鲁之鄙家也；颜涿聚，梁父之大盗也；学于孔子。段干木，晋国之大驵也，学于子夏。高何、县子石，齐国之暴者也，指于乡曲，学于子墨子。索卢参，东方之钜狡也，学于禽滑黎。此六人者，刑戮死辱之人也，今非徒免于刑戮死辱也，由此为天下名士显人，以终其寿，王公大人从而礼之，此得之于学也。（《吕氏春秋·孟夏纪·尊师》）

孟尝君问于白圭曰："魏文侯名过桓公，而功不及五伯，何也？"白圭对曰："文侯师子夏，友田子方，敬段干木，此名之所以过桓公也。卜相曰'成与璜孰可'？此功之所以不及五伯也。相也者，百官之长也。择者欲其博也。今择而不去二人，与用其雠亦远矣。且师友也者，公可也；戚爱也者，私安也。以私

胜公，衰国之政也。然而名号显荣者，三士羽之也。"(《吕氏春秋·离俗览·举难》)

白圭问于邹公子夏后启曰："践绳之节，四上之志，三晋之事，此天下之豪英。以处于晋，而迭闻晋事。未尝闻践绳之节、四上之志，愿得而闻之。"夏后启曰："鄙人也，焉足以问？"白圭曰："愿公子之毋让也。"夏后启曰："以为可为，故为之；为之，天下弗能禁矣。以为不可为，故释之；释之，天下弗能使矣。"白圭曰："利弗能使乎？威弗能禁乎？"夏后启曰："生不足以使之，则利曷足以使之矣？死不足以禁之，则害曷足以禁之矣？"白圭无以应。夏后启辞而出。凡使贤不肖异：使不肖以赏罚，使贤以义。故贤主之使其下也必义，审赏罚，然后贤不肖尽为用矣。(《吕氏春秋·恃君览·知分》)

今有良医于此，治十人而起九人，所以求之万也。故贤者之致功名也，必乎良医，而君人者不知疾求，岂不过哉？今夫塞者，勇力、时日、卜筮、祷祠无事焉，善者必胜。立功名亦然，要在得贤。魏文侯师卜子夏，友田子方，礼段干木，国治身逸。天下之贤主，岂必苦形愁虑哉？执其要而已矣。雪霜雨露时，则万物育矣，人民修矣，疾病妖厉去矣。故曰尧之容若委衣裘，以言少事也。(《吕氏春秋·开春论·察贤》)

子夏之晋，过卫，有读史记者曰："晋师三豕涉河。"子夏曰："非也，是己亥也。夫'己'与'三'相近，'豕'与'亥'相似。"至于晋而问之，则曰"晋师己亥涉河"也。辞多类非而是，多类是而非。是非之经，不可不分，此圣人之所慎也。然则何以慎？缘物之情及人之情以为所闻则得之矣。(《吕氏春秋·慎行论·察传》)

《礼记》

子夏丧其子而丧其明。曾子吊之曰："吾闻之也：朋友丧明则哭之。"曾子哭，子夏亦哭，曰："天乎！予之无罪也。"曾子怒曰："商，女何无罪也？吾与女事夫子于洙泗之间，退而老于西河之上，使西河之民疑女于夫子，尔罪一也；丧尔亲，使民未有闻焉，尔罪二也；丧尔子，丧尔明，尔罪三也。而曰女何无罪与！"子夏投其杖而拜曰："吾过矣！吾过矣！吾离群而索居，亦已久矣。"（《礼记·檀弓上》）

子夏问于孔子曰："居父母之仇如之何？"夫子曰："寝苦枕干，不仕，弗与共天下也；遇诸市朝，不反兵而斗。"曰："请问居昆弟之仇如之何？"曰："仕弗与共国；衔君命而使，虽遇之不斗。"曰："请问居从父昆弟之仇如之何？"曰："不为魁，主人能，则执兵而陪其后。"（《礼记·檀弓上》）

子夏既除丧而见，予之琴，和之不和，弹之而不成声。作而曰："哀未忘也。先王制礼，而弗敢过也。"子张既除丧而见，予之琴，和之而和，弹之而成声，作而曰："先王制礼不敢不至焉。"（《礼记·檀弓上》）

有子问于曾子曰："问丧于夫子乎？"曰："闻之矣：丧欲速贫，死欲速朽。"有子曰："是非君子之言也。"曾子曰："参也闻诸夫子也。"有子又曰："是非君子之言也。"曾子曰："参也与子游闻之。"有子曰："然，然则夫子有为言之也。"

曾子以斯言告于子游。子游曰："甚哉，有子之言似夫子也。昔者夫子居于宋，见桓司马自为石椁，三年而不成。夫子曰：'若是其靡也，死不如速朽之愈也。'死之欲速朽，为桓司马言之也。南宫敬叔反，必载宝而朝。夫子曰：'若是其货也，丧不如速贫

之愈也。'丧之欲速贫，为敬叔言之也。"（《礼记·檀弓上》）

曾子以子游之言告于有子，有子曰："然，吾固曰：非夫子之言也。"曾子曰："子何以知之？"有子曰："夫子制于中都，四寸之棺，五寸之椁，以斯知不欲速朽也。昔者夫子失鲁司寇，将之荆，盖先之以子夏，又申之以冉有，以斯知不欲速贫也。"（《礼记·檀弓上》）

公叔木有同母异父之昆弟死，问于子游。子游曰："其大功乎？"狄仪有同母异父之昆弟死，问于子夏，子夏曰："我未之前闻也；鲁人则为之齐衰。"狄仪行齐衰。今之齐衰，狄仪之问也。（《礼记·檀弓上》）

子夏问诸夫子曰："居君之母与妻之丧。""居处、言语、饮食衎尔。"（《礼记·檀弓上》）

孔子之丧，有自燕来观者，舍于子夏氏。子夏曰："圣人之葬人与？人之葬圣人也，子何观焉？昔者夫子言之曰：'吾见封之若堂者矣，见若坊者矣，见若覆夏屋者矣，见若斧者矣。'从若斧者焉。马鬣封之谓也。今一日而三斩板，而已封，尚行夫子之志乎哉！"（《礼记·檀弓上》）

卫司徒敬子死，子夏吊焉，主人未小敛，绖而往。子游吊焉，主人既小敛，子游出，绖反哭，子夏曰："闻之也与？"曰："闻诸夫子，主人未改服，则不绖。"（《礼记·檀弓下》）

子夏问曰："三年之丧卒哭，金革之事无辟也者，礼与？初有司与？"（《礼记·曾子问》）

孔子曰："夏后氏三年之丧，既殡而致事，殷人既葬而致事。《记》曰：'君子不夺人之亲，亦不可夺亲也。'此之谓乎？"（《礼记·曾子问》）

子夏曰："金革之事无辟也者，非与？"孔子曰："吾闻诸

老聃曰：昔者鲁公伯禽有为为之也。今以三年之丧，从其利者，吾弗知也！"（《礼记·曾子问》）

魏文侯问于子夏曰："吾端冕而听古乐，则唯恐卧；听郑卫之音，则不知倦。敢问：古乐之如彼何也？新乐之如此何也？"

子夏对曰："今夫古乐，进旅退旅，和正以广。弦匏笙簧，会守拊鼓，始奏以文，复乱以武，治乱以相，讯疾以雅。君子于是语，于是道古，修身及家，平均天下。此古乐之发也。今夫新乐，进俯退俯，奸声以滥，溺而不止；及优侏儒，糅杂子女，不知父子。乐终不可以语，不可以道古。此新乐之发也。今君之所问者乐也，所好者音也！夫乐者，与音相近而不同。"文侯曰："敢问何如？"子夏对曰："夫古者，天地顺而四时当，民有德而五谷昌，疾疢不作而无妖祥，此之谓大当。然后圣人作为父子君臣，以为纪纲。纪纲既正，天下大定。天下大定，然后正六律，和五声，弦歌诗颂，此之谓德音；德音之谓乐。《诗》云：'莫其德音，其德克明。克明克类，克长克君，王此大邦；克顺克俾，俾于文王，其德靡悔。既受帝祉，施于孙子。'此之谓也。今君之所好者，其溺音乎？"文侯曰："敢问溺音何从出也？"子夏对曰："郑音好滥淫志，宋音燕女溺志，卫音趋数烦志，齐音敖辟乔志；此四者皆淫于色而害于德，是以祭祀弗用也。《诗》云：'肃雍和鸣，先祖是听。'夫肃肃，敬也；雍雍，和也。夫敬以和，何事不行？为人君者谨其所好恶而已矣。君好之，则臣为之。上行之，则民从之。《诗》云：'诱民孔易'，此之谓也。"然后，圣人作为鞉、鼓、椌、楬、埙、篪，此六者德音之音也。然后钟磬竽瑟以和之，干戚旄狄以舞之，此所以祭先王之庙也，所以献酬酳酢也，所以官序贵贱各得其宜也，所以示后世有尊卑长幼之序也。钟声铿，铿以立号，号以立横，横以立武。君子听钟声则思武臣。石声磬，磬以立辨，辨以致死。君子听磬声则思死封疆之臣。丝声哀，哀以立廉，廉以立志。君子听琴瑟之声则思志义之臣。竹声滥，滥以立会，会以聚众。君子听竽笙箫管之声，则思畜聚之臣。鼓鼙之声欢，欢以立动，动以进众。君子听鼓鼙之声，则思将帅之臣。君子之听音，非听其铿枪而已也，彼亦有所合之也。（（《礼记·乐记》））

孔子闲居，子夏侍。子夏曰："敢问《诗》云：'凯弟君子，民之父母'，何如斯可谓民之父母矣？"孔子曰："夫民之父母乎，必达于礼乐之原，以致五至，而行三无，以横于天下。四方有败，必先知之。此之谓民之父母矣。"（《礼记·孔子闲居》）

子夏曰："民之父母，既得而闻之矣；敢问何谓'五至'？"孔子曰："志之所至，诗亦至焉。诗之所至，礼亦至焉。礼之所至，乐亦至焉。乐之所至，哀亦至焉。哀乐相生。是故，正明目而视之，不可得而见也；倾耳而听之，不可得而闻也；志气塞乎天地，此之谓五至。"（《礼记·孔子闲居》）

子夏曰："五至既得而闻之矣，敢问何谓三无？"孔子曰："无声之乐，无体之礼，无服之丧，此之谓三无。"子夏曰："三无既得略而闻之矣，敢问何诗近之？"孔子曰："'夙夜其命宥密'，无声之乐也。'威仪逮逮，不可选也'，无体之礼也。'凡民有丧，匍匐救之'，无服之丧也。"（《礼记·孔子闲居》）

子夏曰："言则大矣！美矣！盛矣！言尽于此而已乎？"孔子曰："何为其然也！君子之服之也，犹有五起焉。"子夏曰："何如？"子曰："无声之乐，气志不违；无体之礼，威仪迟迟；无服之丧，内恕孔悲。无声之乐，气志既得；无体之礼，威仪翼翼；无服之丧，施及四国。无声之乐，气志既从；无体之礼，上下和同；无服之丧，以畜万邦。无声之乐，日闻四方；无体之礼，日就月将；无服之丧，纯德孔明。无声之乐，气志既起；无体之礼，施及四海；无服之丧，施于孙子。"（《礼记·孔子闲居》）

子夏曰："三王之德，参于天地，敢问：何如斯可谓参于天地矣？"孔子曰："奉三无私以劳天下。"（《礼记·孔子闲居》）

子夏曰："敢问何谓三无私？"孔子曰："天无私覆，地无私载，日月无私照。奉斯三者以劳天下，此之谓三无私。其在《诗》曰：'帝命不违，至于汤齐。汤降不迟，圣敬日齐。昭假迟迟，上帝是祇。帝命式于九围。'是汤之德也。天有四时，春秋冬夏，风雨霜露，无非教也。地载神气，神气风霆，风霆流形，庶物露生，无非教也。清明在躬，气志如神，嗜欲将至，有开必先。天降时雨，山川出云。其在《诗》曰：'嵩高惟岳，峻极于天。惟岳降神，生甫及申。惟申及甫，惟周之翰。四国于蕃，四方于宣。'此文武之德也。三代之王也，必先令闻，《诗》云：'明明天子，令闻不已。'三代之德也。'弛其文德，协此四国。'大王之德也。"子夏蹶然而起，负墙而立曰："弟子敢不承乎！"（《礼记·孔子闲居》）

《淮南子》

古之人有居岩穴而神不遗者，末世有势为万乘而日忧悲者。由此观之，圣亡乎治人，而在于得道；乐亡乎富贵，而在于德和。知大已而小天下，则几于道矣。所谓乐者，岂必处京台、章华，游云梦、沙丘，耳听《九韶》《六莹》，口味煎熬芬芳。驰骋夷道，钩射鹔鹴之谓乐乎？吾所谓乐者，人得其得者也。夫得其得者，不以奢为荣，不以廉为悲，与阴俱闭，与阳俱开。故子夏心战而臞，得道而肥。圣人不以身役物，不以欲滑和，是故其为欢不忻忻，其为悲不惙惙。万方百变，消摇而无所定，吾独慷慨，遗物而与道同出。是故有以自得之也，乔木之下，空穴之中，足以适情；无以自得也，虽以天下为家，万民为臣妾，不足以养生也。能至于无乐者，则无不乐；无不乐，则至极乐矣！（《淮南子·原道训》）

今夫儒者不本其所以欲，而禁其所欲；不原其所以乐，而闭其所乐。是犹决江河之源，而障之以手也。夫牧民者，犹畜禽兽也，不塞其圃垣，使有野心，系绊其足，以禁其动，而欲修生寿终，岂可得乎！夫颜回、季路、子夏、冉伯牛，孔子之通学也，然颜渊夭死，季路菹于卫，子夏失明，冉伯牛为厉。此皆迫性拂情，而不得其和也。故子夏见曾子，一臞一肥。曾子问其故，曰："出见富贵之乐而欲之，入见先王之道又说之。两者心战，故臞；先王之道胜，故肥。"推其志，非能贪富贵之位，不便佚麋之乐，直宜迫性闭欲，以义自防也。虽情心郁殪，形性屈竭，犹不得已自强也。故莫能终其天年。（《淮南子·精神训》）

江河所以能长百谷者，能下之也。夫惟能下之，是以能上之。天下莫相憎于胶漆，而莫相爱于冰炭。胶漆相贼，冰炭相息也。墙之坏，愈其立也；冰之泮，愈其凝也，以其反宗。泰山之容，巍巍然高，去之千里，不见埵堁，远之故也。秋豪之末，沦于不测。是故小不可以为内者，大不可以为外矣。兰生幽谷，不为莫服而不芳。舟在江海，不为莫乘而不浮。君子行义，不为莫知而止休。夫玉润泽而有光，其声舒扬，涣乎其有似也。无内无外，不匿瑕秽，近之而濡，望之而隧。夫照镜见眸子，微察秋豪，明照晦冥。故和氏之璧，随侯之珠，出于山渊之精，君子服之，顺祥以安宁，侯王宝之，为天下正。陈成子恒之劫子渊捷也，子罕之辞其所不欲，而得其所欲，孔子之见黏蝉者，白公胜之倒杖策也，卫姬之请罪于桓公，子见子夏曰："何肥也？"魏文侯见之反被裘而负刍也，儿说之为宋王解闭结也，此皆微眇可以观论者。（《淮南子·说山训》）

《韩诗外传》

子夏读诗已毕。夫子问曰："尔亦何大于诗矣？"子夏对曰："诗之于事也，昭昭乎若日月之光明，燎燎乎如星辰之错行，上有尧舜之道，下有三王之义，弟子不敢忘，虽居蓬户之中，弹琴以咏先王之风，有人亦乐之，无人亦乐之，亦可发愤忘食矣。《诗》曰：'衡门之下，可以栖迟；泌之洋洋，可以乐饥。'"夫子造然变容，曰："嘻！吾子始可以言诗已矣，然子以见其表，未见其里。"颜渊曰："其表已见，其里又何有哉？"孔子曰："闚其门，不入其中，安知其奥藏之所在乎！然藏又非难也。丘尝悉心尽志，已入其中，前有高岸，后有深谷，冷冷然如此既立而已矣，不能见其里，未谓精微者也。"（《韩诗外传·卷二》）

魏文侯欲置相，召李克问曰："寡人欲置相，非翟黄则魏成子，愿卜之于先生。"李克避席而辞曰："臣闻之；卑不谋尊，疏不间亲。臣外居者也，不敢当命。"文侯曰："先生临事勿让。"李克曰："夫观士也，居则视其所亲，富则视其所与，达则视其所举，穷则视其所不为，贫则视其所不取。此五者足以观矣。"文侯曰："请先生就舍，寡人之相定矣。"李克出，遇翟黄，曰："今日闻君召先生而卜相，果谁为之？"李克曰："魏成子为之。"翟黄悖然作色，曰："吾何负于魏成子！西河之守，吾所进也；君以邺为忧，吾进西门豹，君欲伐中山，吾进乐羊；中山既拔，无守之者，吾进先生；君欲置太子傅，吾进赵苍。皆有成功就事，吾何负于魏成子！"克曰："子之言克于子之君也，岂比周以求大官哉！君问置相，非成则黄，二子何如？臣对曰：君不察故也。居则视其所亲，富则视其所与，达则视其所举，穷则视其所不为，贫则视其所不取。五者以定矣，何待克哉！是以知魏成子为相也。且子焉得与魏成子比！魏成子食禄日千钟，什一在内，以聘约天下之士，是以得卜子夏，田子方，段干木，此三人，君皆师友之，子之所进皆臣之，子焉得与魏成子比乎！"翟黄逡巡再拜曰："鄙人固陋，失对于夫子。"《诗》曰："明昭有周，式序在位。"（《韩诗外传·卷三》）

剑虽利，不厉不断；材虽美，不学不高。虽有旨酒嘉淆，不尝，不知其旨；虽有善道，不学，不达其功。故学然后知不足，教然后知不究。不足，故自愧而勉，不究、故尽师而熟。由此观之，则教学相长也。子夏问诗，学一以知二，孔子曰："起予者，商也，始可与言诗已矣。"孔子贤乎英杰，而圣德备，弟子被光景而德彰。《诗》曰："日就月将。"（《韩诗外传·卷三》）

子夏问曰："关雎何以为国风始也？"孔子曰："关雎至矣乎！夫关雎之人，仰则天，俯则地，幽幽冥冥，德之所藏，纷纷沸沸，道之所行，如神龙变化，斐斐文章。大哉！关雎之道也，万物之所系，群生之所悬命也，河洛出图书，麟凤翔乎郊，不由关雎之道，则关雎之事将奚由至矣哉！夫六经之策，皆归论汲汲，盖取之乎关雎，关雎之事大矣哉！冯冯翊翊，自东自西，自南自北，无思不服。子其勉强之，思服之，天地之间，生民之属，王道之原，不外此矣。"子夏喟然叹曰："大哉！关雎乃天地之基也。"《诗》曰："钟鼓乐之。"（《韩诗外传·卷五》）

哀公问于子夏曰："必学然后可以安国保民乎？"子夏曰：

"不学而能安国保民者，未之有也。"哀公曰："然则五帝有师乎？"子夏曰："臣闻黄帝学乎大坟，颛顼学乎禄图，帝喾学乎赤松子，尧学乎务成子附，舜学乎尹寿，禹学乎西王国，汤学乎贷乎相，文王学乎锡畴子斯，武王学乎太公，周公学乎虢叔，仲尼学乎老聃。此十一圣人，未遭此师，则功业不能著乎天下，名号不能传乎后世者也。"《诗》曰："不愆不忘，率由旧章。"（《韩诗外传·卷五》）

卫灵公昼寝而起，志气益衰，使人驰召勇士公孙悁，道遭行人卜商，卜商曰："何驱之疾也？"对曰："公昼寝而起，使我召勇士公孙悁。"子夏曰："微悁而勇若悁者、可乎？"御者曰："可。"子夏曰："载我而反。"至，君曰："使子召勇士，何为召儒？"使者曰："行人曰：'微悁，而勇若悁者可乎？'臣曰：'可。'即载与来。"君曰："诺。延先生上，趣召公孙悁。"俄而悁至，入门杖剑疾呼曰："商下！我存若头。"子夏顾咄之，曰："咄！内剑，吾将与若言勇。"于是、君令内剑而上。子夏曰："来！吾尝与子从君而西见赵简子，简子披发杖矛而见我君，我从十三行之后，趋而进曰：'诸侯相见，不宜不朝服，不朝服，行人卜商将以颈血溅君之服矣。'使反朝服，而见吾君，子耶？我耶？"悁曰："子也。"子夏曰："子之勇不若我一矣。又与子从君而东至阿，遭齐君重鞼而坐，吾君单鞼而坐，我从十三行之后，趋而进曰：'礼、诸侯相见，不宜相临。'以庶揄其一鞼而去之者、子耶？我耶？"悁曰："子也。"子夏曰："子之勇不若我二矣。又与子从君于圈中，于是两寇肩逐我君，拔矛下格而还。子耶？我耶？"悁曰："子也。"子夏曰："子之勇不若我三矣。所贵为士者、上摄万乘，下不敢敖乎匹夫；外立节矜，而敌不侵扰；内禁残害，而君不危殆；是士之所长，君子之所致贵也。若夫以长掩短，以众暴寡，凌轹无罪之民，而成威于闾巷之间者、是士之甚毒，而君子之所致恶也，众之所诛锄也。《诗》曰：'人而无仪，不死何为。'夫何以论勇于人主之前哉！"于是灵公避席抑手曰："寡人虽不敏，请从先生之勇。"《诗》曰："不侮矜寡，不畏强御。"卜先生之谓也。（《韩诗外传·卷六》）

子夏过曾子。曾子曰："入食。"子夏曰："不为公费乎？"曾子曰："君子有三费，饮食不在其中；君子有三乐，钟磬琴瑟不在其中。"子夏曰："敢问三乐？"曾子曰："有亲可畏，有君可事，有子可遗，此一乐也。有亲可谏，有君可去，有子可怒，此二乐也。有君可喻，有友可助，此三乐也。"子夏问："敢问三费？"曾子曰："少而学，长而忘，此一费也。事君有功，而轻负之，此二费也，久交友而中绝之，此三费也。"子夏曰："善哉！谨身事一言，愈于终身之诵；而事一士，愈于治万民之功；夫人不可以不知也。吾尝菌焉，吾田暮岁不收，土莫不然，何况于人乎！与人以实，虽疏必密；与人以虚，虽戚必疏。夫实之与实，如胶如漆；虚之与虚，如薄冰之见昼日。君子可不留意哉！"《诗》曰："神之听之，终和且平。"（《韩诗外传·卷九》）

传曰：孔子过康子，子张子夏从。孔子入座。二子相与论，终日不决。子夏辞气甚隘，颜色甚变。子张曰："子亦闻夫子之议论邪？徐言闇闇，威仪翼翼，后言先默，得之推让，巍巍乎！荡荡乎！道有归矣。小人之论也，专意自是，言人之非，瞋目扼腕，疾言喷喷，口沸目赤，一幸得胜，疾笑嗌嗌，威仪固陋，辞气鄙俗，是以君子贱之也。"（《韩诗外传·卷九》）

《列子》

赵襄子率徒十万，狩于中山，藉芿燔林，扇赫百里，有一人从石壁中出，随烟烬上下，众谓鬼物。火过，徐行而出，若无所经涉者。襄子怪而留之，徐而察之：形色七窍，人也；气息音声，人也。问奚道而处石？奚道而入火？其人曰："奚物而谓石？奚物而谓火？"襄子曰："而向之所出者，石也；而向之所涉者，火也。"其人曰："不知也。"魏文侯闻之，问子夏曰："彼何人哉？"子夏曰："以商所闻夫子之言，和者大同于物，物无得伤阂者，游金石，蹈水火，皆可也。"文侯曰："吾子奚不为之？"子夏曰："刳心去智，商未之能。虽然，试语之有暇矣。"文侯曰："夫子奚不为之？"子夏曰："夫子能之而能不为者也。"文侯大说。（《列子·黄帝》）

子夏问孔子曰："颜回之为人奚若？"子曰："回之仁贤于丘也。"曰："子贡之为人奚若？"子曰："赐之辩贤于丘也。"曰："子路之为人奚若？"子曰："由之勇贤于丘也。"曰："子张之为人奚若？"子曰："师之庄贤于丘也。"子夏避席而问曰："然则四子者何为事天子？"曰："居！吾语汝。夫回能仁而不能反。赐能辩而不能讷，由能勇而不能怯，师能庄而不能同。兼四子之有以易吾，吾弗许也，此其所以事吾而不贰也。"（《列子·仲尼》）

《说苑》

子贡问孔子曰："今之人臣孰为贤？"孔子曰："吾未识也，往者齐有鲍叔，郑有子皮，贤者也。"子贡曰："然则齐无管仲，郑无子产乎？"子曰："赐，汝徒知其一，不知其二，汝闻进贤为贤耶？用力为贤耶？"子贡曰："进贤为贤？"子曰："然，吾闻鲍叔之进管仲也，闻子皮之进子产也，未闻管仲子产有所进也。"魏文侯且置相，召李克而问焉，曰："寡人将置相，置于季成子与翟触，我孰置而可？"李克曰："臣闻之，贱不谋贵，外不谋内，疏不谋亲，臣者疏贱，不敢闻命。"文侯曰："此国事也，愿与先生临事而勿辞。"李克曰："君不察故也，可知矣，贵视其所举，富视其所与，贫视其所不取，穷视其所不为，由此观之，可知矣。"文侯曰："先生出矣，寡人之相定矣。"李克出，过翟黄，翟黄问曰："吾闻君问相于先生，未知果孰为相？"李克曰："季成子为相。"翟黄作色不说曰："触失望于先生。"李克曰："子何遽失望于我，我于子之君也，岂与我比周而求大官哉？君问相于我，臣对曰：'君不察故也，贵视其所举，富视其所与，贫视其所不取，穷视其所不为，由此观之可知也。'君曰：'出矣，寡人之相定矣。'以是知季臣子为相。"翟黄不说曰："触何遽不为相乎？西河之守，触所任也；计事内史，触所任也；王欲攻中山，吾进乐羊；无使治之臣，吾进先生；无使传其子，吾进屈侯附。触何负于季成子？"李克曰："不如季成子，季成子食采千钟，什九居外一居中；是以东得卜子夏，田子方，段干木，彼其所举人主之师也，子之所举，人臣之才也。"翟黄方然而惭曰："触失对于先生，请自修，然后学。"言未卒，而左右言季成子立为相矣，于是翟黄默然变色内惭，不敢出，三月也。（《说苑·臣术》）

田子方渡西河，造翟黄，翟黄乘轩车，载华盖黄金之勒，约镇簟席，如此者其驷八十乘，子方望之以为人君也，道狭下抵车而待之，翟黄至而睹其子方也，下车而趋，自投下风，曰：

"触"，田子方曰："子与！吾向者望子疑以为人君也，子至而人臣也，将何以至此乎？"翟黄对曰："此皆君之所以赐臣也，积三十岁故至于此，时以间暇祖之旷野，正逢先生。"子方曰："何子赐车舆之厚也？"翟黄对曰："昔者西河无守，臣进吴起；而西河之外，宁邺无令，臣进西门豹；而魏无赵患，酸枣无令，臣进北门可；而魏无齐忧，魏欲攻中山，臣进乐羊而中山拔；魏无使治之臣，臣进李克而魏国大治。是以进此五大夫者，爵禄倍以故至于此。"子方曰："可，子勉之矣，魏国之相不去子而之他矣。"翟黄对曰："君母弟有公孙季成者，进子夏而君师之，进段干木而君友之，进先生而君敬之，彼其所进，师也，友也，所敬者也，臣之所进者，皆守职守禄之臣也，何以至魏国相乎？"子方曰："吾闻身贤者贤也，能进贤者亦贤也，子之五举者尽贤，子勉之矣，子终其次也。"（《说苑·臣术》）

楚人献鼋于郑灵公，公子家见公子宋之食指动，谓公子家曰："我如是必尝异味。"及食大夫鼋，召公子宋而不与；公子宋怒，染指于鼎，尝之而出，公怒欲杀之。公子宋与公子家先遂杀灵公。子夏曰："春秋者，记君不君，臣不臣，父不父，子不子者也；此非一日之事也，有渐以至焉。"（《说苑·复恩》）

孔子读易至于损益，则喟然而叹，子夏避席而问曰："夫子何为叹？"孔子曰："夫自损者益。自益者缺，吾是以叹也。"子夏曰："然则学者不可以益乎？"孔子曰："否，天之道成者，未尝得久也。夫学者以虚受之，故曰得，苟不知持满，则天下之善言不得入其耳矣。昔尧履天子之位，犹允恭以持之，虚静以待下，故百载以逾盛，迄今而益章。昆吾自臧而满意，穷高而不衰，故当时而亏败，迄今而逾恶，是非损益之徵与？吾故曰谦也者，致恭以存其位者也。夫丰明而动故能大，苟大则亏矣，吾戒之，故曰天下之善言不得入其耳矣。日中则昃，月盈则食，天地盈虚，与时消息；是以圣人不敢当盛。升舆而遇三人则下，二人则轼，调其盈虚，故能长久也。"子夏曰："善，请终身诵之。"（《说苑·敬慎》）

子夏问仲尼曰："颜渊之为人也，何若？"曰："回之信，贤于丘也。"曰："子贡之为人也，何若？"曰："赐之敏，贤于丘也。"曰："子路之为人也，何若？"曰："由之勇，贤于丘也。"曰："子张之为人也，何若？"曰："师之庄，贤于丘也。"于是子夏避席而问曰："然则四者何为事先生？"曰："坐，吾语汝。回能信而不能反，赐能敏而不能屈，由能勇而不能怯，师能庄而不能同。兼此四子者，丘不为也。夫所谓至圣之士，必见进退之利，屈伸之用者也。"（《说苑·杂言》）

孔子将行，无盖。弟子曰："子夏有盖，可以行。"孔子曰："商之为人也，甚短于财。吾闻与人交者，推其长者，违其短者，故能久长矣。"（《说苑·杂言》）

子生三年，然后免于父母之怀，故制丧三年，所以报父母之恩也。期年之丧通乎诸侯，三年之丧通乎天子，礼之经也。子夏三年之丧毕，见于孔子，孔子与之琴，使之弦，援琴而弦，衎衎而乐作，而曰："先生制礼不敢不及也。"孔子曰："君子也。"闵子骞三年之丧毕，见于孔子，孔子与之琴，使之弦，援琴而弦，切切而悲作，而曰："先生制礼不敢过也。"孔子曰："君子也。"子贡问曰："闵子哀不尽，子曰君子也；子夏哀已尽，子曰君子也。赐也惑，敢问何谓？"孔子曰："闵子哀未尽，能断之以礼，故曰君子也；子夏哀已尽，能引而致之，故曰君子也。夫三年之丧，固优者之所屈，劣者之所勉。"（《说苑·修文》）

《春秋繁露》

仲尼之作春秋也，上探正天端，王公之位，万物民之所欲，下明得失，起贤才，以待后圣。故引史记，理往事，正是非，见王公。史记十二公之间，皆衰世之事，故门人惑。孔子曰："吾因其行事而加乎王心焉。"以为见之空言，不如行事博深切明。故子贡、闵子、公肩子，言其切而为国家资也。其为切而至于杀君亡国，奔走不得保社稷，其所以然，是皆不明于道，不览于《春秋》也。故卫子夏言，有国家者不可不学《春秋》，不学《春秋》，则无以见前后旁侧之危，则不知国之大柄，君之重任也。故或胁穷失国，抢杀于位，一朝至尔。能述《春秋》之法，致行其道，岂徒除祸哉，乃尧舜之德也。故世子曰："功及子孙，光辉百世，圣人之德，莫美于恕。"故予先言《春秋》详己而异人，《春秋》之道，大得之则以王，小得之则以霸。故曾子、子石盛美齐侯，安诸侯，尊天子。霸王之道，皆本于仁。仁，天心，故次以天心。爱人之大者，莫大于思患而豫防之，故蔡得意于吴，鲁得意于齐，而《春秋》皆不告，故次以言怨人不可迩，敌国不可狎，攘窃之国不可使久亲，皆防患为民除患之意也。不爱民之渐乃至于死亡，故言楚灵王晋厉公生弑于位，不仁之所致也。故善宋襄公不厄人，不由其道而胜，不如由其道而败，《春秋》贵之，将以变习俗而成王化也。故子夏言《春秋》重人，诸讥皆本此。或奢侈使人愤怨，或暴虐贼害人，终皆祸及身。故子池言鲁庄筑台，丹楹刻桷，晋厉之刑刻意者，皆不得以寿终。上奢侈，刑又急，皆不内恕，求备于人，故次以《春秋》缘人情，赦小过，而《传》明之曰："君子辞也。"孔子明得失，见成败，疾时世之不仁，失王道之体，故缘人情，赦小过，《传》又明之曰：

"君子辞也。"孔子曰:"吾因行事,加吾王心焉。"假其位号以正人伦,因其成败以明顺逆,故其所善,则桓文行之而遂,其所恶,则乱国行之终以败,故始言大恶杀君亡国,终言赦小过,是亦始于粗粗,终于精微,教化流行,德泽大洽,天下之人,人有士君子之行而少过矣,亦讥二名之意也。(《春秋繁露·俞序》)

《史记》

周衰,礼废乐坏,大小相逾,管仲之家,兼备三归。循法守正者见侮于世,奢溢僭差者谓之显荣。自子夏,门人之高弟也,犹云"出见纷华盛丽而说,入闻夫子之道而乐,二者心战,未能自决",而况中庸以下,渐渍于失教,被服于成俗乎?孔子曰"必也正名",于卫所居不合。仲尼没后,受业之徒沈湮而不举,或适齐、楚,或入河海,岂不痛哉!(《史记·礼书》)

魏文侯问于子夏曰:"吾端冕而听古乐则唯恐卧,听郑卫之音则不知倦。敢问古乐之如彼,何也?新乐之如此,何也?"(《史记·乐书》)

子夏答曰:"今夫古乐,进旅而退旅,和正以广,弦匏笙簧合守拊鼓,始奏以文,止乱以武,治乱以相,讯疾以雅。君子于是语,于是道古,修身及家,平均天下:此古乐之发也。今夫新乐,进俯退俯,奸声以淫,溺而不止,及优侏儒,獶杂子女,不知父子。乐终不可以语,不可以道古:此新乐之发也。今君之所问者乐也,所好者音也。夫乐之与音,相近而不同。"(《史记·乐书》)

子夏答曰:"夫古者天地顺而四时当,民有德而五谷昌,疾疢不作而无妖祥,此之谓大当。然后圣人作为父子君臣以为之纪纲，纪纲既正，天下大定，天下大定，然后正六律，和五声，弦歌诗颂，此之谓德音，德音之谓乐。《诗》曰：'莫其德音，其德克明，克明克类，克长克君。王此大邦，克顺克俾。俾于文王，其德靡悔。既受帝祉，施于孙子。'此之谓也。今君之所好者，其溺音与？"（《史记·乐书》）

子夏答曰："郑音好滥淫志，宋音燕女溺志，卫音趣数烦志，齐音骜辟骄志，四者皆淫于色而害于德，是以祭祀不用也。《诗》曰：'肃雍和鸣，先祖是听。'夫肃肃，敬也；雍雍，和也。夫敬以和，何事不行？为人君者，谨其所好恶而已矣。君好之则臣为之，上行之则民从之。《诗》曰：'诱民孔易'，此之谓也。然后圣人作为鞉鼓椌楬埙篪，此六者，德音之音也。然后钟磬竽瑟以和之，干戚旄狄以舞之。此所以祭先王之庙也，所以献醻酬酢也，所以官序贵贱各得其宜也，此所以示后世有尊卑长幼序也。钟声铿，铿以立号，号以立横，横以立武。君子听钟声则思武臣。石声硁，硁以立别，别以致死。君子听磬声则思死封疆之臣。丝声哀，哀以立廉，廉以立志。君子听琴瑟之声则思志义之臣。竹声滥，滥以立会，会以聚众。君子听竽笙箫管之声则思畜聚之臣。鼓鼙之声欢，欢以立动，动以进众。君子听鼓鼙之声则思将帅之臣。君子之听音，非听其铿锵而已也，彼亦有所合之也。"（《史记·乐书》）

文侯受子夏经艺，客段干木，过其闾，未尝不轼也。秦尝欲伐魏，或曰："魏君贤人是礼，国人称仁，上下和合，未可图也。"文侯由此得誉于诸侯。（《史记·魏世家》）

魏文侯谓李克曰："先生尝教寡人曰'家贫则思良妻，国乱则思良相'。今所置非成则璜，二子何如？"李克对曰："臣闻之，卑不谋尊，疏不谋戚。臣在阙门之外，不敢当命。"文侯曰：

"先生临事勿让。"李克曰:"君不察故也。居视其所亲,富视其所与,达视其所举,穷视其所不为,贫视其所不取,五者足以定之矣,何待克哉!"文侯曰:"先生就舍,寡人之相定矣。"李克趋而出,过翟璜之家。翟璜曰:"今者闻君召先生而卜相,果谁为之?"李克曰:"魏成子为相矣。"翟璜忿然作色曰:"以耳目之所睹记,臣何负于魏成子?西河之守,臣之所进也。君内以邺为忧,臣进西门豹。君谋欲伐中山,臣进乐羊。中山以拔,无使守之,臣进先生。君之子无傅,臣进屈侯鲋。臣何以负于魏成子!"李克曰:"且子之言克于子之君者,岂将比周以求大官哉?君问而置相'非成则璜,二子何如'?克对曰:'君不察故也。居视其所亲,富视其所与,达视其所举,穷视其所不为,贫视其所不取,五者足以定之矣,何待克哉!'是以知魏成子之为相也。且子安得与魏成子比乎?魏成子以食禄千钟,什九在外,什一在内,是以东得卜子夏、田子方、段干木。此三人者,君皆师之。子之所进五人者,君皆臣之。子恶得与魏成子比也?"翟璜逡巡再拜曰:"璜,鄙人也,失对,愿卒为弟子。"(《史记·魏世家》)

孔子在位听讼,文辞有可与人共者,弗独有也。至于为春秋,笔则笔,削则削,子夏之徒不能赞一辞。弟子受春秋,孔子曰:"后世知丘者以春秋,而罪丘者亦以春秋。"(《史记·孔子世家》)

孔子曰"受业身通者七十有七人",皆异能之士也。德行:颜渊,闵子骞,冉伯牛,仲弓。政事:冉有,季路。言语:宰我,子贡。文学:子游,子夏。师也辟,参也鲁,柴也愚,由也喭,回也屡空。赐不受命而货殖焉,亿则屡中。

卜商字子夏。少孔子四十四岁。

子夏问："'巧笑倩兮，美目盼兮，素以为绚兮'，何谓也？"子曰："绘事后素。"曰："礼后乎？"孔子曰："商始可与言诗已矣。"

子谓子夏曰："汝为君子儒，无为小人儒。"

孔子既没，子夏居西河教授，为魏文侯师。其子死，哭之失明。(《史记·仲尼弟子列传》)

自孔子卒后，七十子之徒散游诸侯，大者为师傅卿相，小者友教士大夫，或隐而不见。故子路居卫，子张居陈，澹台子羽居楚，子夏居西河，子贡终于齐。如田子方、段干木、吴起、禽滑厘之属，皆受业于子夏之伦，为王者师。是时独魏文侯好学。后陵迟以至于始皇，天下并争于战国，儒术既绌焉，然齐鲁之间，学者独不废也。于威、宣之际，孟子、荀卿之列，咸遵夫子之业而润色之，以学显于当世。(《史记·儒林列传》)

毕万爵魏，卜人知之。及绛戮干，戎翟和之。文侯慕义，子夏师之。惠王自矜，齐秦攻之。既疑信陵，诸侯罢之。卒亡大梁，王假厮之。嘉武佐晋文申霸道，作魏世家第十四。(《史记·太史公自序》)

《汉书》

周道始缺，怨刺之诗起。王泽既竭，而诗不能作。王官失业，雅颂相错，孔子论而定之，故曰："吾自卫反鲁，然后乐正，雅颂各得其所。"是时，周室大坏，诸侯恣行，设两观，乘大路。陪臣管仲、季氏之属，三归雍彻，八佾舞廷。制度遂坏，陵夷而不反，桑间、濮上，郑、卫、宋、赵之声并出，内则致疾损寿，外则乱政伤民。巧伪因而饰之，以营乱富贵之耳目。庶人以求利，列国以相间。故秦穆遗戎而由余去，齐人馈鲁而孔子行。至于六国，魏文侯最为好古，而谓子夏曰："寡人听古乐则欲寐，及闻郑、卫，余不知倦焉。"子夏辞而辨之，终不见纳，自此礼乐丧矣。(《汉书·礼乐志》)

书曰："诗言志，哥咏言。"故哀乐之心感，而哥咏之声发。诵其言谓之诗，咏其声谓之哥。故古有采诗之官，王者所以观风俗，知得失，自考正也。孔子纯取周诗，上采殷，下取鲁，凡三百五篇，遭秦而全者，以其讽诵，不独在竹帛故也。汉兴，鲁申公为诗训故，而齐辕固、燕韩生皆为之传。或取春秋，采杂说，咸非其本义。与不得已，鲁最为近之。三家皆列于学官。又有毛公之学，自谓子夏所传，而河间献王好之，未得立。(《汉书·艺文志》)

赞曰：刘向称"董仲舒有王佐之材，虽伊吕亡以加，管晏之属，伯者之佐，殆不及也。"至向子歆以为"伊吕乃圣人之耦，王者不得则不兴。故颜渊死，孔子曰'噫！天丧余。'唯此一人为能当之，自宰我、子赣、子游、子夏不与焉。仲舒遭汉承秦灭学之后，六经离析，下帷发愤，潜心大业，令后学者有所统一，为群儒首，然考其师友渊源所渐，犹未及乎游夏，而曰管晏弗及，伊吕不加，过矣。"至向曾孙龚，笃论君子也，以歆之言为然。(《汉书·董仲舒传》)

上以朔口谐辞给，好作问之。尝问朔曰："先生视朕何如主也？"朔对曰："自唐虞之隆，成康之际，未足以谕当世。臣伏观陛下功德，陈五帝之上，在三王之右。非若此而已，诚得天下贤士，公卿在位咸得其人矣。譬若以周邵为丞相，孔丘为御史大夫，太公为将军，毕公高拾遗于后，弁严子为卫尉，皋陶为大理，后稷为司农，伊尹为少府，子赣使外国，颜闵为博士，子夏为太常，益为右扶风，季路为执金吾，契为鸿胪，龙逢为宗正，伯夷为京兆，管仲为冯翊，鲁般为将作，仲山甫为光禄，申伯为太仆，延陵季子为水衡，百里奚为典属国，柳下惠为大长秋，史鱼为司直，蘧伯玉为太傅，孔父为詹事，孙叔敖为诸侯相，子产为郡守，王庆忌为期门，夏育为鼎官，羿为旄头，宋万为式道侯。"上乃大笑。(《汉书·东方朔传》)

仲尼既没，七十子之徒散游诸侯，大者为卿相师傅，小者友教士大夫，或隐而不见。故子张居陈，澹台子羽居楚，子夏居西河，子贡终于齐。如田子方、段干木、吴起、禽滑釐之属，皆受业于子夏之伦，为王者师。是时，独魏文侯好学。天下并争于战国，儒术既黜焉，然齐鲁之间学者犹弗废，至于威、宣之际，孟子、孙卿之列咸遵夫子之业而润色之，以学显于当世。(《汉书·儒林传》)

《书》曰"诗言志，歌咏言"故哀乐之心感，而歌咏之声发。诵其言谓之诗，咏其声谓之歌。故古有采诗之官，王者所以观风俗，知得失，自考正也。孔子纯取周诗，上采殷，下取鲁，凡三百五篇，遭秦而全者，以其讽诵，不独在竹帛故也。汉兴，鲁申公为《诗》训故，而齐辕固、燕韩生皆为之传。或取《春秋》，采杂说，咸非其本义。与不得已，鲁最为近之。三家皆列於学官。又有毛公之学，自谓子夏所传，而河间献王好之，未得立。(《汉书·艺文志》)

《白虎通》

子得为父报仇者，臣子于君父，其义一也。忠臣孝子所以不能已，以恩义不可夺也。故曰：父之仇不与共天下，兄弟之仇不与共国，朋友之仇不与同朝，族人之仇不共邻。故《春秋传》曰："子不复仇，非子。"《檀弓》记：子夏问曰："居兄弟之仇如之何？仕不与同国，衔君命，遇之不斗。"父母以义见杀，子不复仇者，为往来不止也。《春秋》曰："父不受诛，子复仇，可也。"（《卷四·诛伐》）

古者所以年十五入太学何？以为八岁毁齿，始有识知，入学学书计。七八十五，阴阳备，故十五成童志明，入太学，学经术。学之为言觉也，悟所不知也。故学以治性，虑以变情。故玉不琢，不成器；人不学，不知道。子夏曰："百工居肆以致其事，君子学以致其道。"故《礼》曰："十年曰幼，学。"《论语》曰："吾十有五而志于学，三十而立。"又曰："生而知之者，上也；学而知之者，次也。"是以虽有自然之性，必立师傅焉。《论语谶》曰："五帝立师，三王制之。传曰：黄帝师力牧。帝颛顼师绿图，帝喾师赤松子，帝尧师务成子，帝舜师尹寿，禹师国先生，汤师伊尹，文王师吕望，武王师尚父，周公师虢叔，孔子师老聃。"天子太子，诸侯世子，皆就师于外，尊师重先生之道也。《礼》曰："有来学者，无往教者也。"《易》曰："匪我求童蒙，童蒙求我。"《王制》曰："小学在公宫南之左，太学在郊。"又曰："天子、太子、群后之太子、公卿大夫之元士嫡子皆造焉。"（《卷四·辟雍》）

丧有病得饮酒食肉何？所以辅人生己，重先祖遗支体也。故《曲礼》曰："居丧之礼，头有疮则沐，身有疡则浴，有疾则饮酒食肉。五十不致毁，七十唯衰麻在身，饮酒食肉。"又曰："父母有疾，食肉不至变味，饮酒不至变貌，笑不至矧，怒不至詈，琴瑟不御。"《曾子问》曰："三年之丧，练不群立，不旅行，礼以饰情。三年之丧而吊哭，不亦虚乎！"《礼檀弓》曰：

"曾子有母之丧，吊子张。"子张者，朋友，有服，虽重服吊之，可也。《曾子问》曰："小功可以与祭乎？孔子曰：'斩衰已下，与祭，礼也。'"此谓君丧然也。子夏问："三年之丧，既卒哭，金革之事无避者，礼与？"孔子曰："吾闻诸老聃曰：'周公伯禽，则有为之也。'今以三年之丧从其利者，吾不知也。"（《卷十·丧服》）

《新序》

孟尝君问于白圭曰："魏文侯名过于桓公，而功不及五伯，何也？"白圭对曰："魏文侯师子夏，友田子方，敬段干木，此名之所以过于桓公也。卜相则曰：'成与黄庸可？'此功之所以不及王伯也。以私爱妨公举，在职者不堪其事，故功废，然而名号显荣者，三士翊之也，如相三士，则王功成，岂特霸哉！"（《新序·杂事四》）

鲁哀公问子夏曰："必学而后可以安国保民乎？"子夏曰："不学而能安国保民者，未尝闻也。"哀公曰："然则五帝有师乎？"子夏曰："有。臣闻黄帝学乎大真，颛顼学乎绿图，帝喾学乎赤松子，尧学乎尹寿，舜学乎务成跗，禹学乎西王国，汤学乎威子伯，文王学乎铰时子斯，武王学乎郭叔，周公学乎太公，仲尼学乎老聃。此十一圣人，未遭此师，则功业不著乎天下，名号不传乎千世。"《诗》曰："不愆不忘，率由旧章。"此之谓也。夫不学不明古道，而能安国者，未之有也。（《新序·杂事五》）

《法言》

或曰："圣人之道若天，天则有常矣，奚圣人之多变也？"曰："圣人固多变。子游、子夏得其书矣，未得其所以书也；宰我、子贡得其言矣，未得其所以言也；颜渊、闵子骞得其行矣，未得其所以行也。圣人之书、言、行，天也。天其少变乎？"（《法言·君子》）

《中论》

倦立而思远，不如速行之必至也；矫首而徇飞，不如循雌之必获也；孤居而愿智，不如务学之必达也；故君子心不苟愿，必以求学；身不苟动，必以从师；言不苟出，必以博闻；是以情性合人，而德音相继也。孔子曰："弗学，何以行？弗思，何以得？小子勉之，斯可谓师人矣。"马虽有逸足，而不闲舆，则不为良骏；人虽有美质，而不习道，则不为君子；故学者求习道也。若有似乎画采，玄黄之色既著，而纯皓之体斯亡。敝而不渝，孰知其素钦？子夏曰："日习，则学不忘；自勉，则身不堕；亟闻天下之大言，则志益广。"故君子之于学也，其不懈，犹上天之动，犹日月之行，终身亹亹，没而后已；故虽有其才，而无其志，亦不能兴其功也。志者、学之师也，才者、学之徒也，学者、不患才之不赡，而患志之不立。是以为之者亿兆，而成之者无几。故君子必立其志。《易》曰："君子以自强不息。"（《中论·治学》）

《孔子家语》

子夏三年之丧毕，见于孔子。子曰："与之琴。使之弦。"侃侃而乐，作而曰："先王制礼，不敢不及。"子曰："君子也！"闵子三年之丧毕，见于孔子。子曰："与之琴，使之弦。"切切而悲，作而曰："先王制礼，弗敢过也。"子曰："君子也！"子贡曰："闵子哀未尽，夫子曰：君子也。子夏哀已尽，又曰：君子也。二者殊情，而俱曰君子，赐也惑，敢问之。"孔子曰："闵子哀未忘，能断之以礼；子夏哀已尽，能引之及礼；虽均之君子，不亦可乎？"（《孔子家语·六本》）

孔子读《易》，至于《损》《益》，喟然而叹。子夏避席问曰："夫子何叹焉？"孔子曰："夫自损者必有益之，自益者必有决之，吾是以叹也。"子夏曰："然则学者不可以益乎？"子曰："非道益之谓也，道弥益而身弥损。夫学者损其自多，以虚受人，故能成其满博也。天道成而必变，凡持满而能久者，未尝有也。故曰：自贤者，天下之善言不得闻于耳矣。昔尧治天下之位，犹允恭以持之，克让以接下，是以千岁而益盛，迄今而逾彰。夏桀、昆吾，自满而无极，亢意而不节，斩刈黎民，如草芥焉；天下讨之，如诛匹夫，是以千载而恶著，迄今而不灭。满也。如在舆遇三人则下之，遇二人则式之，调其盈虚，不令自满，所以能久也。"子夏曰："商请志之。"而终身奉行焉。（《孔子家语·六本》）

子夏问于孔子曰："颜回之为人奚若？"子曰："回之信贤于丘。"曰："子贡之为人奚若？"子曰："赐之敏贤于丘。"曰："子路之为人奚若？"子曰："由之勇贤于丘。"曰："子张之为人奚若？"子曰："师之庄贤于丘。"子夏避席而问曰："然则四子何为事先生？"子曰："居！吾语汝。夫回能信而不能反，赐能敏而不能诎，由能勇而不能怯，师能庄而不能同。兼四子者之有以易吾，弗与也。此其所以事吾而弗贰也。"（《孔子家语·六本》）

子夏问于孔子曰："商闻易之生人，及万物鸟兽昆虫，各有奇偶，气分不同，而凡人莫知其情，唯达道德者能原其本焉。天一，地二，人三，三三如九，九九八十一。一主日，日数十，故人十月而生。八九七十二，偶以从奇，奇主辰，辰为月，月主马，故马十二月而生。七九六十三，三主斗，斗主狗，故狗三月而生。六九五十四，四主时，时主豕，故豕四月而生。五九四十五，五为音，音主猨，故猨五月而生。四九三十六，六为律，律主鹿，故鹿六月而生。三九二十七，七主星，星主虎，故虎七月而生。二九一十八，八主风，风为虫，故虫八月而生。其馀各从其类矣。鸟鱼生阴，而属于阳，故皆卵生。鱼游于水，鸟游于云，故立冬则燕雀入海化为蛤。蚕食而不饮，蝉饮而不食，蜉蝣不饮不食，万物之所以不同。介鳞夏食而冬蛰，龁吞者八窍而兽生，龃齿者九窍而胎生，四足者无羽翼，戴角者无上齿，无角无前齿者膏，有角无齿者脂，昼生者类父，夜生者似母，是以至阴主牝，至阳主牡。敢问其然乎？"孔子曰："然。吾昔闻诸老聃亦如汝之言。"子夏曰："商闻《山书》曰：地东西为纬，南北为经；山为积德，川为积刑；高者为生，下者为死；丘陵为牡，溪谷为牝；蟾蛤龟珠与日月而盛虚。是故坚土之人刚，弱土之人柔，墟土之人大，沙土之人细，息土之人美，耗土之人丑。食水者善游而耐寒，食土者无心而不息，食木者多力而不治，食草者善走而愚，食桑者有绪而蛾，食肉者勇毅而捍，食气者神明而寿，食谷者智惠而巧，不食者不死而神。故曰：羽虫三百有六十，而凤为之长；毛虫三百有六十，而麟为之长；甲虫三百有六十，而龟为之长；鳞虫三百有六十，而龙为之长；倮虫三百有六十，而人为之长。此乾坤之美也，殊形异类之数。王者动必以道，静必顺理，以奉天地之性，而不害其所主，谓之仁圣焉。"子夏言终而出。子贡进曰："商之论也何如？"孔子曰："汝谓何也？"对曰："微则微矣，然则非治世之待也。"孔子曰："然，各其所能。"（《孔子家语·执辔》）

子夏侍坐于孔子，曰："敢问《诗》云：'恺悌君子，民之父母。'何如斯可谓民之父母？"孔子曰："夫民之父母，必达于礼乐之源，以致五至而行三无，以横于天下。四方有败，必先知之，此之谓民之父母。"子夏曰："敢问何谓五至？"孔子曰："志之所至，《诗》亦至焉；《诗》之所至，礼亦至焉；礼之所至，乐亦至焉；乐之所至，哀亦至焉。《诗》、礼相成，哀乐相生，是以正明目而视之，不可得而见；倾耳而听之，不可得而闻。志气塞于天地，行之充于四海。此之谓五至矣。"子夏曰："敢问何谓三无？"孔子曰："无声之乐，无体之礼，无服之丧，此之谓三无。"子夏曰："敢问三无，何诗近之？"孔子曰："'夙夜基命宥密'，无声之乐也；'威仪逮逮，不可选也'，无体之礼也；'凡民有丧，扶伏救之'，无服之丧也。"子夏曰："言则美矣、大矣！言尽于此而已乎？"孔子曰："何谓其然！吾语汝，其义犹有五起焉。"子夏曰："何如？"孔子曰："无声之乐，气至不违；无体之礼，威仪迟迟；无服之丧，内恕孔哀；无声之乐，所愿必从；无体之礼，上下和同；无服之丧，施及万邦。既然，而又奉之以三无私而劳天下，此之谓五起。"子夏曰："何谓三无私？"孔子曰："天无私覆，地无私载，日月无私照。其在《诗》曰：'帝命不违，至于汤齐。汤降不迟，圣敬日跻。昭假迟迟，上帝是祗。''帝命式于九围。'是汤之德也。"子夏蹶然而起，

负墙而立，曰："弟子敢不志之？"（《孔子家语·论礼》）

卜商，卫人，字子夏。少孔子四十四岁，习于《诗》，能通其义，以文学著名。为人性不弘，好论精微，时人无以尚之。尝返卫，见读史志者云："晋师伐秦，三豕渡河。"子夏曰："非也，己亥耳。"读史志曰问诸晋史，果曰己亥。于是卫以子夏为圣。孔子卒后，教于西河之上。魏文侯师事之，而谘国政焉。（《孔子家语·七十二弟子解》）

既卒，门人疑所以服夫子者。子贡曰："昔夫子丧颜回也，若丧其子而而无服。丧子路亦然。今请丧夫子若丧父而无服。"于是弟子皆吊服而加麻。出有所之，则由经。子夏曰："入宜经可也，出则不经。"子游曰："吾闻诸夫子，丧朋友，居则经，出则否；丧所尊，虽经而出，可也。"（《孔子家语·终记解》）

葬于鲁城北泗水上，藏入地不及泉。而封为偃斧之形，高四尺，树松柏为志焉。弟子皆家于墓，行心丧之礼。既葬，有自燕来观者，舍于子夏氏。子贡谓之曰："吾亦人之葬圣人，非圣人之葬人。子奚观焉？昔夫子言曰：'吾见封若夏屋者，见若斧矣。从若斧者也。'马鬣封之谓也。今徒一日三斩板而以封，尚行夫子之志而已。何观乎哉？"（《孔子家语·终记解》）

子夏问于孔子曰："居父母之仇如之何？"孔子曰："寝苦枕干，不仕，弗与共天下也。遇于朝市，不返兵而斗。"曰："请问居昆弟之仇如之何？"孔子曰："仕弗与同国，御国命而使，虽遇之不斗。"曰："请问从父、昆弟之仇如之何？"曰："不为魁，主人能报之，则执兵而陪其后。"（《孔子家语·子贡问》）

子夏问："三年之丧既卒哭，金革之事无避，礼与？初有司为之乎？"孔子曰："夏后氏之丧三年，既殡而致事；殷人既葬而致事；周人既卒哭而致事。《记》曰：君子不夺人之亲，亦不夺故也。"子夏曰："金革之事无避者，非与？"孔子曰："吾闻老聃曰：鲁公伯禽、有为为之也。今以三年之丧从利者，吾弗知也。"（《孔子家语·子贡问》）

子夏问于孔子曰："《记》云：周公相成王，教之以世子之礼。有诸？"孔子曰："昔者成王嗣立，幼未能莅阼。周公摄政而治，抗世子之法于伯禽，欲王之知父子、君臣之道，所以善成王也。夫知为子者，然后可以为父；知为人臣者，然后可以为人君；知事人者，然后可以使人。是故抗世子法伯禽，使成王知父子、君臣、长幼之义焉。凡君之于世子，亲则父也，尊则君也。有父之亲，有君之尊，然后兼天下而有之，不可不慎也。行一物而善者，唯世子齿于学之谓也。世子齿于学，则国人观之，曰：'此将君我，而与我齿让，何也？'曰：'有父在，则礼然。'然而众知父子之道矣。其二曰：'此将君我，而与我齿让，何也？'曰：'有臣在，则礼然。'然而众知君臣之义矣。其三曰：'此将君我，而与我齿让，何也？'曰：'长长也，则礼然。'然而众知长幼之节矣。故父在斯为子，君在则为臣。居子与臣之位，所以尊君而亲亲也。在学，学之为父子焉，学之为君臣焉，学之为长幼焉。父子、君臣、长幼之道得，而后国治。语曰：'乐正司业，父师司成，一有元良，万国以贞。'世子之谓。闻之曰：为人臣者曰：杀其身有益于君，则为之。况于其身以善其君乎？周公优为之。"（《孔子家语·子贡问》）

子夏问于孔子曰："居君之母与妻之丧，如之何？"孔子曰："居处、言语、饮食衎尔，于丧所则称其服而已。""敢问伯母之丧如之何？"孔子曰："伯母叔母疏衰期，而踊不绝地；姑、姊妹之大功，踊绝于地。若知此者，由文矣哉！"（《孔子家语·子贡问》）

子夏问于夫子曰："凡丧，小功已上，虞祔练祥之祭，皆沐浴，于三年之丧，子则尽其情矣。"孔子曰："岂徒祭而已哉！三年之丧，身有疡则浴，首有疮则沐，病则饮酒食肉。毁瘠而为病，君子不为也。毁则死者，君子为之，且祭之沐浴，为齐洁也，非为饰也。"（《孔子家语·子贡问》）

子夏问于孔子曰："客至，无所舍，而夫子曰：'生于我乎馆。'客死，无所殡，夫子曰：'于我乎殡。'敢问礼与？仁者之心与？"孔子曰："吾闻诸老聃曰：'馆人，使若有之，恶有有之而不得殡乎？'夫仁者、制礼者也，故礼者不可不省也。礼不同不异，不丰不杀，称其义以为之宜。故曰：'我战则克，祭则受福。'盖得其道矣。"（《孔子家语·子贡问》）

孔子食于季氏。食祭，主人不辞，不食，客不饮，而餐。子夏问曰："礼与？"孔子曰："非礼也，从主人也。吾食于少施氏而饱，少施氏食我以礼，吾食祭，作而辞曰：'疏食不足祭也。'吾餐，而作辞曰：'疏食，不敢以伤吾子之性'。主人不以礼，客不敢尽礼；主人尽礼，则客不敢不尽礼也。"（《孔子家语·子贡问》）

子夏问曰："官于大夫，既外于公，而反为之服，礼与？"孔子曰："管仲遇盗，取二人焉，上之为臣，曰：'所以游辟者，可人也。'公许。管仲卒，桓公使为之服。官于大夫者为之服，自管仲始也，有君命焉！"（《孔子家语·子贡问》）

《论衡》

墨家之论，以为人死无命；儒家之议，以为人死有命。言有命者，见子夏言"死生有命，富贵在天"。言无命者，闻历阳之都，一宿沉而为湖；秦将白起坑赵降卒于长平之下，四十万众同时皆死；春秋之时，败绩之军，死者蔽草，尸且万数；饥馑之岁，饿者满道；温气疫疠，千户灭门，如必有命，何其秦、齐同也？（《论衡·命义》）

国命系于众星，列宿吉凶，国有祸福；众星推移，人有盛衰。人之有吉凶，犹岁之有丰耗，命有衰盛，物有贵贱。一岁之中，一贵一贱；一寿之间，一衰一盛。物之贵贱，不在丰耗；人之衰盛，不在贤愚。子夏曰："死生有命，富贵在天。"而不曰："死生在天，富贵有命"者，何则？死生者，无象在天，以性为主。禀得坚强之性，则气渥厚而体坚强，坚强则寿命长，寿命长则不夭死。禀性软弱者，气少泊而性赢窭，赢窭则寿命短，短则蚤死。故言"有命"，命则性也。至于富贵所禀，犹性所禀之气，得众星之精。众星在天，天有其象，得富贵象则富贵，得贫贱象则贫贱，故曰"在天"。在天如何？天有百官，有众星，天施气而众星布精，天所施气，众星之气在其中矣。人禀气而生，舍气而长，得贵则贵，得贱则贱。贵或秩有高下，富或赀有多少，皆星位尊卑小大之所授也。故天有百官，天有众星，地有万民、五帝、三王之精。天有王梁、造父，人亦有之，禀受其气，故巧于御。（《论衡·命义》）

《传》曰："子夏丧其子而丧其明，曾子吊之，哭。子夏曰：'天乎！予之无罪也！'曾子怒曰：'商！汝何无罪也？吾与汝事夫子于洙、泗之间，退而老于西河之上，使西河之民，疑汝于夫子，尔罪一也。丧尔亲，使民未有异闻，尔罪二也。丧尔子，丧尔明，尔罪三也。而曰汝何无罪欤？'子夏投其杖而拜，曰：'吾过矣！吾过矣！吾离群而索居，亦以久矣！'"夫子夏丧其明，曾子责以罪，子夏投杖拜曾子之言，盖以天实罚过，故目失

其明；己实有之，故拜受其过。(《论衡·祸虚》)

伯牛有疾，孔子自牖执其手，曰："亡之命矣夫！斯人也而有斯疾也！"原孔子言，谓伯牛不幸，故伤之也。如伯牛以过致疾，天报以恶，与子夏同，孔子宜陈其过，若曾子谓子夏之状。今乃言"命"，命非过也。(《论衡·祸虚》)

且天之罚人，犹人君罪下也。所罚服罪，人君赦之。子夏服过，拜以自悔，天德至明，宜愈其盲。如非天罪，子夏失明，亦无三罪。且丧明之病，孰与被厉之病？丧明有三罪，被厉有十过乎？颜渊早夭，子路菹醢，早死、菹醢，极祸也，以丧明言之，颜渊、子路有百罪也。由此言之，曾子之言误矣。(《论衡·祸虚》)

然子夏之丧明，丧其子也。子者、人情所通，亲者、人所力报也。丧亲，民无闻；丧子，失其明，此恩损于亲，而爱增于子也。增则哭泣无数，数哭中风，目失明矣。曾子因俗之议，以著子夏三罪。子夏亦缘俗议，因以失明，故拜受其过。曾子、子夏未离于俗，故孔子门叙行，未在上第也。(《论衡·祸虚》)

夫孟子之言，是谓人无触值之命也。顺操行者得正命，妄行苟为得非正，是天命于操行也。夫子不王，颜渊早夭，子夏失明，伯牛为疠，四者行不顺与？何以不受正命？比干剖，子胥烹，子路菹，天下极戮，非徒桎梏也。必以桎梏效非正命，则比干、子胥行不顺也。人禀性命，或当压溺兵烧，虽或慎操修行，其何益哉？窦广国与百人俱卧积炭之下，炭崩，百人皆死，广国独济，命当封侯也。积炭与岩墙何以异？命不压，虽岩崩，有广国之命者，犹将脱免。行，或使之；止，或尼之。命当压，犹或使之立于墙下。孔甲所入主人子之，天命当贱，虽载入宫，犹为守者。不立岩墙之下，与孔甲载子入宫，同一实也。(《论衡·刺孟》)

魏昭王问于田诎曰："寡人在东宫之时，闻先生之议曰：'为圣易。'有之乎？"田诎对曰："臣之所学也。"昭王曰："然则先生圣乎？"田诎曰："未有功而知其圣者，尧之知舜也。待其有功而后知其圣者，市人之知舜也。今诎未有功，而王问诎曰：'若圣乎？'敢问王亦其尧乎？"夫圣可学为，故田诎谓之易。如卓与人殊，禀天性而自然，焉可学？而为之安能成？田诎之言"为易圣"，未必能成；田诎之言为易，未必能是。言"臣之所学"，盖其实也。贤可学，为劳佚殊，故贤圣之号，仁智共之。子贡问于孔子："夫子圣矣乎？"孔子曰："圣则吾不能，我学不厌，而教不倦。"子贡曰："'学不厌'者、智也，'教不倦'者、仁也。仁且智，夫子既圣矣。"由此言之，仁智之人，可谓圣矣。孟子曰："子夏、子游、子张得圣人之一体，冉牛、闵子骞、颜渊具体而微。"六子在其世，皆有圣人之才，或颇有而不具，或备有而不明，然皆称圣人，圣人可勉成也。孟子又曰："非其君不事，非其民不使，治则进，乱则退，伯夷也。何事非君，何使非民，治亦进，乱亦进，伊尹也。可以仕则仕，可以已则已，可以久则久，可以速则速，孔子也。皆古之圣人也。"又曰："圣人、百世之师也，伯夷、柳下惠是也。故闻伯夷之风者，顽夫廉，懦夫有立志；闻柳下惠之风者，薄夫敦，鄙夫宽。奋乎百世之上，百世之下闻之者，莫不兴起，非圣而若是乎？而况亲炙之乎？"夫伊尹、伯夷、柳下惠不及孔子，而孟子皆曰"圣人"者，贤圣同类，可以共一称也。宰予曰："以予观夫子，贤于尧、舜远矣。"孔子圣，宜言"圣于尧、舜"，而言"贤"者，圣贤相出入，故其名称相贸易也。（《论衡·知实》）

《风俗通义》

夫圣人之制礼也，事有其制，曲有其防，为其可传，为其可继。贤者俯就，不肖跂及。是故子张过而子夏不及，然则无愈。子路丧姊，朞而不除，仲尼以为大讥，况于忍能矫情，直意而已也哉！《诗》云："不愆不忘，帅由旧章。"《论语》："不为礼，无以立。"故注近世苟妄曰《愆礼》也。（《风俗通义·愆礼》）

谨按《尚书》曰："人惟求旧。"《诗》云："虽有兄弟，不如友生。"《论语》："久要不忘平生之言。"《周礼》九两，"交、以任得民"。是以隋会图其身而不遗其友，鲍叔度其德而固推管子。厥后陵迟，弥已凋玩，《伐木》有鸟鸣之刺，《谷风》有弃予之怨。陈馀、张耳携手遯秦，友犹父子。及据国争权，还为豺虎。目汉所称，王、贡弹冠，萧、朱结绶，博、育复隙其终，始以交为难，况容悦偶合而能申固其好者哉？故长平之吏移于冠军，魏其之客移于武安，郑当、汲黯亦旋复然。翟公疾之，乃书其门："一死一生，乃知交情。一贵一贱，交情乃见。"自古患焉，非直今也。韩信宠秩，出跨下之人，斯难能也。安国不念旧恶，合礼中平。李广因威归怨，非义之理。宣尼暨陈，皆降而复什，兼济天下。唯虞卿逼于强秦，独善其身，缵述篇籍，垂训后昆。昔子夏心战臞，道胜如肥，何必高位丰爵以为融懿也？（《风俗通义·穷通》）

《孔丛子》

子夏问《书》大义。子曰："吾于《帝典》见尧舜之圣焉；于《大禹》《皋陶谟》《益稷》见禹、稷、皋陶之忠勤功勋焉；于

《洛诰》见周公之德焉。故《帝典》可以观美，《大禹谟》《禹贡》可以观事，《皋陶谟》《益稷》可以观政，《洪范》可以观度，《秦誓》可以观议，《五诰》可以观仁，《甫刑》可以观诫。通斯亡者，则《书》之大义举矣。"（《孔丛子·论书》）

子夏读《书》既毕，而见于夫子。夫子谓曰："子何为于《书》？"子夏对曰："《书》之论事也，昭昭然若日月之代明，离离然若星辰之错行；上有尧舜之德，下有三王之义。凡商之所受《书》于夫子者，志之于心，弗敢忘也。虽退而穷，居河济之间、深山之中，作壤室，编蓬户，常于此弹琴瑟以歌先王之道，则可以发愤慷喟，忘己贫贱。故有人亦乐之，无人亦乐之；上见尧舜之德，下见三王之义；忽不知忧患与死也。"夫子愀然变容，曰："嘻！子殆可与言《书》矣。虽然，其亦表之而已，未睹其里也。夫窥其门而不入其室，恶睹其宗庙之奥、百官之美乎？"（《孔丛子·论书》）

羊客问子思曰："古之帝王中分天下，使二公治之，谓之二伯。周自后稷封为王者后，子孙据国。至大王、王季、文王，此固世为诸侯矣，焉得为西伯乎？"子思曰："吾闻诸子夏：殷王帝乙之时，王季以功九命作伯，受圭瓒秬鬯之赐，故文王因之，得专征伐。此以诸侯为伯，犹周召之君为伯也。"（《孔丛子·居卫》）

《蔡中郎集》

盖朋友之道，有义则合，无义则离。善则久要不忘平生之言，恶则忠告善诲之，否则止，无自辱焉。故君子不为可弃之行，不患人之遗己也；信有可归之德，不病人之远己也。不幸或然，则躬自厚而薄责于人，怨其远矣；求诸己而不求诸人，咎其稀矣。夫远怨稀咎之机，咸在乎躬，莫之致也。子夏之门人问交于子张，而二子各有闻乎夫子，然则以交诲也，商也宽，故告之以拒人。师也褊，故训之以容众，各从其行而矫之，至于仲尼之正教，则泛爱众而亲仁。故非善不喜，非仁不亲，交游以方，会友以文，可无贬也。谷梁赤曰："心志既通，名誉不闻，友之罪也。"今将患其流而塞其源，病其末而刈其本。无乃未若择其正而黜其邪与？与其彼农皆黍，而独稷焉。夫黍亦神农之嘉谷，与稷竝为粢盛也。使交可废则黍其愆矣。括二论而言之，则刺薄者博而洽，断交者贞而孤。孤有《羔羊》之节，与其不获已而矫时也，走将从夫孤焉。（《蔡中郎集·外集卷二·正交论》）

《论衡》

且天之罚人，犹人君罪下也。所罚服罪，人君赦之。子夏服过，拜以自悔，天德至明，宜愈其盲。如非天罪，子夏失明，亦无三罪。且丧明之病，孰与被厉之病？丧明有三罪，被厉有十过乎？颜渊早夭，子路菹醢，早死、菹醢，极祸也，以丧明言之，颜渊、子路有百罪也。由此言之，曾子之言误矣。（《论衡·祸虚》）

然子夏之丧明，丧其子也。子者、人情所通，亲者、人所力报也。丧亲，民无闻；丧子，失其明，此恩损于亲，而爱增于子也。增则哭泣无数，数哭中风，目失明矣。曾子因俗之议，以著子夏三罪。子夏亦缘俗议，因以失明，故拜受其过。曾子、子夏未离于俗，故孔子门叙行，未在上第也。（《论衡·祸虚》）

《东观汉记》

上谓郁曰："卿经及先师，致复文雅。"其冬，上亲于辟雍自讲所制五行章句已，复令郁说一篇。上谓郁曰："我为孔子，卿为子夏，起予者商也。"又问郁曰："子几人能传学？"郁曰："臣子皆未能传学，孤兄子一人学方起。"上曰："努力教之，有起者即白之。"（《东观汉记·传十·桓郁》）

《后汉书》

奋在位清白，无它异绩。九年，以病罢。在家上疏曰："圣人所美，政道至要，本在礼乐。五经同归，而礼乐之用尤急。孔子曰：'安上治民，莫善于礼；移风易俗，莫善于乐。'又曰：'揖让而化天下者，礼乐之谓也。'先王之道，礼乐可谓盛矣。孔子谓子夏曰：'礼以修外，乐以制内，丘已矣夫！'又曰：'礼乐不兴，则刑罚不中；刑罚不中，则民无所厝其手足。'臣以为汉当制作礼乐，是以先帝圣德，数下诏书，愍伤崩缺，而众儒不达，议多驳异。臣累世台辅，而大典未定，私窃惟忧，不忘寝食。臣犬马齿尽，诚冀先死见礼乐之定。"（《后汉书·张曹郑列传》）

论曰：朱穆见比周伤义，偏党毁俗，志抑朋游之私，遂著绝交之论。蔡邕以为穆贞而孤，又作正交而广其致焉。盖孔子称"上交不谄，下交不黩"，又曰"晏平仲善与人交"，子夏之门人亦问交于子张。故易明"断金"之义，诗载"宴朋"之谣。若夫文会辅仁，直谅多闻之友，时济其益，紾衣倾盖，弹冠结绶之夫，遂隆其好，斯固交者之方焉。至乃田、窦、卫、霍之游客，廉颇、翟公之门宾，进由执合，退因衰异。又专诸、荆卿之感激，侯生、豫子之投身，情为恩使，命缘义轻。皆以利害移心，怀德成节，非夫交照之本，未可语失得之原也。穆徒以友分少全，因绝同志之求；党侠生敝，而忘得朋之义。蔡氏贞孤之言，其为然也！古之善交者详矣。（《后汉书·朱乐何列传》）

防以五经久远，圣意难明，宜为章句，以悟后学。上疏曰："臣闻诗书礼乐，定自孔子；发明章句，始于子夏。其后诸家分析，各有异说。汉承乱秦，经典废绝，本文略存，或无章句。收拾缺遗，建立明经，博徵儒术，开置太学。孔圣既远，微旨将绝，故立博士十有四家，设甲乙之科，以勉劝学者，所以示人好恶，改敝就善者也。伏见太学试博士弟子，皆以意说，不修家法，私相容隐，开生奸路。每有策试，辄兴诤讼，论议纷错，互相是非。孔子称'述而不作'，又曰'吾犹及史之阙文'，疾史有所不知而不肯阙也。今不依章句，妄生穿凿，以遵师为非义，意说为得理，轻侮道术，寖以成俗，诚非诏书实选本意。改薄从忠，三世常道，专精务本，儒学所先。臣以为博士及甲乙策试，宜从其家章句，开五十难以试之。解释多者为上第，引文明者为高说；若不依先师，义有相伐，皆正以为非。五经各取上第六人，论语不宜射策。虽所失或久，差可矫革。"诏书下公卿，皆从防言。（《后汉书·邓张徐张胡列传》）

迁将作大匠。上疏陈事曰："臣闻气之清者为神，人之清者为贤。养身者以练神为宝，安国者以积贤为道。昔秦欲谋楚，王孙围设坛西门，陈列名臣，秦使憱然，遂为寝兵。魏文侯师卜子夏，友田子方，轼段干木，故群俊竞至，名过齐桓，秦人不敢阚兵于西河，斯盖积贤人之符也。陛下拨乱龙飞，初登大位，聘南阳樊英、江夏黄琼、广汉杨厚、会稽贺纯，策书嗟叹，待以大夫之位。是以岩穴幽人，智术之士，弹冠振衣，乐欲为用，四海欣然，归服圣德。厚等在职，虽无奇卓，然夕惕孳孳，志在忧国。臣前在荆州，闻厚、纯等以病免归，诚以怅然，为时惜之。一日朝会，见诸侍中并皆年少，无一宿儒大人可顾问者，诚可叹息。宜徵还厚等，以副群望。琼久处议郎，已且十年，众人皆怪始隆崇，今更滞也。光禄大夫周举，才谟高正，宜在常伯，访以言议。侍中杜乔，学深行直，当世良臣，久托疾病，可敕令起。"又荐陈留杨伦、河南尹存、东平王恽、陈国何临、清河房植等。是日有诏徵用伦、厚等，而迁琼、举，以固为大司农。（《后汉书·李杜列传》）